Alles, was Sie über Media wissen wollen

Matthias Süßlin · Heinz-Michael Bache
Kim Sen-Gupta

Alles, was Sie über Media wissen wollen

…und bisher nie zu fragen wagten

Matthias Süßlin
Media Advocacy
Ober-Olm, Deutschland

Kim Sen-Gupta
Kim Sen-Gupta Integrierte Kommunikation
Limeshain-Himbach, Deutschland

Heinz-Michael Bache
HMB networking
Kassel, Deutschland

ISBN 978-3-658-14374-9   ISBN 978-3-658-14375-6 (eBook)
https://doi.org/10.1007/978-3-658-14375-6

Die Deutsche Nationalbibliothek verzeichnet diese Publikation in der Deutschen Nationalbibliografie; detaillierte bibliografische Daten sind im Internet über http://dnb.d-nb.de abrufbar.

Springer Gabler
© Springer Fachmedien Wiesbaden GmbH 2018
Das Werk einschließlich aller seiner Teile ist urheberrechtlich geschützt. Jede Verwertung, die nicht ausdrücklich vom Urheberrechtsgesetz zugelassen ist, bedarf der vorherigen Zustimmung des Verlags. Das gilt insbesondere für Vervielfältigungen, Bearbeitungen, Übersetzungen, Mikroverfilmungen und die Einspeicherung und Verarbeitung in elektronischen Systemen.
Die Wiedergabe von Gebrauchsnamen, Handelsnamen, Warenbezeichnungen usw. in diesem Werk berechtigt auch ohne besondere Kennzeichnung nicht zu der Annahme, dass solche Namen im Sinne der Warenzeichen- und Markenschutz-Gesetzgebung als frei zu betrachten wären und daher von jedermann benutzt werden dürften.
Der Verlag, die Autoren und die Herausgeber gehen davon aus, dass die Angaben und Informationen in diesem Werk zum Zeitpunkt der Veröffentlichung vollständig und korrekt sind. Weder der Verlag noch die Autoren oder die Herausgeber übernehmen, ausdrücklich oder implizit, Gewähr für den Inhalt des Werkes, etwaige Fehler oder Äußerungen. Der Verlag bleibt im Hinblick auf geografische Zuordnungen und Gebietsbezeichnungen in veröffentlichten Karten und Institutionsadressen neutral.

Fotonachweis Umschlag: alphaspirit, www.stock.adobe.com

Gedruckt auf säurefreiem und chlorfrei gebleichtem Papier

Springer Gabler ist Teil von Springer Nature
Die eingetragene Gesellschaft ist Springer Fachmedien Wiesbaden GmbH
Die Anschrift der Gesellschaft ist: Abraham-Lincoln-Str. 46, 65189 Wiesbaden, Germany

Prolog

Liebe Budgetverantwortliche,

dies ist ein Buch nur für Sie. Sicher nicht das erste und sicher nicht das letzte. Aber vielleicht eines, das Ihnen gerade jetzt genau recht kommt.

Sie haben vermutlich weder Lust noch Zeit, die oft genug etwas ermüdenden Diskussionen der Media-Fachwelt zu verfolgen. Seit Jahrzehnten streitet man dort etwa um die Weltformel zur Bewertung von Medialeistung – ein Konsens ist nicht in Sicht. Allzu offensichtlich hält jeder Medienvertreter das Fähnchen seiner jeweiligen Gattung in den Wind, betont die eigenen Vorzüge und die Versäumnisse der anderen: Für die Print-Fraktion sind die Reichweiten der TV-Sender nichts wert.

Die TVler wiederum preisen ihre Kanäle als Leitmedien der Nation – Internet hin oder her. Und die Digitalen wähnen sich im Besitz der einzig verbliebenen Option auf Zukunft, während alle nicht webbasierten Medienmenschen sich traurig selbst beim Aussterben zuschauen dürften. Sie ahnen schon, dass die Wahrheit irgendwo zwischen all diesen Medien, Kanälen, Persönlichkeiten und Gattungsstudien liegt – nur: Wo?

In grauer Vorzeit mal konnte die Branche sich immerhin auf die Gründung der Arbeitsgemeinschaft Mediaanalyse – kurz: AGMA – einigen. Die verkündet jährlich Reichweitenzuwächse und -verluste einzelner Player, die daraufhin je nach Resultat jauchzend oder wimmernd ihre Preislisten anpassen. Auch an den Mechanismen und Ergebnissen der MA gibt es berechtigte Kritik[1] – zum Beispiel die in manchen Fällen viel zu kleinen Grundgesamtheiten – aber immerhin hat man in den MA-Zahlen so etwas wie eine Währung für jene mediale Gegenleistung, auf die man für seine Budgets hoffen kann.

---

[1] Kritische Stimmen zu den MA-Messungen kommen aus allen Lagern. Sowohl die Werbungtreibenden als auch Agenturen üben heftige Kritik – wie kann es sein, dass die AGMA für eine Vielzahl an Printtiteln Reichweitenzuwächse ausweist, obwohl seit Jahren die Auflagen-Zahlen der Magazine und Zeitschriften rückläufig sind. Verstärkt werden die Forderungen nach einer Reformierung der Reichweitenmessungen laut. Dies ist kein gattungsspezifisches Phänomen – eine valide medienadäquate Konvergenzwährung ist längst überfällig.

Oder: Konnte. Denn einiges spricht dafür, dass der AGMA keine große Zukunft beschieden ist. Wohl auch deshalb, weil selbst dieser Rest von Transparenz im Mediageschäft denjenigen ein Dorn im Auge ist, die gern unwidersprochen hausgemachte Mediawahrheiten zu Markte tragen möchten, um sie dort meistbietend zu versilbern.

Große Mediaagenturen erwirtschaften heute bis zu 30 % Agenturrendite – und könnten sich sicher gut vorstellen, diese Ziffer nach oben zu erhöhen. Wie das gehen könnte, weiß man schon – wäre doch nur diese lästige Forderung nach Transparenz endlich völlig vom Tisch. Doch hierzu später mehr.

> **Unser Appell an Sie: Übernehmen Sie selbst die Verantwortung für Ihr Geschäft**
> Uns ist es in diesem Buch wichtig, Ihnen als unternehmerischen Entscheidern eine Ausleuchtung der Hintergründe und Folgen Ihres Handelns (und Nichthandelns) anzubieten. Dabei geht es beileibe nicht darum, Ihnen schlaumeiernd Ihr eigenes Geschäft zu erklären. Es geht uns darum, dass Sie künftig die folgenden Dinge nachhaltig vermeiden: Kontrollverlust über Ihre Werbebudgets, ineffektive Ansprache Ihrer Zielgruppen, monetäre Verluste z. B. durch intransparente Restplatzkontingente, Rechtfertigungsdruck in Ihrem Unternehmen und last but not least: falsche Entscheidungen in Mediaverhandlungen durch undurchsichtige Informationen.
>
> Es ist Ihr Geld – oder das Ihres Arbeitgebers –, das in einerseits intransparenten und andererseits leider auch mal justizrelevanten Mediakanälen versickert. Und nein, es liegt weder an der Globalisierung noch an der Digitalisierung. Es liegt an den vielen Kaninchen, die erstarrt vor der notorischen Schlangen sitzen: Der Medienmarkt ist keiner mehr und das partnerschaftliche Zusammenspiel hat sich längst zu Einbahnstraßen mit hohem Gegenverkehr (Eigeninteressen) gewandelt.
>
> Es darf nicht sein, dass Sie Ihr Geld mangels Kenntnis und (mal wieder) Transparenz wohl oder übel den kapitalkräftigsten Rufern hinterhertragen müssen. An dieser Stelle ein kleines Ratespiel: Warum wohl sinken seit 2012 die Nettoeinnahmen der Medien[2] von Jahr zu Jahr, während die Gesamtausgaben für Werbung kontinuierlich steigen?
>
> Eines steht fest: Das Mediageschäft wird sich weiter verändern. Eine kohärente Mehrheit prophezeit sogar einen radikalen Veränderungsprozess. Das klingt nicht selten nach Alarmismus. Dabei bedeuten doch Veränderungen etwas Gutes, ganz Natürliches, von der Natur Vorgegebenes. Ja, selbst als stabil geltende Geschäftsmodelle besonders in der Kommunikationsindustrie werden sich verändern, sogar müssen, sollten sie als erfolgreiche Beispiele weiterhin leuchten wollen.

---

[2]Vgl. Entwicklung der Nettowerbeeinnahmen 2012–2015 bei Statista, Quelle ZAW – Zentralverband der deutschen Werbewirtschaft/Nielsen Publikation vom 21.04.2016.

> Welche Wachstumsszenarien aber die Erwartungen erfüllen werden können, ist so ungewiss, wie Wahlentscheidungen zu prognostizieren. Doch grundsätzlich überwiegen die Chancen, Neues zu wagen. **Umso wichtiger, dass Sie, verehrte Budgetverantwortliche, früh von Wissen gestützte Verantwortung in Ihren Geschäften übernehmen.**
>
> Dabei sollten Sie sich nicht von dem oft täuschend betörenden Gesang mancher Branchensirenen beeindrucken lassen, die mit bewundernswerter Selbstsicherheit von Innovationen als neue Währung schwärmen und die Ihnen durch die stete Erwähnung von Begrifflichkeiten wie zum Beispiel Programmatic Advertising und/oder Creativity, Virtual Reality (VR), Artificial Intelligenz (AI), Content Marketing, Big Data u. v. m. vermeintliche Wissensvorsprünge insinuieren wollen.
>
> Spannend wird es vor allem dann, wenn neue Technologien einer breiten Masse bekannt werden, wie z. B. in 2016 das Spiel Pokémon Go, in dem viele Tausende von Smartphonebenutzern in Deutschland auf virtueller Monsterjagd waren und damit Augmented Reality zum Durchbruch verhalfen.
>
> Für Sie als Marketingentscheider ist dies nur ein Beispiel von vielen, das als Anschauungsunterricht dafür dienen kann, wie ein Hype, eine bis dahin kaum breit bekannte Technologie, in sehr kurzer Zeit die Öffentlichkeit erreichte. Daraus gewonnene Erkenntnisse können am besten Sie selber nutzen und weiterverfolgen. Auch nur Sie selber können abwägen, inwieweit solche neuen Kanäle für Sie und Ihre Zielgruppe sinnvoll sind. Sie besitzen diese Kompetenz! Nutzen Sie sie auch! Natürlich spricht nichts dagegen, sich hier und da strategische Unterstützung zu holen. Aber auch dazu – später mehr.

Und nun zu dem Mehrwert, den Ihnen dieses Buch bieten kann:

Vielleicht vermuten Sie schon lange, dass nicht alle Deals, die mit Ihren Budgets bezahlt werden, auch Ihrem Vorteil dienen? Dieses Buch erklärt Ihnen im Detail, warum das so ist und welche Alternativen Sie haben. Sie werden feststellen, dass sich die Rollenverteilung, die Marktmechanismen, die Herausforderungen und damit die Aufgabenschwerpunkte verändert haben und ihrerseits Handlungsbedarf besteht, um als ernsthafter Player im Agenturbusiness wahrgenommen zu werden.

Sie haben das unbestimmte Gefühl, dass Ihnen die Kontrolle entgleitet? Dieses Buch erläutert, wie das passieren konnte und was Sie jetzt tun können.

Sie fürchten, nicht mithalten zu können, weil heute schon wieder alles, was gestern noch Gesetz war, für mausetot erklärt wird? Kein Grund zur Sorge – dieses Buch wird Sie vom Gegenteil überzeugen.

Schon die Lektüre des gleich folgenden Executive Summary dieses Buches könnte Ihr gefühltes Hamsterrad ein wenig einbremsen. Und wollen Sie sich die Zeit nehmen, das Buch zur Gänze durchzulesen, ist Ihnen ein wohliges Gefühl in der Magengegend sicher. Sie werden mit schnippischem Grinsen in die nächste Verhandlungsrunde mit Ihren

Agenturen gehen und sich Sätze sagen hören, die auf „Das wird ja wohl nicht Ihr Ernst sein, Sie Schlingel" hinauslaufen. Wir wünschen Ihnen viel Vergnügen und ein wieder deutlich erfreulicheres (Berufs-)Leben.

Wiesbaden
im Januar 2018

Matthias Süßlin
Heinz-Michael Bache
Kim Sen-Gupta

An dieser Stelle sei darauf hingewiesen, dass dieses Buch ein Meinungsbuch ist und unsere subjektiven Sichtweisen wiedergibt. Sie sind teilweise provokant, unbequem und kontrovers. Sie basieren allerdings auf jahrzehntelangen Erfahrungen und Erlebnissen unterschiedlicher Bereiche und Funktionen im Marketing und Mediabusiness. Denn wir wissen ziemlich genau, wovon wir sprechen. Wir haben all diese Fehler, von denen wir im Folgenden berichten werden, jahrzehntelang selbst (mit-)gemacht – in verantwortlichen Positionen von Medienvermarktung, Agenturen, Marketing. Nicht, dass wir nun vom Saulus zum Paulus mutieren wollten. Aber wir haben, zusammen mit gar nicht wenigen anderen Insidern der Branche, längst erkannt, dass kein Licht am Ende des mit hohem Tempo befahrenen Mediatunnels ist – im Gegenteil. Und dass es für niemanden gut, für viele aber gefährlich und sehr teuer sein kann, Media und Medien zum Spielball ausschließlich von den Gesetzen des Kapitalmarkts gesteuerter Interessen werden zu lassen.

Unser Ziel ist es, insbesondere diejenigen, die über das Geld verfügen und damit am längsten Hebel sitzen – die werbungtreibende Unternehmen – aufzurütteln und Transparenz einzufordern. Aus Liebe zur Branche und in der Hoffnung auf ein neues Gleichgewicht.

Inhaltsverzeichnis

1	**Executive Summary: Wo liegt das Problem?**		1
	1.1 Mediabusiness: Kennen wir, oder?		1
	1.2 Der Stand der Dinge		2
		1.2.1 Verlage, Sender, Publisher auf der Sinnsuche	2
		1.2.2 Werbungtreibende Wirtschaft in der Zwickmühle	3
		1.2.3 Der Durchmarsch der Mediaagenturen	3
	1.3 Ursachen und Wirkungen		3
	1.4 Des Kaisers neue Kleider		5
	1.5 Was werbungtreibende Unternehmen tun müssen		6
		1.5.1 Selbst ist die Agentur	7
		1.5.2 Die besten Agenturen identifizieren	8
		1.5.3 In unabhängige und kompetente Beratung investieren	9
2	**Die Rollen und ihre Darsteller**		11
	2.1 Media quo vadis?		11
	2.2 Das Mediadreieck ist ins Wanken geraten		16
	2.3 Alle ziehen an einem Strang?		18
	2.4 Warum Kunden ihre Agentur führen sollten		23
	2.5 Unwissenheit kann teuer werden		25
	2.6 Inhouse-Agenturlösung als Alternative?		26
	2.7 Täter-, Opfer- und Losertheorie		30
	2.8 Circus Maximus – Wer macht das Rennen?		31
	2.9 Mediaagenturen zwischen Magie, Wahnwitz und Cleverness		35
3	**Die Spur des Geldes**		39
	3.1 Die Herrscher über das zu verteilende Geld		39
	3.2 Das Oligopol der Mediaagenturen		40
		3.2.1 Die Macht der Agenturholdings	42
		3.2.2 Audit als Chance für Transparenz und Sicherheit	43

		3.2.3	Agenturgeschäftsmodelle auf dem Prüfstand	44
		3.2.4	Staatlicher Eingriff – Wer will das wirklich?.............	45
	3.3	Disruption und die Folgen für Medien und Agenturen		48

4 Agenturvergütung auf dünnem Seil 51

	4.1	Agenturvergütung – Alles, was Sie wissen müssen.............		51
		4.1.1	Die AE-Vergütung als Auslaufmodell	52
		4.1.2	Die Sliding Scale Commission als Provisionsmodell	52
		4.1.3	Der Retainer als Pauschalhonorar	53
		4.1.4	Bündelungsrabatte für Einkaufholdings....................	54
		4.1.5	Kapitalisierung von Freespacevolumen	54
		4.1.6	Trading als lukratives Erlösmodell	55
		4.1.7	Bonifikationskopplung an leistungsorientierten Zielvorgaben	56
		4.1.8	Partizipation am Einkaufserfolg auf Basis des geldwerten Vorteils...	59
	4.2	Kritische Reflexion eines scheinbaren Fasses ohne Boden		63
	4.3	Zwischenfazit und Recommendation...........................		64
	4.4	Wem gehören die generierten Rabattvorteile?.....................		65
	4.5	Rabattitis – Der Virus, von dem alle befallen sind..................		67
	4.6	Kick-backs are welcome		70
	4.7	Vom Broker zum Trader..		71
	4.8	Neue Rollenverteilung – Chancen oder Risiken?		73
		4.8.1	Innovative Win-win-Beteiligungsmodelle für Start-ups	74
		4.8.2	Summary und kritische Reflexion zu den Beteiligungsmodellen.......................................	78
	4.9	Die Preisspirale und ihre Auswirkungen		81
		4.9.1	Die Mediaagenturen – Eine notleidende Spezies kämpft um jeden Euro	81
		4.9.2	Vertrauen ist gut – Kontrolle ist besser	83
		4.9.3	Medien und Vermarkter – Doch noch reale Überlebenschancen?.....................................	84
		4.9.4	Wege aus der Tristesse – Freifahrschein für alle?	84

5 Die Hybris des Mediageschäfts 89

	5.1	Transparenz – Wunschdenken, Farce oder Utopie?.................		90
	5.2	Beratungsleistung auf dem Weg ins Nirvana?		91
		5.2.1	Compliance auf Abwegen?	92
		5.2.2	Ohne Media-Know-how – keine Treffer	93
	5.3	Eigeninteressen dominieren......................................		93
		5.3.1	Agentur-Renditevorgaben – Not macht erfinderisch	93
		5.3.2	Probleme der Vermarkter – Löcher stopfen...................	94
		5.3.3	Alle gleich durch staatlichen Eingriff?	94

	5.3.4	OWM – Zweifelnder Verband	95
	5.3.5	OMG – Misstrauen entkräften	96

6 Blick in die Wunderkammern der Medien ... 99
6.1 Quo vadis Print? Medien, Marken und Meinungen ... 100
6.1.1 Eine Legende wird nicht geschont ... 102
6.1.2 Schnäppchenjagd – Nur ein deutsches Laster? ... 103
6.1.3 Phänomen Marke – Auch bei Zeitschriften ... 104
6.2 Quo vadis TV? Lineares Fernsehen auf Messers Schneide ... 108
6.2.1 Synergien mit Online-TV – Wunsch oder Wirklichkeit? ... 109
6.2.2 Crossmediale Nutzung – Internet-TV als echte Alternative? ... 111
6.2.3 Reichweiten- und Wirkungsverluste – Negative Folgen für die Wertschöpfungskette ... 112
6.2.4 Streamingdienste – Add-on oder Sargnagel? ... 113
6.2.5 Programmverflachung durch Scripted Reality ... 115
6.3 Qualitätsmedien unter Druck durch Gratiskultur ... 119
6.4 Konvergente Medienwelt oder alles kann alles ... 120

7 Falsche Annahmen und neue Entwicklungen – Raus aus der Komfortzone ... 123
7.1 Effizienz vor Effektivität – Ein fataler Irrtum ... 124
7.2 Big Data – Erkenntnisgewinn oder flott zum Datenschrott? ... 126
7.3 Algorithmen versus menschlicher Verstand und Intuition ... 129
7.4 Der Handel mit Daten – Pures Gold oder redundanter Datenmüll? ... 130
7.5 Bruttospendings – Daten ohne Aussagekraft? ... 131
7.6 Refinanzierung von Content – Qualitätsdebatte ... 132
7.7 Preislistentreue und Rabattierungswahnsinn ... 134

8 Blick in die Werkzeugkiste ... 135
8.1 Ohne Zahlenverständnis geht nichts ... 136
8.2 Mogelpackung oder Mehrwert? ... 138
8.2.1 Direktkundengeschäftsbeziehung – Vermeintliche Schnäppchen für kostenbewusste Kunden ... 138
8.2.2 Der GRP-Trugschluss – Werbedruck ja, Werbewirkung nein ... 140
8.2.3 GRP-Steigerung – Für wen ist mehr wirklich mehr? ... 141
8.2.4 Pay-Faktor – Sicherheitsgarantie oder trickreicher Erlösgenerator? ... 143
8.2.5 Freespace-Volumen – Chance zur Kapitalisierung von brachliegendem Werbeinventar ... 148
8.2.6 Trading als Geschäftsmodell – Nur mit Freigabe ... 149
8.2.7 TV-Spot-Platzierung – Werbeblöcke überprüfen ... 152

	8.3	Kennziffern und ihre Aussagekraft – Wegweiser in eine ungewisse Zukunft?		154
		8.3.1	Reportings – Reduce to the Max	154
		8.3.2	Die TV-Quote – Maßstab für Sein oder Nicht-Sein	156
		8.3.3	Marktanteile – Wie hoch ist die Aussagekraft?	159
	8.4	Agenturpitch – Geht es um Rabatte oder die Strategie?		161
	8.5	Von Kick-backs und Veruntreuungen – Zu lockere Kontrollmechanismen?		162
9	**Und jetzt? Sie haben es in der Hand**			**165**
	9.1	Jahrelange Erfahrung wertschätzen		166
	9.2	Immer wieder Transparenz fordern		169
	9.3	Controller in ihre Schranken verweisen		170
	9.4	Partnerschaftlich agieren und die Medien nicht vergessen		171
	9.5	Neutrale Berater fragen		172
	9.6	Fair und angemessen honorieren		173
	9.7	Klare Briefings und Ziele kommunizieren		173
	9.8	Strategische Beratung über alles		175

Epilog 177

Sachverzeichnis 179

Abbildungsverzeichnis

Abb. 2.1	Mutation des Mediadreiecks.	17
Abb. 2.2	Entwicklung der Brutto-Netto-Schere in TV	32
Abb. 4.1	Formel zur Berechnung des Mindest Pay-Faktors	57
Abb. 4.2	Beispiel für eine Agenturbewertungsmatrix	59
Abb. 4.3	TKP-Vergleich und Effizienzindex.	60
Abb. 4.4	Berechnung des geldwerten Vorteils.	60
Abb. 4.5	Alternative Erlösquellen einer Agentur	65
Abb. 4.6	Preisinflation auf Basis des Brutto-Netto-Verhältnisses der TV-Spendings.	68
Abb. 7.1	Zusammenhang zwischen Effizienz und Effektivität.	125
Abb. 8.1	Kampagnenergebnis – Zusammenhang GRP, OTS und NRW.	140
Abb. 8.2	Soll-Ist-Vergleich nach Kampagnenende.	142
Abb. 8.3	Beispiel für die Zielvorgaben eines Pay-Faktors	145
Abb. 8.4	Einzeldarstellung und kumulierter Pay-Faktor.	146
Abb. 8.5	Fiktives Beispiel der Agenturerlöse aus Tradingvolumen	151
Abb. 8.6	Werbeblock und Programmumfelder	152
Abb. 8.7	Marken innerhalb eines Werbeblocks.	153
Abb. 8.8	Aussagekraft von Marktanteilsvergleichen	160

Executive Summary: Wo liegt das Problem? 1

Willkommen im Buch, liebe Budgetverantwortliche. Gut, dass Sie hier sind – Sie werden es nicht bereuen. Weil Sie wenig Zeit haben, sei der Inhalt hier schon einmal für Sie zusammengefasst:

1. Sie erfahren, dass Sie bei Mediaschnäppchen fast immer mächtig draufzahlen (und es spricht einiges dafür, dass Sie das zumindest ahnen).
2. Wir erläutern Ihnen, dass es auch anders geht (und zwar wie folgt …).
3. Sie erhalten interessante Insider-Informationen (die Ihnen den Platz mit dem längeren Hebel am Verhandlungstisch zurückgeben dürften).
4. Sie werden Erkenntnisse erlangen, die Ihnen die Sicherheit zur Entscheidungsfindung zurückbringen.

1.1 Mediabusiness: Kennen wir, oder?

Irgendwie glauben wir ja alle zu wissen, worum es im Mediabusiness geht: Die werbungtreibende Wirtschaft braucht Kanäle, die ihre Botschaften möglichst effektiv und effizient in Herz und Hirn der Zielgruppe transportieren. Sender, Verlage und andere Publisher bieten diese Kanäle an und berechnen für deren Nutzung Preise, die neben Lebenserhaltung und inhaltlicher wie technischer Herstellung auch ein bisschen Shareholder Value abbilden sollten. Zwischen beiden wirken Mediaagenturen, die das Budget der Kunden nach bestem Wissen und Gewissen in kenntnisreich ertüftelte Mediapläne fließen lassen und dafür angemessene Honorare in Rechnung stellen. Was wir da gerade beschrieben haben, nannte sich früher ein „Wirtschaftsdreieck". Ein Begriff, der eine Augenhöhe andeutet, die längst Geschichte ist. Warum das so ist, wieso das langfristig katastrophale Auswirkungen hat und wie es dazu kommen konnte, erläutern wir in diesem ersten Kapitel des Buches.

1.2 Der Stand der Dinge

Es kann nicht schaden, sich die Realitäten aller Beteiligten vor Augen zu führen. Warum tut wer was zu wessen Vorteil im Mediabusiness? Wir fassen zusammen:

1.2.1 Verlage, Sender, Publisher auf der Sinnsuche

Medien erfüllen eine zentrale Aufgabe in Demokratien: Als „vierte Gewalt" neben Exekutive, Legislative und Judikative schauen Qualitätsmedien Unternehmen und Institutionen auf die Finger. Sie stellen Transparenz für die Bürger her, damit diese auf der Grundlage einer möglichst breiten Informationsbasis ihr Wahlrecht ausüben und (Kauf-) Entscheidungen treffen können.

Für solch eine Informationsbasis braucht es Geld: Journalisten, ihre Arbeit und ihre Arbeitsmittel wollen finanziert, die attraktive Verarbeitung der Ergebnisse bezahlt sein. Nun möchten wir ja alle seit Längerem gern „more for less", suchen nach der „Economy of Scale" und gehen leidenschaftlich „smart shoppen". Soll heißen: Wir hätten's gern immer billiger. Auch Medien sehen sich mit Rabattforderungen von bis zu 75 % konfrontiert. Und fühlen sich immer öfter genötigt, diesen nachzugeben (dazu später mehr). Weil aber für die meisten Medienunternehmen die fetten Zeiten vorbei sind, geht das längst an die Substanz – auch die dickste Speckschicht ist irgendwann weggehungert.

Less for less
Wie also sparen? Natürlich ist es billiger, wenn sich mehrere Medienmarken Inhalte via Redaktions- und Content-Pool teilen. Und selbstverständlich scheint es zunächst lukrativer, Reichweiten statt mit schwer verdaulichem Journalismus durch Skandale, Katastrophen und Cat Content zu erzielen. Die oft zitierte Qualität aber bleibt so ganz schnell auf der Strecke. Manchmal immerhin tritt dann der Begriff „Premium" an ihre Stelle.

Teure Zeiten
Auch wächst der Investitionsdruck: Digitale Kanäle wollen errichtet und bespielt werden, Bilder müssen sich bewegen, soziale Medien und deren Nutzer bei Laune gehalten werden. Die passenden Geschäftsmodelle allerdings sind noch immer nicht gefunden, die Risiken beträchtlich.

Kein Wunder also, wenn Medienhäuser, die es sich leisten können, längst auf den Versandhandel, das Anbahnen von Liebschaften oder den Vergleich von Versicherungstarifen setzen statt auf die Weiterentwicklung ihres Kerngeschäfts: Das bringt deutlich mehr schnelle Euros ein, als in ein hochwertiges Werbumfeld zu investieren. Das hat Folgen für die werbungtreibende Wirtschaft (…und für die Demokratie. Aber das nur nebenbei.).

1.2.2 Werbungtreibende Wirtschaft in der Zwickmühle

Wer sein Produkt verkaufen will, braucht reichlich Unterstützung auf den Schlachtfeldern zwischen Angebot und Nachfrage: Der künftige Käufer muss von der Existenz des Produktes erfahren, von der Coolness der Absendermarke, von Produkteigenschaften, -nutzen und -USPs. Er will von Qualität und Preiswürdigkeit überzeugt werden, will erfahren, wie andere darüber denken und wo man mal anfassen und/oder gegebenenfalls kaufen kann.

Um das zu gewährleisten, braucht es eine ganze Reihe von Medialeistungen, neudeutsch „Inventar": Spots, Ads und Anzeigen, Advertorials und Placements, Flächen und Räume sind Produkte unterschiedlicher Medienanbieter. Deren Vermarkter waren jahrelang wichtige Ansprechpartner der Marketeers – die wenigen unter ihnen aber, die noch nicht dem Rotstift geopfert wurden, reden heute oft nur noch mit Mediaagenturen. Schade eigentlich – nicht nur für die Publisher, die so den Kundenkontakt aus der Hand geben, sondern auch für die Budgetverantwortlichen in den Unternehmen. Denn dadurch ist wirkliche Kompetenz für das täglich komplexere, multimillionenschwere Mediageschäft in den immer weiter ausgedünnten Marketing- und Werbeabteilungen zur Mangelware geworden. Damit und mit dem Verlust belastbarer Kontakte zu ansprechbaren Experten aufseiten der Publisher wuchsen und wachsen Abhängigkeiten von Mediaagenturen weiter.

1.2.3 Der Durchmarsch der Mediaagenturen

In den 70er Jahren wurden aus den ersten Mediaabteilungen der Full-Service-Agenturen eigene Unternehmen. Die gewannen immer mehr Kunden, konzentrierten immer größere Stückes des – besonders nach dem Start des Privatfernsehens – schnell wachsenden Mediakuchens auf sich. Und schufen so eine Einkaufsmacht, deren Verhandlungsposition gegenüber Verlagen und Sendern immer überwältigender wurde. Diese wähnten sich nun gezwungen, nacheinander immer weitere ihrer zuvor als sakrosankt gehüteten Prinzipien einzukassieren. Sie sind seitdem unter Druck – und geben nach. Gab's irgendwann mal 30 % Rabatt für gute Mediakunden, redet man heute gern über das Doppelte.

1.3 Ursachen und Wirkungen

Wie leicht sich selbst alte Häsinnen und Hasen von den gewaltigen im Mediabusiness bewegten Summen den Schneid abkaufen lassen, mag folgende Geschichte illustrieren, die so oder ähnlich auch das Leben höchstselbst geschrieben haben könnte:

Die Moritat vom großen Geld – Ihrem Geld

Als vor langer Zeit einer Ihrer Vorvorgänger mit Werbebudgetverantwortung das Geschäft seines Lebens zu machen glaubte, indem er seiner Mediaagentur immer mehr von ihren früher mal 15 % Agenturprovision vorenthielt, sann diese auf eine ihr Geschäftsmodell erhaltende Vergeltung. Mühsam erstrittene Honorare für Zusatzleistungen waren kaum mehr als ein Tropfen auf den heißen Stein. Das ganz große Geld kam erst, als man begann, konsequent auf ein besonders verlässliches Pferd zu setzen: Ihre unternehmerische Sparsamkeit.

Carte blanche für die Agenturen

Irgendwann ließ sich die erste Agentur freie Hand für Verhandlungen mit den Publishern geben: Man versprach immer mehr Rabatt, wenn man nur eventuell noch darüber hinaus erzielte Nachlässe behalten dürfe. „Klar", griente Ihr Vorvorgänger, „so lange mein Rabatt wächst – kein Problem."

Den frisch ausgestellten Freifahrtschein in der Tasche, sprach die Agentur bei den Publishern vor: Man werde ganz, ganz kurz gehalten, der Kunde gönne einem die Butter auf dem Brot nicht. Umso lieber wolle man gern dessen gleich mitgebrachte Werbemillionen hier lassen, bräuchte aber zusätzliche Rabatte für den Eigenbedarf. „Nun denn", stimmten die Publisher zu und gaben immer noch etwas mehr Rabatt. „Teile und herrsche", sagte die Agentur, steckte die einen Rabattpunkte ins Kröpfchen, die anderen in Ihr Töpfchen, liebe Budgetverantwortlichen. Zu welchen Teilen genau? Man weiß es nicht …

Die Idee mit den Kick-backs

Es kam, wie es kommen musste: Das Rabattrad ließ sich nicht ohne Weiteres Jahr für Jahr noch schneller drehen. Guter Rat tat not – und ward gefunden: Wieder sprach die Agentur bei Verlagen und Sendern vor: Man brauche neben mehr Rabatt nun auch noch Kick-backs. Die gern auch in Naturalien – man wisse ja reichlich schwer verkäufliches Inventar im Keller der Publisher: Überblätterte Seiten erfolgloser Gazetten, TV-Werbezeiten im Reichweiten-Nirwana, unbeleuchtete Großflächen unter stillgelegten Eisenbahnbrücken. Diese Idee werteten die Publisher fatalerweise als Lichtblick – der Tunnel vor der flackernden Funzel aber sollte sich als sehr, sehr lang erweisen.

Sie haben es schon geahnt: Mit obigem Verhandlungsergebnis ausgestattet, klingelte die Agentur wieder an der Tür Ihres Unternehmens. Verantwortlich war mittlerweile der Nachfolger Ihres Vorvorgängers, dem die strahlende Agentur eine tolle Occasion anzudienen hatte. „Medienmarken oder Primetime zählen nicht mehr", wusste sie zu berichten, „GRPs sind es, die performen! Und wie der Zufall es will, können wir Ihnen hier ein unwiderstehliches Angebot mit unglaublicher Rabattierung übermitteln …" Darüber freute sich Ihr Vorgänger so sehr, dass er noch Wochen später lustig vor sich hinsummte, obwohl er aufgrund schrumpfender Kampagnenerfolge im Unternehmen kontinuierlich an Einfluss verlor.

Da stimmt doch was nicht …?
Natürlich haben Ihr Vorgänger, Sie und Ihre Kollegen längst bemerkt, was da läuft. Und natürlich haben Sie sich schon öfter gesagt, dass es nicht ewig so weitergehen könne. Kaum aber hatten Sie eine tatkräftige Faust geballt, erinnerten Sie sich an die hinter vorgehaltener Hand kolportierte Geschichte eines Kollegen, dessen vorgeblicher Karriereknick wie folgt begann:

Rotkäppchen und der böse Wolf?
„Herr Muster, ich würde heute gern mal mit Ihnen über Transparenz sprechen", begann Ihr Kollege das Gespräch mit dem Abgesandten einer führenden Mediaagentur. „Nun machen Sie mal halblang, Herr, na, wie war noch Ihr Name …", gab der empört zurück, „Sie wollen es doch auch: Rabatte nämlich. Und welchen Rabatt *wir* aushandeln, geht *Sie* erst mal gar nichts an. Wenn Ihnen das nicht passt, können Sie uns ja rausschmeißen. Dann kaufen Sie halt um fünf Punkte teurer ein. Das können Sie ja dann mal Ihrem Finanzvorstand erklären, den sehe ich übrigens gleich beim Golf."

Kann man nichts machen? Doch, da kann man was machen.

Denn erstens wird Ihr Finanzvorstand den Teufel tun und seinem Golfpartner dabei helfen, ihn selbst zu übervorteilen; egal, was der Stammtisch raunt. Zweitens ist die Geschichte frei erfunden – vielleicht von einer Mediaagentur, damit Sie schön stillhalten. Und drittens kauft diese Agentur nicht billiger ein, sondern Billiges. Ein himmelweiter Unterschied, zu dessen Umschreibung die Branche das Zauberwort „Trading" ersonnen hat.

1.4 Des Kaisers neue Kleider

Vor einiger Zeit beherrschten Deals die Nachrichten, in denen es um Angebote ging, die doch sehr an manche Mediapakete voller GRPs und Rabatte erinnern. Damals allerdings hieß das noch „Subprime" (meist gefolgt vom Wörtchen „Krise") und hatte gerade das eine oder andere Geldinstitut vom Markt gefegt, Steuerzahler weltweit um ein paar Hundert Milliarden ärmer gemacht, einige Regierungen verstört und geholfen, dem nun grassierenden Populismus den Boden zu bereiten.

Subprime ging so: Drückerkolonnen drehten Tausenden oft mittellosen US-Amerikanern Finanzierungen für überteuerte Schrottimmobilien an. Diese absehbar prekären Hypotheken wurden, bis zur Unkenntlichkeit durchmischt, in Fonds eingebracht. Diese wiederum wurden von – daran blendend verdienenden – Investmentbankern scheibchenweise zu Mondpreisen an naiv und/oder gierig zugreifende Banker vertickt. Vor diesem Hintergrund könnten da wohl einige Mediaagenten gedacht haben: „Das bringt uns auf eine Idee!"

Auf zum lustigen Rollentausch
Die Agenten hätten gleich zwei lukrative Gründe, die Vorgehensweisen der Banker auf das Mediageschäft anzuwenden:

Erstens lässt sich in Trading-Paketen wunderbar unterbringen, was der Vermarktungschef eines Großverlags mal fachöffentlich „minderwertiges Inventar" nannte.

Und zweitens könnte den Agenturen etwas gelingen, nach dem sie sich schon lange sehnen, um endlich auch ganz offiziell dem Drängen ihrer Shareholder nach noch mehr ROI nachkommen zu können. Deren Hunger nämlich scheint mit den gut 30 % Rendite, die leidlich gut laufende Media-Großagenturen heute bei ihren Holdings abliefern, nur unzureichend gestillt.

Trading = Media + Subprime?
Hier Quadratmeter, dort GRPs – werden nach Gegenwert klingende, aber korrumpierbare Währungen von ihren wertstiftenden Parametern getrennt, anonymisiert und neu zusammengesetzt, entzieht sich das Ergebnis wirksamer Kontrolle. Lassen wir zu, dass nackte, oft theoretische, Leistungsdaten losgelöst und mit jenen ganz anders positionierter, geführter und gerechneter Medien vermengt und in einen Topf geworfen werden, ist die Werthaltigkeit des Resultats Glückssache. So lange aber Sender und Verlage ihre Preziosen stolz als Marken führ(t)en und vermarkte(te)n, herrscht(e) relative Transparenz. Die Verleger standen hinter und zu den verkündeten Leistungsversprechen ihrer Häuser. Und hatten viele Gründe, deren Werte hochzuhalten – in jeder Hinsicht.

1.5 Was werbungtreibende Unternehmen tun müssen

Bevor wir ganz konkrete Vorschläge unterbreiten, wie Budgetverantwortliche den Begierden lauernder Budgetkraken entgehen können, lohnt sich noch ein Blick auf das große Ganze.

Treuhänder oder Wirtschaftsstufe?
Die Agenturkonglomerate versuchen mit wachsendem Druck, aus der Treuhänderrolle im Umgang mit den ihnen anvertrauten Budgets resultierende Verantwortungen und Limitationen abzuschütteln. Die angestrebte Befreiung soll über die Ausrufung einer eigenen Wirtschaftsstufe erfolgen: Kann man sich mit der Behauptung durchsetzen, das Medialeistungs-Päckchenpacken (z. B. via Trading) mache aus dem von Publishern zugelieferten „Rohstoff" ein ganz eigenes Produkt, das auf eigene Rechnung vermarktet werden dürfe, wäre der Stöpsel kaum mehr in die Flasche zu bekommen, der unselige Geist endgültig in der Welt. Redaktionelle Leistung wäre zur Commodity degradiert, die Marken und Leistungen von Sendern und Verlagen der Willkür tatsächlicher oder behaupteter KPI-Währungen unterworfen.

Aber ist das nun eigentlich das Problem der werbungtreibenden Unternehmen? Ja, ist es. Am Ende nämlich würden diese sich angesichts dessen, was da käme, die mittlerweile ergrauten Haare ausreißen vor Ärger. Denn auch die schon heute oft klägliche Rest-Transparenz im Medienmarkt wäre dann schnell dahin; das Machtkartell der Einkaufsriesen zementiert. Die Unternehmen würden dann endgültig akzeptieren müssen, worin wir heute noch einen faustdicken Skandal erkennen: Aus Preis-Leistungs-Verhältnissen würden reine Preisverhältnisse der sich bereits deutlich abzeichnenden Reichweiten-Oligopole, Leistung würde endgültig zur Glücks- und Glaubensfrage in den Händen renditehungriger Media-Einkaufsriesen.

Es könnte aber auch ganz anders kommen …
Wer sich fragt, warum Mediaagenturen gerade jetzt so viel Druck machen mit ihrer Forderung nach einer eigenen Wirtschaftsstufe, dem hat ein Blick über den großen Teich Interessantes zu bieten: Denn im Silicon Valley – und nicht nur dort – hat man erkannt, wie groß das Geschäft mit den Mediamilliarden werden könnte, wendet man nur die Regeln der digitalen Disruption auch auf diesen Markt an. Wo auf die Sicherheit ihrer Einkaufsmacht setzende Mediaagenturen die Erwartungen ihrer Kunden auf die Formel ‚Economy of Scale plus trivialstrategische Mindestleistung' heruntergeregelt haben, ist die Hürde gering, es mal per App zu versuchen. Und schon macht das Media-Schlaraffenland Betriebsferien, denn die Unicorns aus dem Wunderland des schnellen Dollars sind nicht so fix zum Schweigen gebracht wie unter Druck geratene Umsatzverantwortliche hiesiger Medienhäuser.

Weiteres Misstrauen in die Unendlichkeit des Agentur-Geschäftsmodells säen die Aktivitäten der großen Unternehmensberatungen: Je dürftiger die strategischen Leistungen mancher Agenturen ausfallen, desto klarer fühlen PwC, McKinsey und Co. sich eingeladen, ein großes Stück vom Mediakuchen auf ihre eigenen Teller zu schaufeln.

Man darf gespannt bleiben, wie die Geschichte weitergeht. Was allerdings kein Grund ist, das Kampagneneffizienz-Glück nicht schnellstens wieder in die eigene Hand zu nehmen. Daher nun ganz schnell zu den versprochenen Alternativen, die bereits heute – und im Grunde schon immer – bestehen …

1.5.1 Selbst ist die Agentur

Auf der Suche nach mehr Unabhängigkeit und Transparenz wird man auch im Thema Media irgendwann auf eine beliebte Gretchenfrage stoßen: „Make or buy?" – was spricht eigentlich dagegen, Mediaplanung und Einkauf selbst zu stemmen?

Wollen Sie eine Inhouse-Lösung erwägen, sind vier zentrale Fragen zu beantworten:

1. Sind Sie bereit, dem Thema Media die nötige Aufmerksamkeit und Priorität zuzubilligen?
2. Ist Ihr Mediabudget groß genug, um eine eigene Infrastruktur zu rechtfertigen?
3. Haben Sie im War for Talents eine reelle Chance, die notwendigen wirklich guten Leute zu verpflichten?
4. Bekommen Sie als einzelnes Unternehmen attraktive Einkaufskonditionen?

Tatsächlich ist es kein Zufall, dass immer wieder Inhouse-Agenturen eröffnet und geschlossen werden. Denn das Mediageschäft ist nicht trivial, will man Effizienz und Effektivität sicherstellen.

Lassen Sie sich helfen
Ob eine hauseigene Lösung für genau Ihre Situation, genau Ihre Ziele Sinn macht, sollten Sie mithilfe unabhängiger externer Berater analysieren. Trennen Sie absolut konsequent die Beratung im Vorfeld von möglichen späteren Aufträgen – und sagen Sie das unmissverständlich von Anbeginn an allen Beteiligten.

Vergessen Sie etwaige Gedanken, den Mediabereich nicht wirklich spezifisch in der Tiefe qualifizierten und darin tagesaktuell erfahrenen Mitarbeitern zuzumuten – das wird schiefgehen. Ist Ihr Standort nicht allzu exotisch und Ihr Employer Branding o.k., haben Sie konkrete Chancen, gute Leute an sich zu binden. Denn für die spricht mittlerweile vieles dafür, von Bord der bereits beschriebenen Media-Dickschiffe zu gehen.

Geiz ist ungeil
Und die Einkaufskonditionen? Wir sprachen schon darüber: Befreit man den gesunden Menschenverstand mal von seinen allzu gierigen Reflexen, weiß man, dass die „Supersonderangebote" der Rabattkönige nicht reell sein können. Der in Trading-Paketen untergemischte Mediaschrott macht schwindelnde Rabatthöhen möglich, zerschießt Ihrer Kampagne aber todsicher die Effektivität. Tatsächlich gute Konditionen sehen anders aus.

Keine Berührungsängste!
Klingeln Sie – allein oder in Begleitung des gerade erwähnten Beraters – doch einfach mal bei einem für Sie attraktiven Publisher an. Erklären Sie ihm, dass Sie sich Ihre Kampagne in seinem redaktionellen Umfeld gut vorstellen könnten und Sie Ihre Agentur aus bestimmten Gründen außen vor lassen wollen, aber Sorge hinsichtlich des Preis-Leistungs-Verhältnisses haben. Es wird sich lohnen!

Natürlich gibt es bereits jetzt Medienvermarkter, die Angst vor der Einkaufsmacht der Agenturen haben und befürchten, als ungehorsamer Direktkontakt Zulassender ohne Abendbrot ins Bett geschickt zu werden. Aber keine Sorge: Das ist noch nicht die Regel.

1.5.2 Die besten Agenturen identifizieren

Wenn wir auf diesen Seiten leidenschaftlich die vermeintliche Economy of Scale mancher Medienangebote und -anbieter anprangern, ist das beileibe kein Plädoyer zur pauschalen Verdammnis der Gattung „Mediaagentur". Im Gegenteil!

Eine wirklich gute Agentur erkennen Sie nicht an Rabatten, Marktanteil oder an der medialen Präsenz ihrer Protagonisten. Haben Sie es mit intelligenten Leuten zu tun, die mit Neugier und Exzellenz ganz genau hinsehen, wenn es um Ihre Spezifika und diejenigen der zur Verfügung stehenden medialen Kanäle und ihrer Formate geht, die wichtige Mechanismen im Kundenverhalten, die Wechselwirkungen mit Lebens- und Nachrichtenumfeldern, die Strategien Ihrer Wettbewerber und viele Kriterien mehr in erst Strategie, dann Planung einbeziehen, ist eine Hochzeit im Himmel möglich.

Schon immer waren Mediaplaner der Versuchung ausgesetzt, Budgets „effizient" auszugeben. Wer keine Lust und wenig Know-how hatte, buchte früher Flaggschiff-Doppelseiten und 30-Sekünder zur Primetime der großen Sender. Heute bucht er eben Trading-Pakete. Im Kundeninteresse aber lagen schon immer eher feinstoffliche, kleinteilige Betrachtungen, Strategien und Planungen.

Natürlich muss solche Leistung(-sfähigkeit) entlohnt werden. Suchen und vergüten Sie Exzellenz, werden Sie die auch bekommen. Das Milchmädchen sollten Sie dabei zu Hause lassen, denn unterm Strich kann auch und gerade im Mediageschäft jeder Euro gut investiertes Honorar leicht ein Mehrfaches an Gegenwert einspielen.

1.5.3 In unabhängige und kompetente Beratung investieren

In vielen Fällen scheut man radikale Schnitte – und nicht immer zu Unrecht. Und weil ja oft erst Gelegenheit Diebe macht, kann man darüber nachdenken, die Diebe eben jener Gelegenheiten zu berauben, statt sie konsequent in die Wüste zu schicken. Hierbei dürfen Sie auf kundige Unterstützung zählen …

Nicht ohne Grund dringt besonders aus dem Dunstkreis der Agentur-Konglomerate lautes Schimpfen über einen verhältnismäßig jungen Berufsstand: den der Media-Auditoren. Die – oft Abtrünnige aus dem Agentur-Lager, die sich gegen Gebühr auf die Seite ihrer früheren Opfer schlagen, oder Media- und Zahlenkundige aus Unternehmensberatungen oder Publishing-Häusern – sind intime Kenner des Geschäfts. Machen sie ihre Arbeit gut, sorgen solche Berater zuverlässig für Aha-Erlebnisse. Sie stärken nachhaltig Verhandlungsposition und Ergebnisqualität für die Kundenseite und holten auch immer wieder mal die eine oder andere geklaute Million aus Agentursäckeln zurück.

Derart mit externem Sachverstand gestärkt, wird Ihr Sitz am Verhandlungstisch sich gleich viel bequemer anfühlen. Und Ihr Gesprächspartner auf Agenturseite wird einen guten Grund mehr haben, sein Angebot noch einmal durchzurechnen.

> **Fazit: Es gibt nichts Gutes, außer man tut es**
> Sie sehen, es gibt mindestens drei attraktivere Möglichkeiten, als sich in die Reihe der willenlosen Karnickel vor der Schlange einzugliedern. Welcher für Sie der richtige Weg ist, sollten Sie unter Einbeziehung aller Fakten im Kreis mediaerfahrener Gesprächspartner herausarbeiten. Ganz sicher keine Alternative ist es, tatenlos auf besseres Wetter zu hoffen: Das hat in jüngerer Vergangenheit ganze Branchen an den Rand des Abgrunds geführt – und darüber hinaus.
>
> Nein, Globalisierung und Digitalisierung sind nicht Ursachen der geschilderten Dilemmata. Aber beide erhöhen die Komplexität Ihres Entscheidungsumfeldes, die Geschwindigkeit der allseits zu beobachtenden Entwicklungen und damit das Risiko, dass jeder tatenlos abgewartete Planungszyklus einer zu viel gewesen sein könnte.
>
> Die Unmittelbarkeit der messbaren Resultate im E-Commerce stärkt die Position des Vertriebs im Unternehmen, das Marketing und seine längerfristig angelegten Strategien

geraten oft ins Hintertreffen. Das hat häufig Stress für die Marke zur Folge, denn allzu groß ist die Versuchung, ertragreiche Sales-Strohfeuer anzuzünden. Der Preis für leuchtende Augen beim Zählen der schnellen Euros kann hoch sein, wenn bewährte, aber aufwendig zu betreuende Sales Channels zugunsten erst mal verlockender, aber langfristig kaum beherrschbarer Partner vom Typ „Market Place" vernachlässigt oder gar aufgegeben werden. Am Ende können Preisverfall, Trivialisierung der Marke und Kontrollverlust stehen.

Unsere Meinung: Hier wie da ist es entscheidend, neue Strömungen als Chance wahrzunehmen und auch so zu handhaben – neugierig, achtsam, skeptisch. Und immer mit beiden (eigenen) Händen am Lenkrad. Dritte dürfen die Rolle der Navi-Tante spielen: Gern lassen wir uns Strecken vorschlagen, die Entscheidung aber treffen wir, wo es drauf ankommt, lieber selbst.

Die Rollen und ihre Darsteller

2

Quelle: www.Shutterstock.com/alphaspirit

2.1 Media quo vadis?

Die Situation in der Medien- und Mediaszene ist in den letzten Jahren dramatisch intransparent geworden. In der Tat erleben die Beteiligten aus dem Kreis der werbungtreibenden Kunden, Medien und Mediaagenturen, ehemals in einem funktionierenden

Wirtschaftsdreieck[1], nahezu schon in einer Menage à trois, konstruktiv und nachvollziehbar ihre Geschäfte betreibend, eine zunehmend beunruhigende Entwicklung. Wenn man kritisch reflektiert, wie sich manche Marktteilnehmer heute verhalten und wie sie auf Problemfelder zum Beispiel der Forderung nach Transparenz in der Mediaplanung insbesondere des Mediaeinkaufs reagieren, stellt sich die Frage, welche Absichten verfolgt werden.

Es ist nicht neu, dass der ROI (Return on Investment als wichtige Kennzahl zur Beurteilung der Rentabilität einer Investition) sinkt und die Performance der Medienangebote rückläufig ist. Reichweitenverluste sind die Folge aus der Diversifizierung und Fragmentierung des Marktes. Die Versuche der Medien, durch immer neue Kraftakte ihre sinkende Performance wieder aufzuwerten, sind längst gescheitert und erfordern neue Argumente. Weder redaktionelle Qualität ignorierende Konditionen noch vielversprechend angepriesene „Free"-Kontingente[2] vermögen Leistungsverluste auszugleichen. Sie sind vielmehr ein Ausdruck der Hoffnungslosigkeit.

„Darf es ein bisschen mehr sein?" wird den in Panik geratenen Medienmachern kaum helfen. Wenn sie sich behaupten wollen, müssen sich die handelnden Personen mehr denn je mit den Themen Qualität und Intelligenz verbünden und Respekt vor und für die eigenen Zielgruppen neu definieren. Und da dies nicht gelingen will, Mediaberater und Mediaexperten der Mangel aber nicht groß anficht, begnügt man sich mit der sogenannten Faszination des Monsters BIG DATA[3] als neue Wunderwaffe. Erneut kann dem Kunden insinuiert werden, dass durch den Einsatz und die Kenntnisse aus diesen Analysen ein großer Mehrwert für ihn generiert wird. Braucht man dazu das apostrophierte Wunderheilmittel von Big Data? Wer sich nur darauf verlässt und glaubt, dass dadurch die von Mediaagenturen nur allzu gern als gering einzuschätzende Problematik kompensiert wird, darf sich nicht wundern, wenn letztlich alles nicht mehr beim Alten bleibt, sondern sich tendenziell verschlimmert und zunehmend ausufert. Brauchen wir neue Erkenntnisse oder reicht bereits ein Wachrütteln, um aus dieser verzwickten Situation herauszukommen? Hier geht es um das Zusammenspiel und das Handeln der Marktteilnehmer mit der Frage: Wer macht wem wann womit das Leben schwer und wie kann man für alle einen Weg aus diesem Dilemma finden?

Die Problematik verfügt über tiefgründige Facetten und beginnt bereits beim Zusammenwirken bzw. der Verfolgung von Einzelinteressen. Wenn man sich lediglich auf Daten, Fakten und Pseudoinformationen beschränkt, wird sich das Problem nicht einfach lösen lassen. Mangelnde Transparenz sorgt für zusätzliche, die Kommunikation

---

[1]Häufig auch als sog. Mediadreieck bezeichnet – als Zusammenspiel von werbetreibendem Kunden, den Medien/Vermarktern und der Agentur.
[2]Free-Kontingente im Sinne von Naturalvolumen (bspw. Freespots, kostenlose Anzeigen etc.).
[3]Big Data im Sinne von immensen, komplexen und häufig unstrukturierten Datenmengen, deren Verarbeitung mit herkömmlichen Methoden ohne spezielle Hard- und Software-Unterstützung nicht zu bewältigen ist.

belastende Fragen. Und eben darum verbergen sich dahinter kaum Erkenntnisse zu Effizienz und Effektivität, vielmehr Transparenzforderungen. Also Fragen von Agenturkunden nach nicht offengelegten, weitergeleiteten Rabatten und sonstigen Rückvergütungen von den Medien an die Agenturen. Transparenz ist in diesem Zusammenhang ein wichtiger Baustein. Hier geht es um das von Misstrauen belastete Miteinander im bröselnden Wirtschaftsdreieck. Transparenz ist die Voraussetzung für das komplexe Mediageschäft. Transparenz entwickelt Vertrauen. Da aber in diesen Zeiten ein großer Mangel an Transparenz herrscht, kommt es zu massiven Beeinträchtigungen, mindestens zu berechtigten Zweifeln. Es muss doch nachdenklich machen, wie Mediaforschung und Mediaplanung als Entscheidungsparameter verändert wurden und Mediaeinkauf von erschütternder Allgegenwärtigkeit seine intransparenten Besitzansprüche gegen Marketing, gegen kreative Strategieagenturen, ja sogar gegen Marken entwickeln und schließlich behaupten konnte.

Brauchen wir neue Erkenntnisse zur transparenten Orientierung und Optimierung oder läuft es am Ende dann doch wieder darauf hinaus, dass derjenige zum Zuge kommt, der die günstigsten Konditionen anbietet? Auch hier werden wieder Effizienz und Effektivität vermischt. Wenn die Qualität hinter der Quantität stehen muss, benachteiligt es nicht nur die Kampagne, sondern auch Produkt und noch gefährlicher – die Marke. Da die Zielsetzungen der Agenturen primär auf den Rabattitiswahn ausgerichtet sind, um die Konditionen zu drücken, und die Medien dann zwangsweise mitspielen, ist es die Aufgabe der Werbungtreibenden gegenzusteuern. Höhere Rabatte sind grundsätzlich nicht verwerflich, wenn diese allerdings zu verzerrten Mediaplänen und -strategien führen, gibt es am Ende jede Menge Verlierer. Es sind die Werbungtreibenden, die sich häufig von hohen Konditionen blenden lassen und gar nicht bemerken, welche nicht nur pekuniären Nachteile sich dahinter verbergen. Die erzielten Konditionen wirken wie eine Blendgranate, sie vernebeln alles.

Die einen fordern, während die anderen kaum Gegenwehr zeigen und die Forderungen akzeptieren. Die Dritten schauen dem Treiben genüsslich zu, ohne gegenzusteuern. Dieses Suizidspiel fordert irgendwann als Folge dieses Treibens erste Opfer. Beim Kunden werden die Ziele suboptimal erreicht, denn selbst ein realisierter Werbedruck (GRP-Niveau)[4] ist kein Garant für eine erfolgreiche Umsetzung. Qualitative Mängel gelten unter den Wissenden als ein erster Schritt in die falsche Richtung. Die Marke wird darunter leiden und dies nachhaltig. Noch schlimmer trifft es die Medien selbst – sie werden, wenn sie sich nicht anderweitig aufstellen, mangels Gegenwehr durch die immer niedrigeren Margen bei Gewährung von immer höheren Rabatten auf der Strecke bleiben und im schlimmsten Fall ins Gras beißen. Es muss nicht sein, dass sie sich willenlos dem Druck des Marktmechanismus ergeben und in der Opferrolle untergehen.

---

[4]Das Erreichen eines vordefinierten und fixierten GRP-Niveaus (GRP = Gross Rating Point) ist nur ein Teil dessen, was als Voraussetzung zur Realisierung einer erfolgreichen Kampagne erforderlich ist. Der GRP wird als Maß und Kennzahl für den Werbedruck einer Kampagne verwendet. Er stellt die Bruttoreichweite in Prozent bezogen auf eine Zielgruppe dar und ermöglicht Vergleiche unterschiedlicher Kampagnenalternativen.

Daten sammeln ist das eine – Medienkunden wollen aber begeistert werden. Der Schlüssel liegt im verborgenen Wissen hinter den weiter wachsenden Datenbergen. Nur wer den Kunden wirklich versteht, kann ihn auch nachhaltig erreichen. Big Data bestimmt Denken und Handeln. Das ist absoluter Mainstream. Aber sind es auch immer valide, nachprüfbare Zahlen? Allenthalben steht in der Diskussion mehr Meinungs- statt Faktenstärke. Wo bleibt bei diesem totalen Datenoptimismus der gesunde Menschenverstand? Zeit für einen Aufstand der Nachdenklichen? Die sich erinnern mögen, dass Originalität, Authentizität die Kreativität beflügeln, dass Intelligenz und Wissen die Strategie sowie die Allokation des Marketingbudgets definieren? Konsumenten streben nach Neuem, sie suchen nach Erfahrungen, Einzigartigem, Unverwechselbarem. Es ist daher Zeit für Initiativen. Es ist Zeit, falsche Dogmen zu sprengen. Denn: „Wenn Du glaubst, alles unter Kontrolle zu haben, fährst Du zu langsam!"[5]

Derzeit erzielen Mediaagenturen Renditen, die auf normalem Weg kaum realisierbar wären, vergessen aber dabei, dass dies nur so lange funktioniert, wie alle anderen widerstandslos mitspielen. Was passiert, wenn einer der relevanten Akteure nicht mehr mitspielt oder gar mitspielen kann? Bricht dann das System zusammen?

Wenn der Kunde seine Agentur nicht führt, wird er von ihr geführt und im schlimmsten Fall von ihr vorgeführt. Irgendwann müsste doch dem Werbungtreibenden als Investor auffallen, dass die Agentur seine Kundeninteressen gegebenenfalls nur sekundär wahrnimmt. Die Intention für eine Agenturbeauftragung liegt eigentlich ganz woanders. Die Agenturstärken einer kompetenten Beratung durch Erfahrung und einer umfassenden Marktkenntnis, einer strategischen Expertise, einer effizienten Optimierung und effektiven Umsetzung der Kundenziele sollten wieder in den Vordergrund rücken. Dann und nur dann hat die Agentur eine Daseinsberechtigung. Sie kann über eine überdurchschnittliche Serviceleistung, sei es in Form von personeller Betreuung und/oder kreativer, innovativer Lösungen maßgeblich den Erfolg der Marke steigern und sich somit von Wettbewerbern abheben. Wer dagegen keinen USP hat, nicht bereit ist, sich mit allen relevanten Medien- und Mediathemen auseinanderzusetzen, und seine Hauptaufgabe darin sieht, sich durch exorbitante Rabatterzielung zu positionieren, wird am Ende verlieren.

Die Gier des Renditetreibens wird ein Ende haben, die Werbungtreibenden werden zum Pitch aufrufen und sich nach Alternativen umschauen. Wenn diese allerdings im gleichen Muster weiterverfahren, wird die Agentur gewinnen, die abermals die beste Effizienz im Sinne von günstigstem Einkauf vorweisen kann. Dann ist dem Werbungtreibenden auch nicht mehr zu helfen – er ist seines Glückes Schmied und hat sich durch diese fatale Entscheidung ins Abseits geschossen. Eines wird jedoch deutlich: Nur wenn das Zusammenspiel aller Beteiligten so erfolgt, dass jeder seine Stärken integriert und dadurch die anderen nicht einschränkt oder gar blockiert, kann und wird es zu einer positiven Entwicklung kommen. Es kann wieder von Win-win gesprochen werden. Solange einer dominiert,

---

[5]Mario Andretti, Ex-Formel-1-Weltmeister: https://de.wiktionary.org/wiki/Wiktionary:Humorarchiv/Motorradfahrerjargon, letzter Zugriff: 14.11.2017.

seine Macht für Eigeninteressen einsetzt und die anderen determiniert, wird sich nichts ändern – sondern eine Richtung eingeschlagen, wo alle individuell über kurz oder lang am eigenen Misserfolg basteln. Wer am Ende dann übrig bleibt ist eigentlich auch egal, da der Markt nicht mehr funktioniert und die Partner nur noch vereinzelt existent sind.

Alle sollten sich ihrer Rollenverteilung bewusst sein und diese mit Mut, Engagement und Entscheidungsfreudigkeit umsetzen. Die Werbungtreibenden müssen sich darüber im Klaren sein, dass sie als Auftraggeber die Hoheit über die Mediainvestitionen besitzen und daher auch bestimmen müssen, was in ihrem Sinne umzusetzen ist. Die Medien sollten sich nicht auf selbstgefährdende Weise „ausruhen". Sie können durch offensives, proaktives Handeln, durch Kooperationen mit anderen ihr Angebotsportfolio nicht nur erweitern, sondern auch neue, innovative Wege einschlagen, die ihre Angebote wieder marktfähig machen, eine wertvolle Performance bieten und sie daher auch nicht ständig zur Preisreduktion zwingen lassen. Sollten jetzt die Mediaagenturen zur Einsicht kommen, dass das Feilschen um Rabatte und Vergütungen am Ende doch nur Opfer bringt und sich dieses Geschäftsgebaren nur temporär umsetzen lässt, wäre ein großer Schritt in die Berechenbarkeit getan. Es geht gar nicht darum, ihnen die Macht zu nehmen, sondern sie wieder auf den Boden der Tatsachen zu bringen und ins gemeinsame Spiel zurückzuholen. Dabei muss es sich um ein Spiel von gleichberechtigten Partnern handeln, analog zum früher praktizierten Zusammenspiel im Mediadreieck (s. Abschn. 1.2). Werbungtreibende Kunden sind keine Statisten.

Mediaagenturen sollten sich auf ihre eigentlichen Stärken besinnen – Beratung, Strategie, Planung, Optimierung, Umsetzung und Kontrolle als Indikatoren der erzielten Leistung und Zielvorgaben mit der Intention, daraus Erkenntnisse zu gewinnen, die zukünftig zur Optimierung der Kundenvorgaben und des Budgets wesentlich beitragen. Das heißt nicht, dass sie dabei ihre eigenen Ziele vernachlässigen müssen. Wenn ihre unsägliche Renditegier durch eine faire Income-Generierung mit dem Wunsch „leben und leben lassen" erfolgt, wäre schon ein wesentlicher Schritt getan. Dies würde im Umkehrschluss allerdings auch bedeuten, dass die Auftraggeber für die beauftragten Leistungen eine faire, dem Aufwand entsprechende Honorierung bezahlen. Wie diese im Einzelfall aussehen könnte, kann individuell zwischen den beiden Partnern verhandelt werden. Setzt sich jetzt endlich auch die Forderung nach Transparenz durch, könnten das Unbehagen und Misstrauen eliminiert werden. Besteht für die Agentur die Möglichkeit, an überdurchschnittlichen Erfolgen zu partizipieren, hätten sich die Anstrengung und das Engagement für sie ausgezahlt. Der zusätzlichen Honorierung einer Erfolgsprämie auf legalem Weg stünde dann auch nichts im Weg.

Alles in allem ein Wunschdenken, solange nicht sämtliche an den gemeinsamen Mediageschäften beteiligten Partner die Transparenz zur Maxime ihres Handelns erklären und durchsetzen. Andernfalls frisst sich die „Subprime-Economy"[6] in das Herz des Mediageschäftes durch.

---

[6]Im Analogieschluss zur Subprime-Krise in den USA, die als Auslöser der weltweiten Finanz- und Wirtschaftskrise von 2008/2009 galt.

2.2 Das Mediadreieck ist ins Wanken geraten

Das ursprünglich jahrzehntelang erfolgreich praktizierte Mediadreieck, bestehend aus dem werbungtreibenden Kunden, der beauftragten Mediaagentur und den Medien/Vermarktern, scheint längst der Vergangenheit anzugehören. Die Zusammenarbeit war in diesem Prozess klar strukturiert und geregelt und die Aufgaben sowie Verantwortungsbereiche festgezurrt. Die Agenturen fungierten in der Rolle des unabhängigen Beraters an der Seite des Kunden. Dabei standen die strategische Ausrichtung und die Planung auf Basis des Kundenbriefings im Vordergrund, um die vordefinierten Kampagnenziele erfolgreich erreichen zu können. Durch Verhandlungsgeschick, einen planungsbasierten, optimierten Einkauf, der die Effizienz und Effektivität der eingesetzten Gelder und Maßnahmen gleichermaßen berücksichtigt, schien der Kampagnenerfolg gesichert. In den letzten Jahren hat sich das etablierte Dreiecksverhältnis zunehmend verändert – aufgrund der beschriebenen Situationsveränderungen bei allen Beteiligten erweist es sich zunehmend als gestört.

Auffallend ist, dass sich das frühere ausgewogene Beziehungsgeflecht der Marktteilnehmer untereinander im Zeitablauf dramatisch verändert hat. In den letzten Jahren ist dies eher unausgeglichen und vermittelt den Eindruck, dass die Agentur als Gatekeeper die Kunden-Medien-Beziehung dominiert und beherrscht (vgl. Abb. 2.1).

Die Agentur hält die Fäden in der Hand, dirigiert den Prozess und steuert die Teilnehmer häufig wie Marionetten. Das ist der Anfang des ganzen Dilemmas, in dem sich alle am Prozess Beteiligten befinden. Die Macht der Mediaagenturen hat entscheidend zugenommen. Alle Medien hängen somit am Tropf von einigen wenigen Mediaagenturen-Konglomeraten, die über den Erfolg und Misserfolg eines Mediums entscheiden können. Die umstrittenen Methoden dieser Medien-Trader sind eine Marktmacht, wie es sie in kaum einem anderen Wirtschaftszweig gibt. Die Mediaagenturen haben das Marktgeschehen fest im Griff.

Sie locken ihre Kunden mit Rabatten, Sonderkonditionen oder extrem günstigen Trading-Volumina[7] und haben gleichzeitig die Medien/Vermarkter so unter Kontrolle, dass sie den Gesamtprozess nach ihren Vorstellungen steuern und dominieren. Sie kaufen von Verlagen/Sendern große Mengen von hoch rabattierten Werbeplätzen (Anzeigenseiten, Spots) auf eigene Rechnung. Dabei handelt es sich meist um Restkontingente oder nicht verkaufte Werbeplätze, die dann an ihre Kunden mit einer hohen Rabattierung offeriert und einem entsprechenden Preisaufschlag für die Agentur veräußert werden. Win-win scheint somit für alle am Tradingprozess Beteiligten gegeben. Der Werbungtreibende profitiert von Rabatten, die er bei normaler Buchung nicht erhalten würde, die Agentur

---

[7]Der aus dem Wertpapierhandel stammende Begriff Trading beschreibt das Kaufen und Verkaufen von Gütern auf einer kurzfristigen Basis in der Hoffnung auf schnellen Profit.

2.2 Das Mediadreieck ist ins Wanken geraten

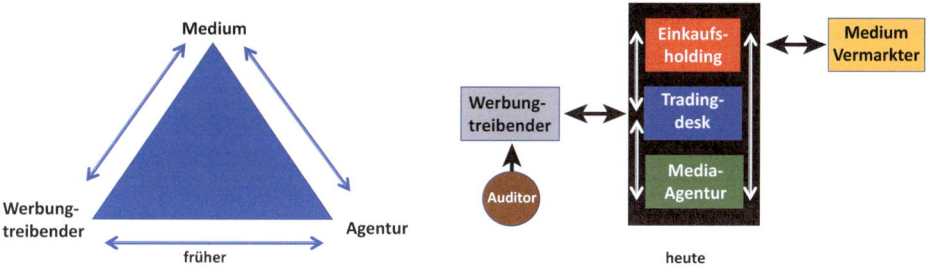

Abb. 2.1 Mutation des Mediadreiecks. (Quelle: eigene Darstellung)

generiert durch dieses Erlösmodell ein lukratives höheres Income[8] und ganz nebenbei erzielen die Medien/Vermarkter für schwer verkäufliches Resteinventar sogar noch einen monetären Erfolg.

> **Restplatzinventar**
> Unter Restplatzinventar versteht man unverkaufte, brachliegende und schwer veräußerbare Werbeflächen (wie z. B. nächtliche TV-Slots, generell überblätterte Zeitschriftenseiten, Out-of-Home-Belegungen an wenig frequentierten Orten), die hoch rabattiert als Packagedeals oder als Trading angeboten werden.
>
> Die Platzierungen in Restplatzkontingenten in TV führen beispielsweise häufig zur Selektion identischer Programmumfelder – mit jeder zusätzlichen Schaltung werden Personen kontaktiert, die bereits vorher schon einmal erreicht wurden. Je größer, wie in diesem Fall, die Überschneidungen der Seherschaften sind, desto geringer fällt dann der Nettoreichweitenzuwachs aus. Mehrfachkontakte häufen sich und erhöhen damit die Durchschnittskontakte, die zu Verschiebungen innerhalb der Kontaktklassenverteilung führen.
>
> Wenn Zielgruppenpotenziale zu oft kontaktiert werden, kann sich die werbliche Ansprache schlimmstenfalls auch ins Gegenteil – zu einem Wear-out-Effekt – entwickeln. Dabei handelt es sich um einen Abnutzungseffekt, der sich durch einen Wirkungsverlust bis hin zur Werbeabstinenz und/oder bewussten Abneigung gegenüber dem Produkt oder der Dienstleistung auswirkt.

Häufig sind diese Trading-Volumina in die Mediaplanung geschickt integriert, als seien sie bereits fester Bestandteil der Planung. Kunden wissen daher teils gar nicht, dass es sich um Trading-Vermarktungsplätze handelt[9]. Sie freuen sich einfach über

---

[8]Diese Preisaufschläge sind dem Werbungtreibenden unbekannt und müssen ihm auch nicht offengelegt werden.

[9]Immer häufiger wird in den Medienverträgen fest verankert, dass der Einsatz von Trading-Volumina nach der vorherigen Abstimmung mit dem Kunden seiner expliziten Freigabe bedarf.

„gut verhandelte" Preisnachlässe. Intransparenz führt an dieser Stelle nicht zwangsläufig zum Win-win für alle Beteiligten. Wissentlich oder unwissentlich: Wenn diese Platzierungen von Werbungtreibenden akzeptiert werden, haben sie früher oder später ein Problem. Die negativen Auswirkungen sind dann Effektivitätsverluste trotz einer hohen Effizienz (im Sinne monetärer Einsparungen).

Billig kann dann im Nachhinein ganz schön teuer werden. Diese Erkenntnis wird leider immer erst nach einem Misserfolg deutlich. Dann wird schnell klar: Wenn ein Medienangebot nicht passt, wird es auch über einen noch so attraktiven (hoch rabattierten) Preis nicht passender.

2.3 Alle ziehen an einem Strang?

In den letzten Jahren war das Zusammenspiel Kunde-Agentur-Medien nicht immer eine faire Partnerschaft. Grund zum Anlass dieser Vermutung liegt u. a. an einigen Verfahren, die Kunden gegen ihre Agenturen angestoßen haben (bspw. Danone[10], Haribo[11]). In diesen Rechtsstreiten dreht sich letztlich alles um die Fragestellung, ob sämtliche Rabatte und Rückvergütungen an den Kunden weitergereicht wurden. Hier wird es jedoch wieder komplizierter, wie sich bei den gerichtlichen Auseinandersetzungen zeigt. Während im Falle von Haribo das OLG München im Urteil vom August 2014 die Vorstellung des Agenturkunden zwar bestätigte, verneinte das OLG einen Anspruch auf die mit dem Mediavolumen durch die Agentur bzw. deren Einkaufsgesellschaft erwirtschafteten Volumenrabatte. Bei der Begründung wurde darauf verwiesen, dass zwischen dem Kunden (Haribo) und der Einkaufsgesellschaft keine vertragliche Bindung vorlag. Damit hatte die Agentur einen Freifahrtschein ausgestellt bekommen. Das OLG München hatte eine weitere Überprüfung des Urteils ausgeschlossen, weil es keine grundsätzliche Bedeutung in einer Fortführung des Streitfalls erkennen konnte. Dies hinderte Haribo jedoch nicht daran, eine Nichtzulassungsbeschwerde zu stellen, die vom BGH in 2016 dann zugelassen wurde[12].

---

[10]Vgl. dazu auch „Was wirklich im Danone-Urteil steht", http://www.absatzwirtschaft.de/was-wirklich-im-danone-urteil-steht-8739/, 19.01.2010, letzter Zugriff: 14.11.2017. Am 23. Dezember 2009 verfügte das OLG München, dass die Mediaagentur Carat ihrem Kunden Danone alle in den Jahren 2003 bis 2005 von den TV-Sendern erhaltenen Vergünstigungen offenlegen und auf Basis des Geschäftsbesorgungsvertrages weitergeben muss.

[11]Vgl. dazu auch „Rabatt-Urteil: Haribo verliert gegen Mediaplus – Haribo verliert im Rechtsstreit gegen seine ehemalige Mediaagentur Mediaplus. Vertragslücken machen einen Zugriff der Werbekunden auf Bündelungsrabatte der Einkaufsholding Magna Global unmöglich", in w&v 08.08.2014. Unter Bündelungsrabatten versteht man Rabatte, die durch eine Einkaufsgesellschaft oder Holding durch die Konsolidierung von Einzeletats zu einem Gesamtvolumen bei den Medien erzielt wurden.

[12]Vgl. dazu „Haribo/Mediaplus: BGH hebt Urteil im Kick-back-Streit auf" in w&v 16.06.2016.

2.3 Alle ziehen an einem Strang?

Auf den ersten Blick scheint es eher ein Thema von Haribo und Mediaplus zu sein; doch ist der Ausgang von elementarer Bedeutung, und die Folgen dieses Präzedenzfalles können massive Auswirkungen auf die bestehenden vertraglichen Regelungen und Geschäftsmodelle der Agenturen und ihrer Einkaufsgesellschaften haben. Insbesondere wenn die sogenannten Agenturvolumenrabatte (Agency Volume Bonification – AVB) offengelegt und vollständig an den Kunden weitergereicht werden müssen. Wie auch immer diese Entscheidung getroffen wird – einen der Beteiligten wird es treffen.

Den Agenturen würde eine wesentliche Grundlage ihres Incomes entzogen und die durch diese Monetarisierung generierten Renditen maßgeblich verringern. Sollte sich das Urteil gegen die Weitergabe der Rabattvolumina entscheiden, wäre das aktuell praktizierte Geschäftsgebaren rechtmäßig und diejenigen Kunden, die diesen Passus nicht oder noch nicht in ihren Verträgen verankert haben, könnten auch rückwirkend keine Ansprüche auf die Rabatte aus den Bündelungsvolumina geltend machen.

Die Organisation der Werbungtreibenden im Markenverband (OWM) argumentiert im Sinne ihrer Mitglieder und verweist darauf, dass Rabatte, die aus Kundengeldern resultieren bzw. mit ihnen erwirtschaftet wurden, auch den werbungtreibenden Unternehmen zustehen. Die OWM sieht darin eine klassische Geschäftsbesorgung unabhängig davon, ob mit dem von der Agentur beauftragten externen Dritten ein Vertragsverhältnis vorliegt. Im Gegensatz dazu ist die Organisation der Mediaagenturen (OMG) im Gesamtverband der Kommunikationsagenturen (GWA) als Vertreter der Mediaagenturen vollkommen anderer Ansicht. Die generierten Bündelungsrabatte seien legitim und stünden den Agenturen zu. Schließlich tragen sie als Vertragspartner der Medien auch ein mögliches Ausfallrisiko.

Darüber hinaus bedeuten diese Rabattvolumina eine zentrale Einnahmequelle für Mediaagenturen. Nicht zuletzt auch für den Zweck, Pitches finanzieren zu können. Spannend bleibt es allemal – man wird sehen, wer am Ende von der Entscheidung profitieren wird. Für Werbungtreibende ist es aber nicht zu spät zum Umdenken. Alle Neuverträge lassen sich, sofern die Agenturen dazu bereit sind, durch entsprechende Transparenzvereinbarungen ergänzen. Darin müsste dann klar und eindeutig zum Ausdruck kommen, dass grundsätzlich alle generierten Vorteile aus dem Mediavolumen des Kunden – auch das, was von den von ihr beauftragten externen Dritten mit dem Mediaetat des Kunden erwirtschaftet wird – offengelegt und an den Kunden weitergereicht werden müssen. Partizipationsmöglichkeiten an diesen Volumenrabatten können dann immer noch bilateral zwischen Kunde und Agentur vereinbart und vertraglich fixiert werden. Sollte die Agentur selber und stellvertretend auch für ihre Einkaufsgesellschaft dieser Transparenzklausel grundsätzlich widersprechen und keine vertragliche Aufnahme akzeptieren, kann der Kunde bereits in der Pre-Selektion des Relevant Sets Agenturen erst gar nicht zum Pitch zulassen. Damit wäre ein eindeutiges Zeichen gesetzt und jeder weiß, woran er ist. Die Zustimmung der Agentur zu einer vertraglich fixierten Transparenz-Regelung muss die zentrale Forderung des Kunden sein. Nur so kann er seine Forderungen geltend machen, ohne dabei Gefahr zu laufen, dass Gelder in Form von gewährten Rabatten an ihm vorüberziehen.

Auch wenn der BGH bisher die Agenturen dazu verpflichtet hat, versteckte Provisionen (auch als Kick-backs bezeichnet) offenzulegen und auszuweisen, ist und bleibt der Mediaeinkauf meist weiterhin intransparent und undurchsichtig. Zu diesen Kick-backs zählen u. a. Rabatte, Freischaltungen (Naturalien als Inventar) und auch Cash-Beträge, die öfter gar nicht und/oder nur teilweise an die Kunden weitergegeben werden. Die eigentliche Problematik resultiert aus einem Interessenkonflikt, in dem sich die Agenturen und die darin handelnden Personen befinden. Immer wieder taucht der Vorwurf auf, dass Agenturen diejenigen Medienangebote präferieren, empfehlen und einplanen, die ihnen höchste Margen liefern. Sei es durch hohe Rabattrückvergütungen oder sonstige Boni. Ein Berater, der aus diesem Geschäftsgebaren Vorteile nicht nur monetärer Art zieht, kann nicht gleichzeitig neutral und objektiv für den Kunden operieren. Solange Agenturinteressen einer kompetenten und professionellen Mediaplanung zuwiderlaufen, entstehen dem Werbungtreibenden wirtschaftliche Schäden.

Suboptimale Planungen können den Kampagnenerfolg erheblich mindern und monetäre Verluste verursachen. Helmut Thoma geht in seinen Ausführungen noch einen wesentlichen Schritt weiter und sagt: „Aus meiner Sicht sind Mediaagenturen vollkommen unnötig, zumindest für den Einkauf. Für mich ist das ein parasitäres Geschäftsmodell"[13] – er forderte daher ein Gabriel-Gesetz ein „Lex Gabriel", analog dem schon 1993 in Frankreich eingeführtem Sapin-Gesetz (Loi Sapin). Die Zielsetzung war, Transparenz zu schaffen und nicht zuletzt Korruption im Mediabusiness zu unterbinden – damals wie heute. 2015 haben französische Politiker eine Gesetzesänderung verabschiedet, die das gut dreißig Jahre alte Gesetz auch auf die digitale Medienwelt übertragen soll.

In der Praxis ist Media nicht nur für „Uneingeweihte" reichlich undurchsichtig geworden. Es ist von Sittenverfall und Wild-West-Verhältnissen die Rede. Die Gründe für diese Annahmen sind vielfältig, konzentrieren sich zuletzt jedoch immer wieder auf den absolut fragwürdigen Komplex nach gewährten Rabatten und Rückvergütungen. Als Folge der Intransparenz entsteht Misstrauen gegenüber den Mediamarktpartnern – insbesondere gegenüber Mediaagenturen. Die Kunden sind verunsichert und fordern verstärkt zur Transparenz der Vorgänge und Handlungsweisen auf. Das eigentliche Problem resultiert jedoch aus dem Rabattitisvirus, der sich breitgemacht hat und von dem alle profitieren wollen. Dies auf die Agenturen zu beschränken wäre nur ein Teil der Wahrheit.

Denn in den werbungtreibenden Unternehmen hat sich eine Spezies aufgemacht, die sich durch den Ausweis von erzielten Rabatten und Savings selbst zu profilieren versucht. Dabei wird leider häufig außer Acht gelassen, dass die handelnden Personen der eigentlichen Mediaaufgabenstellung nicht gewachsen sind. Wie sollten sie denn auch dubiose Rabatte und kaum nachvollziehbare Preisvorteile, die den Kampagnenerfolg

---

[13]Helmut Thoma (Ex-RTL-Chef und TV-Pionier) wettert gegen Werberabatte: „Wir brauchen ein Gabriel-Gesetz", http://www.horizont.net/agenturen/nachrichten/Helmut-Thoma-zur-Mediadebatte-Wir-brauchen-ein-Gabriel-Gesetz-135560, 27.07.2015, letzter Zugriff: 14.11.2017.

auch pekuniär gefährden, erkennen können? Wir sprechen hier vom Controller, der ein neues, interessantes Profilierungsfeld für sich gefunden hat.

Manchem Marketeer kommt dies gelegen, da er sich somit anderen für ihn scheinbar wichtigeren Aufgaben widmen kann. Media und seine vielfältigen Facetten sind nicht wenigen Entscheidungsträgern häufig eine Last. Wenn sich dann im Unternehmen jemand findet, der sich dieser Aufgabenstellung annimmt, ist er jederzeit willkommen.

Somit kann der Controller zunächst schalten und walten, wie er gerne möchte, ohne internen Interessenkonflikt mit dem Marketing. Zum anderen wird im Marketing viel lieber über den Sinn und das Erscheinungsbild einer Kampagne diskutiert, als sich mit den Details und den Niederungen einer qualifizierten Mediaplanung auseinanderzusetzen. Bei dem einen oder anderen schleichen sich beim Analysieren der Daten und des Zahlenwerks schon mal Müdigkeitsanfälle und ein latentes Desinteresse ein. Media und Kommunikation zählen nicht immer zu den Lieblingsaufgaben eines Marketeers. Dass dies auf Agentureite reichlich willkommen ist, wird in Anbetracht mancher Diskussionsrunden zur Transparenz deutlich.

Die Nachlässigkeit und die Denke „Die Agentur wird es schon richten" können sich schnell als Fehleinschätzung erweisen. Somit hat die Agentur viel zu häufig leichtes Spiel, da sich die eigentlichen Budgetverantwortlichen mehr auf die kreativen und qualitativen Parameter konzentrieren als auf das, was elementar einen Großteil des Marketingbudgets ausmacht. Mediagelder sind Investitionen, deren Sinnhaftigkeit und Erfolg gemessen und überprüft werden müssen. Unterbleibt dies oder wird die Budgethoheit in der Praxis nur halbherzig vorgenommen, handeln die im Marketing Verantwortlichen für ihr Unternehmen grob fahrlässig. Es besteht die Gefahr, dass Mediaberater nicht mehr primär das Wohl und die Aufgaben ihrer Kunden im Visier haben, sondern ihre eigenen Agenturziele präferieren und umsetzen oder gar umsetzen müssen. Ziehen wirklich alle am gleichen Strang oder verfolgen sie eher Eigeninteressen?

Sollte Letzteres der Fall sein, werden nicht selten neue Erlösformen kreiert oder auch verdeckte, indirekte Kick-backs genutzt. Da seitens der Mediaetatverantwortlichen auf Kundenseite eine qualifizierte, an Key Performer Indicators (KPIs) ausgerichtete Kontrolle nicht oder nur halbherzig durchgeführt wird, bleibt vieles verborgen.

Der Marketingverantwortliche entscheidet und verantwortet, was mit dem Mediabudget passiert – d. h. über dessen medialen Einsatz, die zu realisierenden Ziele und Kampagnenperformance. Dazu muss allerdings gewährleistet sein, dass diese Benchmarks als Zielvorgaben auch gemessen und kontrolliert werden. Wenn beispielsweise die Markenbekanntheit des Produkts durch die Kampagne gesteigert werden soll, muss diese auch getrackt werden – egal, ob kontinuierlich oder erst am Kampagnenende. Dabei wird vorausgesetzt, dass bereits vor Kampagnenbeginn ein gemessener, valider Ausgangswert vorhanden ist, der dann als Vergleich zur Beurteilung des Wirkungserfolgs herangezogen werden kann. Die Praxis zeigt, dass dies nicht immer der Fall ist.

Wenn vor der Ausstrahlung aus Kostengründen, zeitlichem Engpass oder rein aus Nachlässigkeit auf die Überprüfung des TV-Spots durch einen Pretest verzichtet wird, kann dies ebenfalls fatale Folgen haben. Wird erst mit einem Zeitverzug festgestellt, dass sich dieser in der Zielgruppenansprache nicht durchgesetzt hat, ist es schon zu spät. In der Regel sind Teile der Mediainvestitionen schon verbrannt, der Katzenjammer ist groß und die Ursachenforschung nach dem Schuldigen beginnt. Schuldzuweisungen sind die Folge, was für die Zusammenarbeit intern nicht förderlich ist und zukünftig die bestehende Silodenke noch weiter verstärkt. Im Zweifelsfall hat man den Schuldigen extern ausgemacht – dazu eignet sich dann am besten die Agentur. Wenn die Mediaagentur nachweisen kann, dass die Kampagne effizient und effektiv realisiert wurde, bleibt immer noch die Kreativagentur als Ursache des Übels. Und wenn diese sich mit Händen und Füßen dagegen wehrt, bleibt immer noch das Medium als Schuldiger übrig. Diese Unwägbarkeiten beschränken sich nicht nur auf qualitative Parameter, sondern allzu häufig auch auf andere quantifizierbare Bereiche.

Wenn erst dann über mögliche Performance-Ausgleiche verhandelt wird, wenn die Medialeistung aufgewertet werden soll, ist es meist zu spät. Und nun wird den Medien seitens Kunde beziehungsweise seitens der Agentur als verlängerter Arm und Bad Guy mit Nachdruck für den Fall der Nichtgewährung von Free-Kontingenten mit Kompensation gedroht[14]. Bei Nichtberücksichtigung würde der Kunde zukünftig von weiteren Investitionen und Buchungen in diesem Medium absehen müssen. Wie dieses Spiel ausgeht, wer hierbei den Kürzeren zieht und wer ungeschoren davonkommt, ist offensichtlich. Auch wenn dies relativ weit hergeholt erscheint – die beschriebenen Verhaltensweisen und Reaktionen sind längst geübte Praxis im Medienalltag.

Medien dürfen keine Kick-back-Handelsware werden! Daher ist zu hoffen, dass es bald eng auf dem grauen Markt der sogenannten reingewaschenen Makler werden wird, die sich in die natürliche Beziehung zwischen Hersteller und Medium gedrängt haben. Ja, in der Vergangenheit haben die Medien einen Mythos aus ihrer Wirkung gemacht. Diesen Mythos hat sich ein bestimmter Teil der Agenturszene zunutze gemacht, ein Geheimnis um ihre Dienstleistung geschaffen und den werbungtreibenden Unternehmern ihre Leistung als Zauberwerk verkauft[15]. Medien und diese Mediaagenturen hatten lange ein gemeinsames Interesse an diesem Mythos und nicht selten an einem Strang gezogen. Vielleicht war man sich der eigenen Leistung zu unsicher.

Enge Margen zwingen sowohl die werbungtreibenden Unternehmen als auch die Medien schon länger dazu, einander reinen Wein einzuschenken. Schließlich tut die Werbewirkungsforschung ein Übriges. Was wie und warum wirkt, ist kein Geheimnis mehr und die Leistungsfähigkeit oft eindeutig nachweisbar. Der Wissensvorsprung ist aufgebraucht, wenn alle wissen, was zu wissen nötig und möglich ist. Mediaplanung gehört

---

[14]Dabei sollte bedacht werden, dass die Gewährung von Kompensationsausgleichen Kampagnen begleitend eingesetzt wird, damit tatsächlich dort, wo ein Defizit besteht, dieses auch behoben werden kann. Diese zu bündeln und erst am Kampagnenende zu nutzen, ist meist nicht nur zu spät, sondern kontraproduktiv.

[15]Sowohl die bewusste Beschreibung einfacher Sachverhalte durch den verstärkten Einsatz von Anglizismen als auch die häufig ausgewiesene Datenflut resultierend aus den Big-Data-Analysen erschweren die Nachvollziehbarkeit und die Transparenz für den Betrachter.

zur Kernkompetenz der Markenführung. Image und Wirkung sind nicht allein mit Claims und Bildmotiven verknüpft, sondern längst sind die genutzten Medien und Kanäle Teil der eigenen Botschaft: „The Medium is the Message" – Marshall McLuhann hat es mit seinem Buch schon 1967 auf den Punkt gebracht. Später wurde aus seinem Titel „The Medium is the Massage: An Inventory of Effects". Mit dem durch einen Druckfehler entstandenen neuen Titel versuchte der Autor dann, sein zentrales Argument zu betonen, dass jedes Medium die menschliche Wahrnehmungsfähigkeit auf seine Weise „massiert", also beeinflusst. Diese Botschaft kann deshalb nicht zur Discount- oder gar Kick-back-Handelsware von selbst ernannten Maklern verkommen.

Kunden sollten diesem Markt der Rückvergütungen die Grundlage entziehen. Denn sie erlauben, dass ihre Notwendigkeit zu kommunizieren selbst zur Ware in den Händen Dritter wird. Und sie dürfen nicht länger wegschauen. Rabatte, die nicht deklariert werden, schaffen ein undurchsichtiges Schattenreich von Gefälligkeiten und Verpflichtungen, dessen Spielball die Kommunikationsnotwendigkeiten der Kunden sind. Werbung ist und bleibt Teil der Realwirtschaft. Sie taugt nicht für abgeleitete, handelbare, geradezu derivateverdächtige Produkte einer Kick-back-Wirtschaft, die Renditen erwirtschaftet, ohne im eigentlichen Sinne eine Leistung zu erbringen, eher im Gegenteil. Es geht um viel Geld. Die Betreuung von Budgets muss daher dem eigentlichen Zweck dienen und darf nicht zum Business werden. Aufseiten der Kunden braucht es qualifizierte Mitarbeiter, die in der Lage sind und auch den Mut haben, einen Cocktail der gewünschten Wirkung selbst zu mixen. Natürlich ist es bequemer, aber nur vermeintlich sicherer, die Verantwortung outzusourcen.

2.4 Warum Kunden ihre Agentur führen sollten

Wer das Geld hat, hat das Sagen, sollte man meinen. Im Mediabereich wird diese Aussage häufig ad absurdum geführt. Verkehrte Welt, oder? Wer nachdenkt, sollte sich dessen bewusst sein und sich nicht von seiner Agentur das Zepter aus der Hand nehmen lassen. Die Werbekunden sind diejenigen mit der Budgethoheit – sie haben die Macht über die Vergabe der Mediaetats an die beauftragten Dienstleistungsunternehmen – in Media konkret die Mediaagenturen. Daher verwundert es immer wieder, dass Werbungtreibende sich von ihrer Agentur nicht nur beraten, sondern auch (vor)führen lassen. Die Unternehmen sind es eigentlich, die die Agenturen führen müssen und Ziele formulieren, die dann entsprechend den Vorgaben und Benchmarks von dieser umgesetzt werden müssen. Die Rollenverteilung, wer was zu tun hat und die Verantwortung trägt, ist klar definiert. Zur Bewältigung der vielfältigen Aufgaben können sie sich unterschiedlicher Dienstleister bedienen und außerdem mit externen Beratern eine Art verlängerten Arm ins Unternehmen holen. Dies ist nicht unüblich – auch wenn das aufseiten der Agenturen nicht mit Begeisterungsstürmen und einem Freudenfeuer begrüßt wird. Verstärkt wird eine externe Expertise beim Auditing – der Überprüfung der Agenturleistung und Performance – genutzt. Geht der Kunde noch einen Schritt weiter, beauftragt er in einem Financial Audit auch die Überprüfung der Zahlungsströme und der bilateralen Rechnungsstellungen bis hin zur Weitergabe aller erwirtschafteten Rabattvorteile und sonstigen Vergütungen. Dann wären wir wieder in der Transparenzdiskussion, ob alles offengelegt und an den Kunden weitergereicht wurde.

Spätestens an dieser Stelle wird es bei unsauberen und unklaren Verträgen zu Komplikationen kommen. Eine Überprüfung des Vertragswesens ist jedoch aufgrund der sich wandelnden Aufgaben, Funktionen und vor allem veränderten Anforderungsprofile dringend notwendig. Auch wenn die Zusammenarbeit mit der Agentur bereits erfolgreich über mehrere Jahre hinweg erfolgte, ist ein Agenturscreening oder Anpassung an die veränderten Markt- und Mediengegebenheiten zwingend erforderlich. Nur dann kann auf Basis einer partnerschaftlichen Zusammenarbeit fair und erfolgreich agiert werden.

Jedoch: Die Mediaagenturen werden nicht kampflos die für ihre Rendite erforderlichen gewährten Rabatte und Vergütungen aufgeben – das können sie bei der bestehenden Honorierung in den meisten Fällen auch gar nicht. Sie werden immer wieder auf ihr vertragliches Geschäftsmodell als eigenständige Wirtschaftsstufe verweisen. Wenn dem so wäre, könnten sie schalten und walten, wie sie wollten. Diese Auffassung trifft zwar auf einige Vertragsvarianten zu – dieses Wunschdenken ist jedoch nicht immer in der realen Welt umzusetzen. Wenn auch zwischenzeitlich durch die digitale Welt in manchen Teilbereichen neue Maßstäbe gelten und altbewährte Mechanismen über den Haufen geworfen werden, bleibt doch vieles beim Alten und wird nicht einfach durch Neues ersetzt.

Auch wenn hier teils unterschiedliche Auffassungen existieren, müssen die Kunden ihren Agenturen klar aufzeigen, wer das Sagen hat und wohin die Reise geht. Dies fängt beim detaillierten Briefing an und hört beim qualifizierten Controlling der Agenturleistung auf. Wer manche Briefings kritisch hinterfragt, wird im Nachhinein nur den Kopf schütteln – denn wichtige Key Facts bleiben häufig verborgen. Den Agenturen kann es egal sein, sie halten an ihrer Strategie fest und haben ein klares Ziel: die Erfüllung der Renditevorgaben durch Maximierung der Honorare und damit des Gewinns. Wer da als Verantwortlicher auf Kundenseite nicht dagegenhält, hat beim Briefing nicht aufgepasst. Die Werbungtreibenden müssen dabei auch für sich selbst entscheiden, ob der Handel von Werbeinventar (Trading) seitens der Mediaagenturen zielkonform mit den Kundeninteressen einhergeht oder ob Eigeninteressen der Agenturen vorherrschen. Ist Letzteres der Fall, ist es nur eine Frage der Zeit, bis Optimalpläne durch intransparente, vermutlich schöngeredete Planalternativen ersetzt werden. Dann ist der erste Schritt zur Ineffektivität der Kampagnen vorprogrammiert, auch wenn dem Kunden unterm Strich ein Mehrwert durch hohe Rabattierungen als Effizienzindikator suggeriert wird. Wenn er dies dann noch freiwillig ohne Widerspruch akzeptiert, ist er in die Intransparenz-Falle hineingetappt, die ihn am Ende teuer zu stehen kommt. Dann besteht die Gefahr, dass die Kundenziele durch die neue Leitwährung der Agenturrendite ersetzt werden.

> **Verstecken gilt nicht!**
> Es gibt viel zu tun, liebe Marketeers. Verstecken gilt nicht. Media ist kein Buch mit sieben Siegeln. Wer gewillt ist, sich mit der Materie Media zu beschäftigen und auseinanderzusetzen, wird feststellen, dass dies durchaus möglich ist. Media ist kein Kaffeesatzlesen oder gar das Befragen einer Glaskugel, sondern ein strukturierter Prozess, den es zu analysieren und bewerten gilt.
>
> Wer dies nur halbherzig umsetzt, wird zwar an Bord sein, aber in die falsche Richtung segeln, oder andere übernehmen das Steuer, im Zweifel die Mediaagentur.
>
> Auch wenn der eine oder andere bei Media(planung) meinen könnte, dass es sich um ein Buch mit sieben Siegeln handeln könnte, wird er bei näherer, intensiver Betrachtung feststellen, dass sich als ernst zu nehmender Auftraggeber die Auseinandersetzung mit diversen offenen Fragestellungen in und zu Media immer lohnen wird.
>
> Um sich aus den Fängen der Einkaufsholdings zu befreien, könnte aufseiten der Werbungtreibenden auch die Überlegung reifen, zukünftig autark einzukaufen. In diesem Fall wäre die Einkaufsleistung der Agentur obsolet und das Transparenzproblem gelöst. Aber: Befürchtungen seitens der Kunden, nicht über genügend Mediakompetenz zu verfügen, von den Vermarktern zudem schlechtere Konditionen zu erhalten und hohe Investitionen in Daten, Tools und medial versiertes Personal tätigen zu müssen, sind nicht von der Hand zu weisen. Zu Beginn sind diese monetären Aufwendungen durchaus hoch – nach der Einführungsphase konsolidieren sich die Kostenstrukturen. Es gibt einige Beispiele im Werbemarkt, wo Kunden das Thema Mediaplanung, -einkauf und -kontrolle intern übernommen haben. Das heißt jedoch nicht, dass alle Teilbereiche auch vom Kunden eigenständig übernommen werden: In einigen Unternehmen erfolgen die Planung und Kontrolle eigenständig – der Mediaeinkauf und die Verhandlungen dazu werden dagegen von einer Agentur umgesetzt. Auch ein möglicher Einkaufspool mehrerer Unternehmen wäre denkbar – dann bleibt aber wieder die spannende Frage nach dem Lead und ob dabei alle in gleichem Maße partizipieren. Da jeder jedoch sich selbst der Nächste ist, hat sich diese Idee bisher noch nicht in die Tat umsetzen lassen. Dann bleibt vorerst doch nur die Überlegung einer Inhouse-Lösung mit allen Vor- und Nachteilen, die im Vorfeld geprüft werden müssen.
>
> Warum also nicht den Versuch unternehmen? No risk, no fun.

2.5 Unwissenheit kann teuer werden

Wie schon erläutert, für viele werbungtreibende Unternehmen stellt die Disziplin Media ein undurchsichtiges, mystifiziertes Konstrukt dar. Die Problematik des fehlenden internen Media-Know-hows kann sich extrem negativ auswirken. Durch die immer intransparentere Angebotsvielfalt und einen Wust an neuen Fachtermini versteht der Marketeer häufig gar nicht mehr, wie der eigentliche Job um Media funktioniert. Dies kann man ihm auch nicht verübeln, da er als Marketingspezialist nicht auch noch alles auf der

Mediaklaviatur beherrschen kann. Wenn dann innerhalb des Unternehmens auch keine eigenständige Mediaabteilung oder zumindest ein kompetenter Mediaverantwortlicher den Agenturen Paroli bieten kann, werden Entscheidungen innerhalb des Unternehmens auf Basis eines gesunden Halbwissens getroffen. Dies kommt den Agenturen sehr gelegen, da sie dann den ungefährdeten Lead haben und auch nicht befürchten müssen, ständig kontrolliert zu werden.

Die Allianz mit den Mediaagenturverantwortlichen ist daher verständlich und nachvollziehbar. Nur nicht auffallen oder gar ohne fundierte Kenntnisse an Schwachstellen ein Fass aufmachen. Dies kann den Job kosten – aber wer will das schon –, dann lieber so weitermachen wie bisher, auch wenn es für die Marke und das Unternehmen Nachteile mit sich bringt.

Eine mangelnde Mediaexpertise auf Unternehmensseite ist nicht verwerflich – wenn diese allerdings bekannt ist und man nicht dagegen anzusteuern versucht, darf man sich nicht wundern, wenn man die Agentur nicht steuern und führen kann. Es gibt mittlerweile unterschiedliche Ansätze, die Mediaexpertise ins Unternehmen zurückzuholen: sei es durch eine Inhouse-Lösung, durch Ausbildung und Schulungen von Mitarbeitern beziehungsweise eines Teams oder durch die Hinzunahme von kompetenten, externen, neutralen Beratern, die wertvolle Unterstützung liefern können. Wenn diese aufwandsbezogen und fair honoriert werden, ist deren Interesse nicht zwangsläufig an Erfolgshonorare geknüpft, die sich an Effizienzkriterien und Rabattstaffeln orientieren. Sollte das zu zahlende Honorar als Hindernisgrund für eine Beauftragung im Wege stehen und sich „Halbwissende" von hohen Rabattierungen und Schnäppchenangeboten blenden lassen, bleibt alles, wie es war. Wenn seitens der Verantwortlichen auf Kundenseite in einer Art Silodenke agiert wird oder aus Angst personifizierte, mediale Schwachstellen kaschiert werden, hat die Agentur freie Fahrt und ist nicht in Gefahr, ausgebremst oder gar gestoppt zu werden.

2.6 Inhouse-Agenturlösung als Alternative?

Es stellen sich zunächst mehrere zentrale Fragen, die intern abgewägt und entschieden werden müssen. Wie hoch sind die Kosten, die eine Inhouse-Lösung verursacht? Was ist erforderlich, um ein solches Konstrukt intern zu etablieren? Kann dadurch wirklich ein Mehrwert in Form von Effizienz (monetär), Effektivität (wirkungsbezogen) und Transparenz geschaffen werden? Will man einen solchen Schritt wagen und wer übernimmt dafür die Verantwortung?

Zunächst gilt es abzuwägen, ob bei der im Unternehmen investierten Budgetsumme ein solcher Schritt ökonomisch vertretbar ist. Dazu müssen alle Agenturerlöse, Honorare und gewährte Boni für die extern bezogenen Agenturleistungen kumuliert werden. Diese Kosten können dann einem fiktiven Kostenblock einer Inhouse-Lösung gegenübergestellt werden. Dies ist allerdings nur soweit möglich, wie die im Vertrag geregelte Offenlegungspflicht einen validen Einblick zulässt. Beim Vorliegen einer allumfassenden

2.6 Inhouse-Agenturlösung als Alternative?

Transparenzvereinbarung ist diese Ermittlung nicht nur wesentlich einfacher, sondern auch punktgenauer. Erst nach dieser Gegenüberstellung kann abgewägt werden, ob sich die Etablierung einer Inhouse Unit auch wirtschaftlich rechnet. Immer wieder stellt man fest, dass ein solcher Schritt durch Fehlannahmen und -aussagen torpediert wird. Autarkie und Transparenz haben jedoch ihren Preis.

Dass Agenturen durch die Bündelung von Budgetgrößen eine größere Einkaufsmacht und damit bessere Konditionen für ihre Kunden generieren, mag auf den ersten Blick einleuchtend erscheinen. Ob diese dann an den Kunden weitergegeben werden oder nicht, ist eine Frage, die Kunden unbedingt klären sollten. Die Behauptung, dass Marktmacht durch Größe ein Garant für Einkaufsmacht sei, ist irreführend und zudem falsch! Die Vorteile einer Inhouse-Lösung liegen eindeutig in der Transparenz aller Vorgänge, Transaktionen und Zahlungsmodalitäten. Medien und Vermarkter sind zunehmend stärker an der Direktvermarktung interessiert, nicht zuletzt um aus der Abhängigkeit der großen Agenturkonglomerate zu entfliehen. Sie befinden sich häufig im Würgegriff der Agenturen, der ihnen wenig Luft zum Atmen lässt. Daher sind die direkte Kundenansprache und -vermarktung für sie von hohem Interesse. Entgegen der ursprünglichen Denke gewähren sie auch kleineren Kunden attraktive, effiziente Rabattierungen, die nicht groß von denen der Big Player abweichen.

Durch die Direktbuchung besteht der Vorteil, dass man eigenständig für die Buchungsqualität verantwortlich ist und nicht Gefahr läuft, Überhangkapazitäten oder Second-best-Platzierungen in den Mediaplan untergeschoben zu bekommen. Dies setzt allerdings voraus, dass man das mediale Business beherrscht, sich mit den Zusammenhängen auseinandersetzt, diese zu verstehen versucht und diese zielführend umsetzen kann.

Ferner ist es den Medien egal, wem sie einen Rabatt einräumen, dem Werbungtreibenden oder einer Mediaagentur. Partnerschaftliche Beziehungen zu kleineren Agenturen oder Direktkunden werden von den Vermarktern als zunehmend sympathisch empfunden. Dies resultiert nicht zuletzt daraus, dass die Abhängigkeit von den Einkaufsholdings drastisch verringert wird. Ein möglicher Mehraufwand durch Beratungsleistungen gegenüber den Werbungtreibenden ist unbegründet, und auch die Vermutung, dass in solchen Fällen der Direktbuchende keine AE[16] gewährt bekommt, ist kein Ausschlusskriterium. In der Praxis gibt es eine Vielzahl von Zugeständnissen an potenzielle Kunden seitens der Medien und Vermarkter – Offenheit und gegenseitige Akzeptanz schaffen Vertrauen und eröffnen vielfach neue Wege.

---

[16]AE steht für Annoncen Expedition – im Sprachgebrauch wird sie als Agentur-Provision bezeichnet. Diese beläuft sich im Normalfall auf 15 % des Auftragsvolumens (nach Abzug von Rabatten auf das sog. Kunden-Netto-Budget) als Vergütung für die Buchung von Mediaflächen (Anzeigen, Spots etc.) für die Agenturen. Dieser Betrag wird im Normalfall an die werbungtreibenden Kunden direkt weitergegeben.

Mehrere Gründe sprechen also für eine Inhouse-Lösung. Allerdings müssten zuvor wesentliche Voraussetzungen geprüft und dann folgerichtige Weichenstellungen geschaffen werden. Unerlässlich ist zum Beispiel eine enge Verzahnung von Marketing und Media. Denn es geht um nicht weniger als um die verlässliche Kontrolle der Planungs- und Einkaufsergebnisse, die eine Kampagnen-Performance beschreiben sollen, und um die exakte Kontrolle des durch die Mediaagentur geplanten Einsatzes der Marketinggelder. Je nach Größe und Umfang der Aufgaben könnte neben dem Einsatz von geeignetem, qualifiziertem Personal auch überlegt werden, ob und inwieweit man externe Mediaspezialisten beauftragen will.

Media ist ein komplexes Thema, und nicht wenige Mediaagenturen sind sehr kreativ, wenn es darauf ankommt, noch kompliziertere, das heißt nur schwer nachvollziehbare Planungs- und Einkaufsmodelle und -formen zu entwickeln. Es ist für die Prüfungskompetenz wichtig, das Mediawissen im Unternehmen stets auf dem aktuellen Stand zu halten. Und immer über die verschiedenen und sich schnell ändernden Medien-, Media- und Marktentwicklungen in diesen dynamischen Zeiten ständig informiert zu sein. Es müssen die komplizierten Benchmarks zum Kosten-Controlling und der Kampagnenperformance beherrscht werden. Wer hier in den werbungtreibenden Unternehmen nicht ständig auf Ballhöhe ist, steht über kurz oder lang im „Media-Abseits". Und selbst wenn durch Beauftragung externer Media-Auditoren weitere Kosten verursacht werden, amortisieren sich diese meist in kürzester Zeit durch einen höheren Erfolgsgrad in Form von Savings und Optimierungserfolgen.

Bei der Abwägung der Vor- und Nachteile sollten auch weitere wichtige Parameter nicht vergessen werden. Dazu zählen nicht nur höhere Rabatte durch eine kompetente Verhandlungsstrategie, sondern auch Kosteneinsparungen durch einen effizienteren Mitteleinsatz, der sich in einer höheren Kampagneneffektivität niederschlägt. Optimierungen und Kenntnisse, die suboptimale Prozesse in Zukunft unterbinden, zählen ebenfalls zu den Erfolgen. Eine qualifizierte Planung setzt gestandenes Mediawissen im Unternehmen voraus. Und schließlich ist ein verständliches und professionell strukturiertes Briefing über die Marketingziele für eine optimierte Mediaplanung absolut notwendig, um effektiv und effizient arbeiten zu können. Dadurch erlangen die Agenturen jedoch entscheidende, wichtige Erkenntnisse zu Firmeninsights, deren Weitergabe an die Agenturen nicht immer als positiv seitens der Unternehmen gesehen wird.

Gerade vor dem Hintergrund der Volumenbündelung durch Agenturzusammenschlüsse (Holdings) werden auch Wettbewerber im Kundenpool mitbetreut. Trotz beidseitig gegengezeichneter Verschwiegenheitserklärungen (Non Discloser Agreement/NDA) besteht die Gefahr, dass diese Informationen nicht immer innerhalb eines Betreuungsteams innerhalb der Agentur bleiben. Ein zentraler Einkauf sieht dann jederzeit die Kampagnenbestandteile, Detailinformationen und Konditionen von allen Kunden, auch wenn diese planungstechnisch separiert betreut werden. Daher ist eine offen gelebte Transparenz des Kunden gegenüber der Agentur nicht per se immer von Vorteil.

In manchen Unternehmen wird dies auch als kontraproduktiv angesehen – die Weisung intern lautet dann, dass die Agentur nicht schlauer gemacht werden muss als zur

2.6 Inhouse-Agenturlösung als Alternative?

Realisierung der Aufgabenstellung unbedingt erforderlich. Das häufig praktizierte komplette Outsourcing von Media gleicht vielfach fast einem Offenbarungseid. Der Kunde verlässt sich mangels Know-how und intern fehlender medialer Entscheidungskompetenz blindlings auf die Entscheidungen der Agentur. Die Agentur berät, plant und bereitet die Entscheidungsgrundlagen vor – der Kunde erteilt die Freigabe und alles geht seinen gewohnten Gang. Wenn vorab keine Bewertung und kritische Reflexion seitens des Werbungtreibenden erfolgen, können Agenturvorschläge meist ohne Probleme durchgesetzt werden.

Dadurch wird häufig der Agentur ein Freiheitsgrad beschert, den sie dankend annimmt. So wird es für die Agentur relativ einfach, ihre Eigeninteressen umzusetzen. Nicht der Kunde führt seine Agentur, sondern genau das Gegenteil ist dann der Fall. Die Agentur übernimmt die Führungsaufgaben und der Kunde wird (vor)geführt. Welche Konsequenzen und Auswirkungen ergeben sich dann für das Investment der Mediagelder – insbesondere wenn eine Kontrollfunktion seitens des Kunden nicht wahrgenommen wird?

Um es auf einen Nenner zu bringen: „Wenn Sie jemandem einen Euro in die Hand geben, dann ist der Euro weg. Stecken Sie den Euro von der linken in die rechte Hosentasche, dann ist er immer noch da. So einfach ist das Prinzip."[17] Sie haben jederzeit die Kontrolle über Ihre Investitionen und über die von den Medien erbrachte Gegenleistung – ein nicht zu unterschätzender Vorteil. Gleichzeitig haben Sie die Transparenz über alle gewährten tariflichen und außertariflichen Rabatte. Beachten Sie in diesem Prozess stets die beiden entscheidenden Regeln: „Rule No.1: Never lose money. Rule 2: Never forget Rule No.1."[18] Lassen Sie sich nicht durch Aussagen verunsichern wie z. B., dass nur durch Einkaufsmacht und Marktkonzentration auf Agenturseite – im Sinne der Bündelung von Mediavolumen – optimale Konditionen generiert werden können. Diese Einkaufsholdings können zwar entsprechende Rabatte erzielen, ob diese jedoch jemals die Kunden erreichen und an diese paritätisch weitergegeben werden, scheint fraglich. Selbst wenn die Weitergabe der sogenannten Agentur Volumina Bonifikation (AVB) vertraglich garantiert ist, lässt sich keine Holding in die Karten schauen. Selbst die Agenturen wissen meist nicht, welche Summen dabei im Spiel sind.

Wer die absolute Transparenz fordert, wird das Heft selbst in die Hand nehmen müssen. Dies bedeutet jedoch nicht, dass die Agenturen und ihr Business dadurch obsolet werden. Ganz und gar nicht – solange sie sich auf das konzentrieren, was sie am besten können. Und auch nur dafür sollten sie beauftragt werden. Strategie, Planung, Optimierung und Beratung bieten ihnen noch umfassende Betätigungsfelder, auf denen sie sich austoben können. Der Einkauf kann intern realisiert werden. Werbungtreibende sollten aber stets daran denken, dass dafür qualifiziertes Personal erforderlich ist, um nicht durch Unkenntnis dem Rabattitisvirus zu verfallen und auf Pseudo-Special-Deals hereinzufallen.

---

[17]Gastbeitrag von Michael Cremer: „Es gilt, einen Systemfehler zu korrigieren", in w&v Nr. 45/02.11.2015.
[18]Warren Buffett (amerikanischer Großinvestor), in: market folly 03.09.2009, Top 25 Warren Buffet Quotes.

Ständig wachsende Anforderungsprofile beispielsweise aufgrund der Digitalisierung und Fragmentierung der Kanäle einerseits und des veränderten Mediennutzungs- und Konsumentenverhaltens andererseits erfordern Spezialisten. Wirtschaftliche Überlegungen, insbesondere der Kostendruck sind für viele wankelmütige Unternehmen dann das K.O.-Kriterium, eine eigene Mediakompetenz aufzubauen[19]. Mediaeinkauf ist etwas anderes als der Einkauf von Schrauben und Centartikeln. Sollte es an der einen oder anderen Stelle zur Realisierung einer eigenständigen Einkaufsunit klemmen – dann sollte man vermeiden, eine Second-best-Einkaufslösung zu institutionalisieren. Denn Second-best-Lösungen sind auch nur Halbwahrheiten und Umwege zu kostenintensiven, suboptimalen Ergebnissen und bringen mittelfristig weder die gewünschte Transparenz noch einen höheren ROI oder gar Kosteneinsparungen, sondern Ineffizienz und Ineffektivität. Statt Savings erzielt man höhere Kostenstrukturen und ein geringeres Maß an Wirkung.

Unternehmen sehen sich also vor dieser zentralen Fragestellung: Kooperation mit einem externen Agenturdienstleister (und wenn ja: in welchem Ausmaß?) oder eine Inhouse-Lösung? Wer die Alternativen nicht hinreichend abwägt und valide die Komplexität der Aufgaben analysiert, wird früher oder später im von Dritten organisierten Einkaufssystem landen und die Kontrolle über seine Budgets verlieren.

2.7 Täter-, Opfer- und Losertheorie

Die Frage nach der Rollenverteilung ist nicht so einfach zu beantworten. Die Opferrolle kommt einerseits den Werbekunden zu – sie drohen als Investoren ausgebeutet zu werden. Andererseits müssen aber auch die Medien mitspielen und sich den Kunden beugen. Aber wer ist Täter und damit schuld an der Misere? Sind es immer die anderen oder trifft die werbungtreibenden Unternehmen mindestens eine Mitschuld? Und: Sind nicht alle irgendwie Verlierer?

Budgetverantwortliche in Unternehmen müssten sich beispielsweise fragen, ob der Targeting-Aufpreis für eine Datenveredelung wirklich in Relation steht zu dem, was tatsächlich geliefert wird. Gleiches gilt auch für die Klickraten und für das Zustandekommen von undurchsichtigen Viewability Rates. Die auch als Tradingdesks agierenden Agenturangebote versprechen viel, aber halten sie das auch? Insbesondere in der hochkomplexen Onlinewerbung muss noch viel mehr hinterfragt werden. Für den Kunden sind die Zusammenhänge meist intransparent und nicht nachvollziehbar. Wer sich darauf einlässt, ohne zu kontrollieren, oder es versäumt, einen externen Auditor heranzuziehen (sofern vertraglich nicht ausgeschlossen), läuft Gefahr, falschen Propheten Glauben zu schenken.

Wer Geld in Tradingdesks investiert, eine Kontrolle vernachlässigt oder gar ausschließt und keine nachhaltige Transparenz über die Qualität der Daten und Performance einfordert, handelt nicht nur grob fahrlässig, sondern auch unternehmerisch verantwortungslos.

---

[19]Vgl. dazu Matthias Süßlin in w&v 37/2010, S. 32.

Dafür gibt es kaum eine Entschuldigung – Nachlässigkeit und mangelnde Kontrollen werden bestraft. Das Thema Daten beinhaltet nicht nur das Buzzword „Big Data", sondern auch die Datensicherheit und Datenhoheit. Gerade Letztere gerät zunehmend in das Kreuzfeuer der Kritik. Sie muss eindeutig geregelt sein und dem Kunden gehören. Ansonsten kann die Agentur diese Daten verwenden und gewinnbringend an anderer Stelle einsetzen. Dem kann durch eigene Ad-Server vorgebeugt werden – es reicht, wenn die Agentur nur das zu Gesicht bekommt, was für sie zur Umsetzung und Realisierung erforderlich ist. Man muss den Dienstleister nicht schlauer machen als erforderlich.

Medien und ihre Vermarkter investieren ihrerseits zunehmend in Plattformen für den automatisierten Verkauf von Werbeflächen – eigentlich ein Paradoxon, denn ein automatisierter Einkauf braucht keine Agentur. Die Maschinen könnten zukünftig direkt mit den Einkaufsplattformen der Kunden kommunizieren und dies erfolgreich an der Agentur vorbei. Technisierung und Digitalisierung werden neue innovative Möglichkeiten bereitstellen, die den Werbekunden eine immer größere Eigenständigkeit und Unabhängigkeit vom Agenturbusiness erlauben. Der Würgegriff kann sich also immer weiter lösen – sofern Werbungtreibende Informationen einfordern und aktiv werden.

Damit können sie auch den Druck auf die Agenturen verstärken. Die goldenen Zeiten des Klondikes gehören der Vergangenheit an – ein Umdenkprozess auf beiden Seiten ist erforderlich, um im Rahmen von Win-win operieren zu können. Die Agenturen sind immer noch innovativ und erfinderisch, wenn es um neue Erlösquellen geht, die ihr Agenturincome sichern und erweitern. Denn sinkende Werbebudgets auf Kundenseite bedeuten auch weniger Honorar für die Agenturen – wegbrechendes Mediabusiness muss anderweitig kompensiert werden. Neue Angebotsformen sind z. B. die Stichworte Trading, Targeting, Big Data oder Programmatic Buying.

Erst wenn Deals rund um die Verwertung von wirkungsschwachen Restplatzkontingenten ausbleiben, hat der Kunde einen Meilenstein überwunden. Wenn der verhängnisvolle Rabattitisvirus und die Geizgeilheit des Einkaufs ins zweite Glied rücken, werden die Grundlagen für ein effizientes und effektives Mediageschäftsgebaren initiiert. Die Karten werden neu gemischt – jeder ist seines Glückes Schmied und kann sich neu positionieren im Mediageschäft.

2.8 Circus Maximus – Wer macht das Rennen?

Media wird immer komplexer, der Hype resultierend aus der Digitalisierung stellt alle vor neue Herausforderungen, erfordert einen Umdenkprozess und vor allem ein innovatives, mutiges und prospektives Handeln. Was zählt sind nicht die Marktanteile, sondern knallharte KPIs im Kampf um die Werbegelder und die Gunst der Werbungtreibenden. Sie entscheiden einzig und allein, wer in welcher Höhe an was, für welche Dienstleistung und in welchem Umfang am Werbekuchen partizipiert. Sie müssen ex ante definiert und für die Ex-post-Analyse determiniert werden. Nur dann ist mit ihnen als Benchmarks ein Soll-Ist-Vergleich möglich.

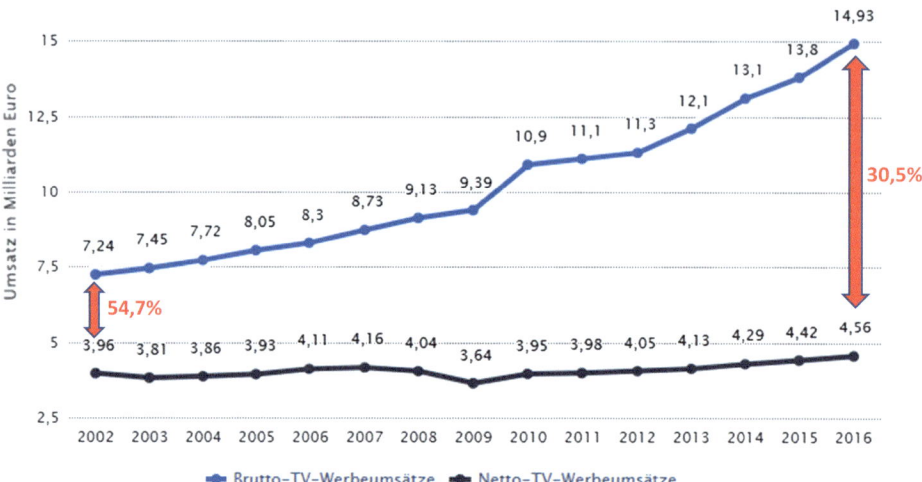

Abb. 2.2 Entwicklung der Brutto-Netto-Schere in TV. (Quelle: eigene Darstellung / Basis: Statista 2017)

Wer wird sich im Circus Maximus durchsetzen? Sind es wirklich diejenigen, die lauthals die günstigsten Konditionen offerieren, oder diejenigen, die sich aufopferungsvoll mit Engagement für die zu bewerbenden Produkte ihrer Kunden einsetzen? Die Frage wäre relativ einfach zu beantworten, wenn da nicht an entscheidender Stelle der Kunde säße. Er ist es, der die Richtung vorgibt – stellt er die Effizienz an oberste Stelle, wird er sich für die Agentur mit den höchsten Rabatten entscheiden. Setzt er dagegen auf Effizienz UND Kampagnenwirkung, werden auch Agenturleistungen berücksichtigt, die nicht zwangsläufig am billigsten sind. Qualität hat ihren Preis – dies wird leider allzu häufig vergessen.

Wo bleiben in diesem Spiel die Medien und Vermarkter? Sie sind die direkt Betroffenen, wenn es um diese relevanten Fragestellungen und eine strategische Ausrichtung geht. Für sie geht es relativ einfach um einen hohen Auslastungsgrad ihrer werblichen Angebote mit einer gewinnbringenden Marge. Ist ein Mehr an Bruttoerlösen auch mit zusätzlichen Nettoerlösen verbunden oder eher nicht? Eines ist unverkennbar – die Brutto-Netto-Schere[20] klafft immer weiter auseinander (vgl. Abb. 2.2).

Am Ende der Kette stehen die Medien, die bei Weitem nicht an die Erträge der vorhergehenden Jahre anknüpfen können. Brutto ist halt nicht gleich netto – selbst bei der partiellen Durchsetzung von höheren Preisstrukturen wird das Mehr an Bruttoertrag

---

[20]Die Brutto-Netto-Schere verdeutlicht das Verhältnis der Bruttoerlöse zu den tatsächlich generierten Nettoerlösen.

nicht selten von noch höheren Rabattierungen aufgefressen. Was aussieht wie ein positives Bruttowachstum, relativiert sich bei der Betrachtung der Nettozahlen vom Zentralverband der deutschen Werbewirtschaft (ZAW). Was auf den ersten Blick positiv erscheint, erweist sich bei genauerer Betrachtung als das Gegenteil. Netto ist das, was zählt – alle Bruttodarstellungen sind schöngeredete Wunschvorstellungen.

Die Medien und Vermarkter sitzen am Ende der Kette und sind die eigentlichen Leidtragenden in diesem (ruinösen) Prozess. Was ist die Ursache, wer hat damit angefangen und vor allem, wie lässt sich der Prozess aufhalten oder gar umdrehen? Fragen über Fragen, die es zu beantworten gilt.

Die Mediaagenturen kontrollieren und bestimmen das Marktgeschehen – das Treuhändermodell war gestern – heute stehen Eigeninteressen an vorderster Front und die Agenturen haben sich als Broker ein neues Geschäftsmodell erschlossen: Tradingangebote unter dem Motto „billig einkaufen" verdrängen klassische Buchungen. Dazu bedarf es aber mehrerer Marktpartner, die mitspielen und das gegenseitige Treiben tolerieren.

Bei den Werbungtreibenden hat sich die Kanalrentabilität längst etabliert – sie ist Mittel zum Zweck und fester Bestandteil geworden. Die Herausforderung liegt nun darin, immer noch ein weiteres Prozent an Einsparungen für sich zu reklamieren bzw. höhere Rabatte zu generieren. Der Druck nimmt zu – die Wahl der Mittel ebenfalls. Alternative Angebote gibt es in Hülle und Fülle – dies ist längst erkannt. Warum den Druck auf die Medien nicht weiter erhöhen? Die Chancen stehen so gut wie nie.

Bei den Medien gewinnt man den Eindruck, dass diese ohne größere Widerstände kampflos die Agenturforderungen akzeptieren. Haben sie überhaupt eine Chance, aus diesem Sog herauszukommen? Wer immer nur Ja sagt, macht kurzfristig Umsatz. Aber derjenige, der auch mal Nein sagt, hat immerhin die Chance, sich diesem Teufelskreis zu entziehen und langfristig zu überleben. Zugegeben – das ist einfacher gesagt als getan.

Es bleibt also die Frage: Wer macht das Rennen im Circus Maximus des Mediageschehens? Oder werden alle drei Player als Gewinner die Manege verlassen? Dies kann nur beantwortet werden, wenn kritisch hinterfragt wird, welche Auswirkungen sich für alle Player ergeben. Die Situation der Medien und Vermarkter scheint aussichtslos, die der Agenturen weitaus erfolgversprechender und der werbungtreibende Kunde scheint die Erfolgsspur gefunden zu haben. Wirklich Erfolgsspur? Dies ist zu nachlässig gedacht. Denn: „Werbungtreibende werfen gerade so ziemlich alles über Bord, was ihnen einmal heilig war: Qualitative Mediaplanung, individuelle Strategien, hochwertige Werbeplätze zu angemessenen Preisen."[21] Das Schlimmste ist, sie unterschätzen, was sie sich und ihrer Marke antun.

Sie nehmen billigend in Kauf – vorausgesetzt, sie wissen es überhaupt –, dass beispielsweise Primetime gegen Daytime eingetauscht und Restplatzkontingente mit eingebucht werden. Hauptsache der geplante Werbedruck (GRP-Niveau) wird erreicht oder

---

[21]Thomas Koch: „Wollen wir wirklich Gammel-Media?", in w&v 08.05.2013.

gar übertroffen. War da nicht noch etwas? Wo sind die Nettoreichweite, die wirksame Reichweite und die Kontaktklassenverteilung geblieben? Auf der Strecke – könnte man meinen. Der GRP als Indikator für den Werbedruck ist zwar die notwendige, jedoch keine hinreichende Bedingung zur validen Beurteilung einer Kampagne.[22]

Leider wird immer wieder vergessen, dass ein Mediaplan durch billig eingekaufte Leistung nicht besser wird. Er scheint zwar durch den Ausweis eines niedrigeren Pay-Faktors (Abschn. 4.1.7.1) effizienter zu werden, das ist jedoch alles. An der Marke wird dies nicht spurlos vorübergehen.

Den Mediaagenturen ist dies egal. Sie haben einen steigenden Renditedruck von ihren Holdings und erfreuen sich der Freiheiten bei der Planung – sofern diese überhaupt noch stattfindet und nicht durch einen nachgelagerten Einkauf von brachliegendem Werbeinventar determiniert wird. Mancher Kunde merkt erst viel zu spät, dass es in diesem Spiel nur einen Gewinner geben kann – die Agentur. Sie profitiert und generiert Erlöse, unabhängig davon, ob die Kampagne gewirkt hat oder nicht. Tradingangebote als Heilsbringer bei sinkenden Budgets haben sich auch nicht als Wunderwaffe entwickelt. Hier gilt das Gleiche – hohe GRP-Level garantieren nicht zwangsläufig eine hohe Werbewirkung, sondern eher das Gegenteil.

Ob Mediaverantwortlicher im Unternehmen, CMO, CEO oder CFO – alle suchen für ihre Marke die bestmögliche Kommunikationsstrategie, ein hohes Maß an Wirkung (Markenbekanntheit, Werbeerinnerung, Image etc.) und ganz nebenbei auch noch Kaufimpulse, die sich positiv auf Sales auswirken. Wer es jedoch nicht schafft, sich selber eine klare Sicht auf die Dinge zu verschaffen, wird planlos im Nebel herumirren.

Bei Nichterreichen der Kampagnenziele liegt die Ursachenforschung auf der Hand. Die Fragen „Warum ist es so, wie es ist?" und vor allem „Wer hat das zu verantworten?" stehen ganz oben auf der Tagesordnung. Niemand mag der Schuldige sein oder sich nachsagen lassen müssen, er habe eine Mitschuld an der Misere. Im Schulterschluss läuft es nicht selten darauf hinaus, dass man sich zusammenrauft und gelobt, zukünftig zielorientierter zu operieren. Für den Augenblick wird damit der Druck aus dem Kessel genommen, was jedoch nicht bedeutet, dass man aus den Fehlern gelernt hat und diese zukünftig vermeiden wird.

Eine wichtiger Schritt wäre es, die Ursachen kontrolliert zu erfassen – dies impliziert jedoch, dass am Ende der Vorstellung (Kampagnenende mit der Überprüfung) ein möglicher Schuldiger am Nasenring durch die Manege ins Freie geführt werden könnte. Diesen Auftritt möchte sich jeder gerne ersparen – also lieber Augen zu und durch. So machen zunächst gefühlt alle das Rennen – am Ende aber niemand.

---

[22]Der GRP als Bruttoreichweite dokumentiert zwar als Summe die kumulierten Gesamtkontakte, gibt jedoch keinerlei Auskunft über den Anteil der erreichten Personen. Personen, die mehrfach erreicht werden, sind daher in dieser Summe inkludiert. Umso wichtiger ist es daher, die Bezugsgrößen Nettoreichweite und Kontaktklassen in der Bewertung zu berücksichtigen.

2.9 Mediaagenturen zwischen Magie, Wahnwitz und Cleverness

„Liebe Medien, liebe Kunden, findet euch endlich damit ab. Die Mediaagenturen haben euch gelinkt. Sie nahmen erst das Geld der Kunden, dann das Inventar der Medien und machten für sich daraus pures Gold. Sie sind wahre Media-Alchemisten. Verbeugt euch vor so viel Magie, Wahnwitz und Cleverness."[23] Wie von Thomas Koch hier beschrieben: Ist dies reine Panikmache oder bittere Realität? Wenn man diese Aussage auf das Trading beschränkt, ist sicherlich die eine oder andere Halbwahrheit zu erkennen. Wenn man allerdings versucht, die gesamten Agenturdienstleistungen zu skizzieren, relativiert sich diese Aussage.

Die Herausforderungen durch die Digitalisierung, die Diversifizierung medialer Angebote, die veränderte Mediennutzung und insbesondere die immer schwieriger zu erreichenden Zielgruppen haben nicht nur die Intransparenz, sondern auch das Anforderungsprofil an die Agenturen stark erhöht. Das Aufgabenspektrum der Agenturen beinhaltet wahrlich nicht nur das richtige Prophezeien von eintretenden Wahrscheinlichkeiten aus einer Glaskugel, sondern vielmehr die zuverlässige Umsetzung der im Kundenbriefing definierten Zielvorgaben mit allen Teilbereichen. Dazu zählen u. a. die spezifische Adaption der Mediazielgruppe(n) aus der Marketingzielgruppe, eine valide Budgetallokation, die zeitliche und räumliche Aussteuerung (saisonal, geografisch, zeitlich), die Fixierung der werberelevanten KPIs wie beispielsweise Werbedrucklevel oder GRP-Niveau, die wirksame Reichweite, eine vordefinierte Kontaktklassenverteilung, aber auch Restriktionen und grundsätzliche Ausschlusskriterien seitens des Kunden im Hinblick auf die Medienselektion und/oder Belegungen/Platzierungen. So sachlich, wie es klingt, ist es auch. Media und Kommunikation mögen zwar magische Momente versprechen – mit Magie hat dies jedoch wenig zu tun –, erfolgreich müssen sie sein. „Erfolg ist weder Magie noch ein Geheimnis. Erfolg ist das natürliche Ergebnis dauerhaft angewandter einfacher Grundlagen."[24]

Sind die Hauptaufgaben und Agenturfunktionen als Dienstleister immer noch überschaubar und auf einige wenige Grundlagen beschränkt? Ihr ursprünglicher Fokus, sich nur auf Mediaplanung, Bewertung und Selektion von Werbeträgern sowie den Mediaeinkauf zu beschränken, ist längst überholt. Immer neue Herausforderungen ergeben sich aus den veränderten Rahmenbedingungen im Mediabusiness. Bei der Aufstellung dieser ursprünglichen und auch neuen Funktions- und Aufgabenbereiche wird den Medienverhandlungen häufig eine übergeordnete Bedeutung eingeräumt – wichtige Aufgaben wie beispielsweise ein fundiertes und valides Reporting, die präzise Darstellung in Form einer Erfolgs- und Wirkungskontrolle sind aber ebenso entscheidende Indikatoren für

---

[23]Thomas Koch: „Die Verschwörung der Media-Alchimisten", in w&v 17.12.2013.
[24]Jim Rohn (US-amerikanischer Unternehmer) in Eugen Simon: Gedanken Doping – Erfolg im Leben ist kein Zufall (2008), S. 47.

die Bewertung der aktuellen Kampagnen(n) und damit die Grundlagen für zukünftige mediale Entscheidungen. Während die Konditionenpolitik präferiert und priorisiert wird, erlangen das Controlling und die Dokumentation häufig einen sekundären Stellenwert.

Nochmals zum Verständnis: Nicht der reine Preis ist entscheidend für eine erbrachte Leistung, sondern ihr Erfolg – denn Rabatte sind nichts anderes als die Reaktion auf überhöhte Preiskonstellationen. Leider wird allzu oft vergessen: „Wer Kunden nur über den Preis gewinnt – wird sie auch nur des Preises wegen wieder verlieren."[25] Ein kurzlebiges Geschäft – Mediaprozesse sind dagegen tendenziell längerfristig ausgelegt und auf Kontinuität bedacht.

Eine professionelle Mediaplanung beinhaltet daher eher ein umfangreiches Aufgabenspektrum und erfordert ständig neues Wissen. Der Mediaexperte mutiert zunehmend vom reinen Erbsenzähler über den Zwischenstatus des Magiers bei Medienverhandlungen zu einem Number Cruncher, der sich beim Datenhandling der technischen Unterstützung in Form von Softwaretools und Hardwareimplikationen bedient. Alles andere als Tätigkeiten, die mit einem Rechenschieber zu absolvieren sind.

Die Digitalisierung mit ihren neuen Angeboten in einem stark diversifizierenden Markt fordert neue innovative Kommunikationskonzepte und ein Umdenken über den Tellerrand hinaus – sie ist zwar nicht alleiniger, aber ein wesentlicher Treiber dieser neuen Herausforderungen.

Planung, Optimierung, Einkauf und die Verhandlungen mit den Anbietern von Werbeinventar zählen immer noch zu den wichtigsten Aufgaben – andere sind jedoch hinzugekommen. Das Leistungsspektrum umfasst weitaus mehr als die bereits skizzierten Tätigkeitsbereiche. Die Schnelllebigkeit des Marktes und der darin agierenden Teilnehmer – insbesondere die Medienentwicklungen und deren Auswirkungen auf die Nutzer dieser Angebote – erfordert eine umfassende und spezialisierte, kompetente Marktbeobachtung. Dies inkludiert das Erkennen von Trends, das neue Zusammenspiel von Medien und deren Angeboten im Mediamix sowie die Wirkungsmechanismen in Bezug auf User, Rezipient und Konsument.

Agenturen aufgepasst! Die Zeit ist längst reif, sich mit strategischen, innovativen und kreativen Ideen zu profilieren. Die Core-Kompetenz der Agentur muss daher neu definiert und erweitert werden, damit sie den Anforderungen gewachsen ist. Marketingexperten erwarten von ihrer Agentur ein Rundumsorglospaket mit einer kompetenten Beratung über alle Gattungen hinweg und dem Ziel, einen hohen Return on Investment (ROI) zu generieren. Die Ziele sind bekannt – der Nachweis des Zielerreichungsgrades dagegen häufig nicht. Hier bieten sich vielfältige Möglichkeiten für die Marktforschung, neue Erkenntnisse zu generieren, die als Entscheidungsgrundlage innovative Ansätze stützen können.

Die Komplexität und Schnelllebigkeit im Mediabusiness sollte nicht unterschätzt werden – mediaverantwortliche Marketeers sollten als kompetente Sparringspartner ihre

---

[25]Carsten K. Rath (deutscher Unternehmer), http://www.carsten-k-rath.com, letzter Zugriff: 14.11.2017.

Agentur fordern und nicht zuletzt führen. Nur dann – und nur dann – wird sich mit den Fragen zu Media, Marketing und Kommunikation auseinandergesetzt. Synergien können genutzt werden und das Zusammenwirken auf Augenhöhe bringt Optimierungspotenzial und Added Value.

Die zunehmende Konvergenz im Sinne des Zusammenwachsens von einzelnen Medien im Rahmen der Digitalisierung stellt bereits heute vielfältige Aufgaben und wird zukünftig zu einer weiteren Diversifizierung von Medienangeboten führen. Dadurch ergeben sich neue, teils bis dato ungeahnte und ungenutzte Kommunikationsmöglichkeiten für Marketing und Media, wie beispielsweise die Verschmelzung von Telefonie, Fernsehen und Internet (Triple Play). Diese Trends im Medienkonsum frühzeitig zu antizipieren sollte eine der wichtigsten Aufgaben der Agenturen sein.

Hier wird sich zukünftig herauskristallisieren, welche Agenturen zu welcher Antizipation, Performance und Engagement fähig sind. Magie ohne Glaskugel und doppelten Boden ist auch in Media möglich – Cleverness allemal. Und praktizierter Wahnwitz wird der einen oder anderen Agentur das Business erschweren. Nochmals in aller Deutlichkeit – Agenturen aufgepasst! Die Anforderungsprofile ändern sich, die Aufgabenstellungen ebenfalls. Auch wenn manche Panikmacher bereits vom Totengesang auf die klassischen Mediaagenturen sprechen.

Die hier und da aufgestellte These, dass durch Programmatic Buying zukünftig ein Großteil der Agenturaufgaben obsolet werde, ist gewagt. Sicherlich wird die Technik manuell gesteuerte Tätigkeiten erleichtern. Es ist ebenfalls unstrittig, dass der automatisierte Handel mit Werbeflächen zunehmen wird. Angedacht ist Real Time Bidding[26] für Online-Video, Mobile Display, Digital OOH und möglicherweise auch für weitere Angebote auf Smart-TV-Geräten durch neue Tools und Tradingdesks. Allerdings bleibt abzuwarten, ob ein ausgeklügelter Algorithmus die Erfahrung und das Know-how von kompetentem menschlichen Verstand ersetzen wird. Wenn alles so einfach wäre, könnte bereits heute mit dem leisen Abgesang auf die Agenturwelt begonnen werden.

John Osborne hat mit seiner Aussage: „Der Computer ist die logische Weiterentwicklung des Menschen – Intelligenz ohne Moral"[27] nicht Unrecht. Wer zahlengläubig die Ergebnisse, ohne diese kritisch zu reflektieren, hinnimmt, wird falsche Entscheidungen treffen. Die Expertise und die Erfahrungen von Mediaexperten werden immer noch erforderlich sein. Die Protagonisten mit dem Glauben an einen perfekten Algorithmus für die Mediaplanung müssen erst beweisen, dass dies überhaupt möglich ist. „Wir glauben nicht an den einen, allumfassenden Algorithmus, der von Altkleidern über Handys, Versicherungen, Öl und Süßigkeiten bis zu Autos alles optimieren kann. Wer das glaubt,

---

[26]Real Time Bidding (RTB), auch synonym als Real Time Advertising (RTA) bezeichnet, ist eine Online-Marketing-Disziplin, in der werbungtreibende Kunden automatisiert und in Echtzeit Zugriffe auf Online-Werbemittel erhalten und darauf bieten können.

[27]John Osborne (britischer Dramatiker) in Herbert Klaeren: Viren, Würmer und Trojaner – Streifzüge durch die Computerwelt (2006).

glaubt auch an die gute Fee, die unser Medialeben besser macht. Ich habe aber die Befürchtung, dass es diese gute Fee nicht gibt."[28]

Mit dieser Denke steht Andrea Malgara nicht alleine da – die Algorithmus-Befürworter müssen be- und vor allem nachweisen, dass dieser neue Ansatz funktioniert und erfolgreich im Markt eingesetzt werden kann. Sollte sich zum Beispiel Real Time Bidding als Standard durchsetzen, wird dies die Planung und Selektion von traditionellen Werbeflächen entscheidend verändern. Dazu bedarf es dann allerdings valider, komplexer Tools und Spezialisten, die das Handling und die Kontrolle übernehmen. Im Vorfeld müsste es zu erheblichen Investitionen seitens der Mediaagenturen kommen, sofern sie dieses Betätigungsfeld in ihr Portfolio aufnehmen wollen.

Die Kommunikationsaufgaben werden durch einen tief greifenden Wandel neu geprägt, der zukünftig das klassische, traditionelle Rollenverständnis und damit einhergehend die Aufgabenverteilung neu definieren wird. Dadurch werden sich auch bestehende Berufsbilder und Tätigkeitsbereiche ändern. Der allumfassende Halbwissende mutiert zunehmend zum Auslaufmodell – Spezialistentum gewinnt die Oberhand. Beratung bleibt bestehen – wird jedoch vielschichtiger und komplexer. Neue Bereiche entstehen wie beispielsweise Marketing Intelligence, Data Science, Strategic Planning oder Consumer Relevant Insights – sie analysieren und liefern kompetente Informationen als Entscheidungsgrundlagen. Die Mediaplanung verändert sich zur kompetenten Kommunikationsberatung im Marketingmix.

All dies bedeutet nicht zwangsläufig negative Entwicklungen, sondern auch jede Menge an Chancen und Perspektiven in einem Bereich mit zunehmender Technikdominanz. Denn: Komplexität erfordert technologische Hilfsmittel zur Aufgabenbewältigung. Ob Modelling, Targeting, Programmatic Advertising oder auch die Integration personenspezifischer Consumer Insights ist dabei völlig egal – entscheidend ist, dass zur Automatisierung des Mediaeinsatzes auf technische Unterstützung zugegriffen werden kann.

---

[28] Andrea Malgara: „Wer an den allumfassenden Algorithmus glaubt, glaubt auch an die gute Fee", in Horizont 01.04.2016.

Die Spur des Geldes

Quelle: www.istockphoto.com/stocksnapper

3.1 Die Herrscher über das zu verteilende Geld

Zunächst zurück zur Situation bei den Werbungtreibenden – mit einem dezenten Hinweis auf deren neue Spielwiese: Das Drücken des Agenturhonorars bei gleichbleibender Leistungsforderung oder gar auch bei erhöhtem Agenturaufwand gehört im Daily Business zu den sportlichen Aktivitäten mancher Werbungtreibender. Poolbenchmarking ist angesagt – Vergleiche werden herangezogen, ob aus internen Quellen oder durch Unterstützung von Auditoren. An Hebeln dazu mangelt es nicht – ob ein effizienterer Einkauf, eine verbesserte Prognose zur Optimierung oder auch ein professionelles Modelling dazu beitragen kann, ist sekundär. Entscheidend ist und bleibt nur eines, die Medialeistung muss deutlich gesteigert werden. Wenn alles ausgeschöpft ist, bleibt zuletzt noch die Frage nach einer leistungsgerechten Agenturhonorierung, an der man auch noch operieren kann.

Die Kreativität auf Kundenseite lässt auch keine Wünsche offen. Agenturangebote und -leistungen sind in einer Art modularem Baukastensystem besser vergleichbar. Dezidierte Briefingvorgaben mit wenig Spielraum in der Interpretation sind dabei von erheblichem Vorteil. Die Agenturen werden aufgefordert, diese einzeln zu bepreisen und die Performance auszuweisen. Im Worst Case werden sie daran ex post gemessen – die Forderung nach einer Leistungsgarantie ist keine Seltenheit. Die Latte wird immer höher gelegt, der Anlauf verkürzt und bei Fehlversuchen ist man raus. Wer nicht mitspielt und immer höher springt, ebenfalls.

Wenn alle Stricke reißen und sich der Werbungtreibende irgendwie verzockt hat und die Werbewirkung ausbleibt, bleibt als letztes Druckmittel nur noch die Pitchandrohung. Ein probates Mittel, die Agentur unter Druck zu setzen. Was passiert danach? Alter Wein in neuen Schläuchen? Oder ist die neue Agentur vielleicht doch das heiß ersehnte Optimum Optimorum? Möglicherweise ist sie das, allerdings nur so lange, bis sie dann selbst im Hamsterrad gefordert wird.

Vertrauen ist gut, Kontrolle ist besser. Wer dies beherzigt, wird zu den Gewinnern gehören. Wer immer nur auf seinen persönlichen Vorteil bedacht ist, sollte nicht lauthals Transparenz fordern. Vielleicht sollte man sich wieder back to the roots orientieren – Ehrlichkeit und Fairness müssen ökonomisches Handeln nicht ausschließen. Fairness und Transparenz, insbesondere bei der Honorar- und Konditionenpolitik, schaffen Vertrauen und dieses ist letztlich die Voraussetzung für eine Win-win-Situation und ein gemeinsames erfolgreiches Agieren.

Falls es noch nicht klar sein sollte – auch die Agenturen benötigen für ihre Leistungen ein adäquates, faires Salär. Warum daher dieses nicht an eine klare, eindeutige leistungsorientierte Honorierung knüpfen, die für beide Seiten Spielraum nach oben und unten offenlässt?

3.2 Das Oligopol der Mediaagenturen

Die Bündelung von Mediaetatvolumen durch Einkaufsgesellschaften (Holdings) bringt die Vermarkter von Werbeflächen und Sendezeiten erheblich unter Druck. Je größer das Etatvolumen, desto größer ist auch die disponible Masse, die als Druckmittel zur Rabattgenerierung eingesetzt werden kann. Konsolidierung ist die Ursache einer gefährlichen Oligopolentwicklung[1].

---

[1]Vgl. dazu Wilfried Urbe: „Mediaagenturen bilden Oligopol", in Welt am Sonntag 07.11.2004; Vgl. dazu Lutz Meyer: „Effizient; nicht effektiv", in brandeins 02/2014.

3.2 Das Oligopol der Mediaagenturen

Der RECMA[2]-Report dokumentiert jedes Jahr weltweit und länderspezifisch ein Ranking der Mediaagenturen nach Größe ihrer Mediabillings. Die Summe der RECMA-Billings aller sechs Agenturgruppen verdeutlicht die Oligopolsituation in Deutschland. Diese sechs vereinnahmen zusammen über 80 % aller Billings[3], die in Deutschland in Media investiert werden. Das Angebotsspektrum wird durch größere inhabergeführte Agenturen[4] und eine Vielzahl kleinerer und mittlerer Agenturen komplettiert. Die relevanten Player werden immer größer und mächtiger – der Wettbewerb untereinander und der Kampf um die Werbegelder immer härter. Sie unterliegen einem extrem hohen Renditedruck seitens ihrer Holdings, die den deutschen Markt im Vergleich zu anderen europäischen Ländern immer noch als intakt und gewinnbringend auserkoren haben. Fraglich ist, wie lange dieses Modell noch funktioniert – in anderen europäischen Ländern sieht die Situation inzwischen ganz anders aus. Die Märkte dort sind teilweise zusammengebrochen und wenig Erfolg versprechend.

Oligopole finden wir auch aufseiten der Medien – es gibt fünf relevante Verlagsgruppen, zwei TV-Vermarkter und zwei große Hörfunkvermarkter. Was per se als Vorteil erscheint, ist in vielen Fällen auch ein Nachteil für die Vermarkter, denn die Mediaagenturen können die wenigen Anbieter nicht nur unter Druck setzen, sondern auch gegeneinander ausspielen. Rabatte und Zugeständnisse entscheiden dann über die Budgetvergabe an die Medien und Vermarkter. Auf den ersten Blick scheint der Werbungtreibende der Gewinner zu sein. Wenn er aufgrund der ausgehandelten Rabatte und sonstigen Vergütungen für das gleiche investierte Mediavolumen mehr Leistung bekommt, mag dies einen Mehrwert darstellen. Wenn nur das quantitative Volumen (GRP und CpG) für diese Performance-Beurteilung herangezogen wird, kann dies fatale Fehlschlüsse nach sich ziehen. Nicht nur die Quantität zählt, sondern vor allem die Qualität dessen, was als mediale Gegenleistung von den Medien geliefert wird. Günstige, aber minderwertige Qualität ist nicht zielführend, sondern kontraproduktiv.

Zurück zur Oligopol-Diskussion: die Werbungtreibenden scheinen dennoch die eindeutigen Gewinner zu sein. Alle sind gleich, alle ziehen am selben Strang und keiner wird benachteiligt. Wirklich? Oder gibt es in der Mediabranche vielleicht doch eine

---

[2]Research Company Evaluating the Media Agency Industry (RECMA) – Marktforschungsinstitut, das in einem sogenannten Qualitätsreport verschiedene Leistungskriterien analysiert und daraus ein Ranking der besten Mediaagenturen einmal jährlich ausweist. Zu den Kriterien zählen u. a.: Agenturwachstum, Personal- und Servicequalität, Pitchaktivitäten, bestehendes Kundenportfolio.

[3]Vgl. dazu RECMA ID 73243 – Ranking der größten Mediaagenturen in Deutschland nach ihren Billings im Jahr 2016, in: Statista 2017.

[4]Vgl. dazu Markus Weber: „Inhabergeführte Mediaagenturen gründen weltweiten Verbund", in w&v 18.04.2016. Local Planet ist ein weltweiter Verbund unabhängiger, inhabergeführter Mediaagenturen, die sich als Independents ein gemeinsames Ziel vorgenommen haben und durch eine länderübergreifende Vernetzung ihren Kunden eine internationale Beratung und Betreuung als Alternative zu den bestehenden Networkagenturgebilden ermöglichen.

Zweiklassengesellschaft? Sind es nur einige wenige Top-Big-Spender mit ihren Mediabudgets, die die Medien und Vermarkter zittern lassen? Ist es Zufall, dass deren Vertreter im Interessenverband – konkret der OWM – an vorderster Front die Interessen aller Mitglieder vertreten? Stimmt die These, dass die on top den großen Werbungtreibenden gewährten guten Einkaufskonditionen letztlich über die kleineren Werbekunden erwirtschaftet wurden? Könnte man meinen. Dabei spielt das Mediaagentur-Oligopol eine bedeutende Rolle. Alle sind gleich – doch andere sind gleicher als gleich. Getreu diesem Motto wird agiert, verschoben und gehandelt. Die einen partizipieren im großen Stil und die anderen werden mit Kleinigkeiten abgespeist. Wird dabei der § 667 BGB[5] konform berücksichtigt oder kann es sein, dass die erzielte Beute nicht unter allen paritätisch je nach Volumina aufgeteilt wird?

Wir können nur empfehlen: Wenn es Werbungtreibenden aus welchen Gründen auch immer nicht gelingt, die Transparenz schaffenden Informationen aus eigener Kraft einzufordern, aber sie ein schlechtes Gefühl beschleicht, sollten sie sich externe, neutrale Beratung dazu holen.

3.2.1 Die Macht der Agenturholdings

Kommen wir zu den Holdings – Einkaufsgesellschaften, in denen mehrere Agenturgruppen vereint sind. Eine Holding vereinnahmt die sogenannten Agenturrückvergütungen (AVBs)[6] und reicht diese dann an die einzelnen Agenturpartner paritätisch deren Mediaanteilen am Gesamtvolumen weiter. Soweit die Theorie – die Praxis sieht häufig anders aus. Nicht selten verbleiben diese Vergütungen auf Agenturseite und werden nicht offengelegt oder auch nur bedingt weitergeleitet. Intransparenz kennzeichnet diese Situation – es ist nicht ohne Weiteres einfach nachzuvollziehen, wie hoch die in den Holdings kumulierten Volumina sind, die als Basis für die AVB-Zuteilung fungieren.

---

[5]Der Bundesgerichtshof hat in seinem Urteil vom 16.06.2016 – A – Az.: III ZR 282/14 in dem Leitsatz bestätigt, dass Mediaagenturverträge ihrer Rechtsnatur nach regelmäßig als Geschäftsbesorgungsverträge zu qualifizieren sind. Ein Teil (Mediaagentur) wird zur Ausführung einer selbstständigen wirtschaftlichen Tätigkeit zur Wahrung fremder Vermögensinteressen (insbesondere Mediaplanung und -einkauf) und der andere Teil (werbungtreibender Kunde) zur Zahlung eines Entgelts verpflichtet. So weit dazu. Wenn die Mediaagentur bei den Mediabuchungen im eigenen Namen, aber für Rechnung des Auftraggebers auftritt, vereinnahmt sie zwar als Vertragspartnerin der Medien zunächst auch sämtliche Rabatte und sonstigen Vergünstigungen; wegen ihres Status als typische Geschäftsbesorgerin unterliegt sie jedoch den Auskunfts- und Herausgabepflichten nach §§ 666, 667 Alt. 2 BGB. Siehe dazu: „Mediaagenturverträge sind Geschäftsbesorgungsverträge", http://www.online-und-recht.de/urteile/Mediaagenturvertraege-sind-Geschaeftsbesorgungsvertraege--Bundesgerichtshof-20160616, letzer Zugriff: 14.11.2017.

[6]AVB = Agentur Volume Bonification. Vgl. dazu auch: Have you ever discussed AVBs with your Media Agency?, in Marketing Math 06.02.2013 (Hrsg.: AARM – Advertising Audit & Risk Management).

Selbst die einzelnen Agenturen müssen auf die vertrauensvolle, vertragliche Zuteilung hoffen – auch sie haben nicht immer die vollständige Transparenz zu dem, was hinter den Kulissen läuft. Die AVBs sind nicht die einzige Erlösquelle für Agenturen im Mediabusiness. Immer wieder tauchen Machenschaften der Mediaagenturen auf, die, sofern publik gemacht, dann kurzzeitig die Wogen der Empörung hochschlagen lassen. „Frag nicht, was das Medium für deinen Mandanten tun kann, frag, was das Medium für Dich tun kann"[7], charakterisiert das reale Mediabusiness. „Die Renditemaschinerie muss laufen" scheint zur obersten Maxime auserkoren. Eigeninteressen dominieren und kreative Methoden zur Honorarvergütung, wie beispielsweise als Serviceleistungen deklarierte Rabatte, getarnte Tradingvolumina, Bündelungsrabatte und geschickt inszenierte Methoden zur Legalisierung von Kick-backs, vergolden so manche erbrachte Dienstleistung. Du schöne alte Mediawelt, wo bist du nur geblieben?

3.2.2 Audit als Chance für Transparenz und Sicherheit

Kommen wir zum möglichen Retter in Robin-Hood-Manier – dem Auditor. Abstrahieren wir einmal von möglichen Verflechtungen oder gar Interessenkonflikten zwischen den Auditoren und Agenturen, Kunden und auch Medien. Selbst bei vollkommener Neutralität sind einem kompetenten Auditor vielfach die Hände gebunden, da ihm der Einblick in die Bücher erschwert wird. Dies ist nicht verwunderlich, denn wer will sich schon gerne überprüfen lassen und alle Facts offen und transparent auf den Tisch legen. Die Wahrnehmung des Auditrechts durch Beauftragung eines zur Neutralität und Verschwiegenheit verpflichteten Auditors ist für den Werbungtreibenden die Chance auf Offenheit und Transparenz. Der Werbungtreibende wird feststellen, dass trotz vertraglich fixierter Auditrechte die Durchführung und Einsichtnahme in die Unterlagen insbesondere beim Financial Audit agenturseitig häufig Barrieren integriert sind. So werden beispielsweise von den Agenturen als zu Überprüfende nur explizit aufgeführte Wirtschaftsprüfungsgesellschaften zugelassen und keine freien Auditoren, die aus der Branche kommen. Bereits hier wird die freie Selektion für den Auftraggeber beschnitten. Teilweise dürfen die ermittelten Überprüfungsergebnisse erst nach vorheriger Rücksprache mit der Agentur dem Kunden mitgeteilt werden. Im Worst Case können Restriktionen hinsichtlich der Einzelberechnungs-schritte erfolgen – d. h., Global-KPIs sind ausweisbar – die Wege dahin jedoch nicht.

Ähnliche Konstellationen ergeben sich für das Media-Audit. Auch hier versuchen die Agenturen, den Aufwand klar und eindeutig zu definieren – auch wenn sie selbst weder Auftraggeber noch Finanzier des Audits sind. Da sich die Einkaufsgesellschaften auf den Status eines bilateralen Vertragspartners mit den Medien/Vermarktern berufen, bleibt die Tür zum Raum der „Offenlegung" verschlossen.

---

[7]Judith Pfannenmüller: „Wie Mediaagenturen ihre Geschäfte machen", in w&v 20.07.2015.

Somit beschränkt sich die Kontrolle auf das „Glauben oder Nichtglauben". In der Tat ein unangenehmes Gefühl und eine Portion Unzufriedenheit, da man an dieser Stelle nicht immer mit offenen Armen empfangen wird und das latente Gefühl aufkommt, dass einem die Hände gebunden sind. Hier ist Konfliktpotenzial vorprogrammiert und die medialen Debatten werden intensiv geführt. Es geht wie immer um viel Geld – daher ist die Kontrolle des Wertschöpfungsprozesses und insbesondere der Agenturmachenschaften extrem wichtig.

Joe Mandel, Ex-Mediacom-CEO, bestätigte auf einer Konferenz der ANA (Association of National Advertisers) in 2015 eine mangelnde Transparenz, schiefe Mediapläne und große Vorlieben zur Durchsetzung von renditeträchtigen Eigeninteressen. „Mediaagenturen verhalten sich nicht entsprechend ihrer Treuhänderpflichten gegenüber ihren Kunden und verletzen das in einer Partnerschaft akzeptable Verhalten."[8]

3.2.3 Agenturgeschäftsmodelle auf dem Prüfstand

Immer wieder wird vereinzelt diese Problematik in den Branchenmedien thematisiert – bislang jedoch ohne den erforderlichen Urknall. Wir reden dabei von fragwürdigen Geschäftsgebaren der Agenturen und einer bewussten Intransparenz in Bezug auf Kickback-Zahlungen und Tradingdeals, die den Werbungtreibenden häufig gar nicht bewusst sind. Auch wenn immer wieder hochflackert, dass Transparenz erforderlich ist und auch diese fragwürdigen neuen Geschäftsmodelle dringend hinterfragt werden müssen, lodert eigentlich nur ein kleines Flämmchen, das sich kaum zum Flächenbrand entwickeln kann. Wenn zwischendrin immer wieder jemand das Flämmchen ausbläst oder das Feuer zu löschen versucht, wird sich an der unbefriedigenden Situation nichts ändern.

Sollte eine Zerschlagung des Oligopols durch den Gesetzgeber erfolgen? Eine grundsätzliche Reform der Agenturgeschäftsmodelle mit hundertprozentiger Transparenz und Offenlegung und einer gravierenden Einschränkung für den Einkauf durch Holdings? Oder ist es viel einfacher? An Ansätzen und Vorschlägen mangelt es nicht.

Das ist jedoch nur ein kleiner Baustein, der die Gesamtproblematik nicht löst. Eine kongeniale Idee der Trennung von Planung, Beratung und Einkauf scheint ebenfalls nur Makulatur. Damit wird ein Problem nicht nur verlagert, sondern auf breitere Schultern verteilt. Eigentlich könnte alles doch so einfach sein – wer das Geld hat, hat das Sagen. Solange allerdings wie in vielen Fällen mangels Know-how und finanzieller Ausstattung ein Abhängigkeitsverhältnis zwischen Auftraggeber und Auftragnehmer besteht, wird sich so schnell nichts ändern. Die Werbetreibenden könnten die Agenturen umgehen und das Geschäft selbst in die Hand nehmen. Dies setzt voraus, dass sie bereit sind, in Media zu investieren. Die Bereitschaft hängt dabei sicherlich von der Größe des Unternehmens ab.

---

[8]Mehrdad Amirkhizi zitiert Joe Mandel in: „Media Debatte: Ex-Mediacom-CEO wirft Mediaagenturen Intransparenz vor", in Horizont 06.03.2015.

Eine Refinanzierung ist bei großen Etats durchaus ein überlegenswerter Faktor. Diese Denke missfällt den Agenturen, da sie ihrer Geschäftsgrundlage beraubt würden – selbst nur der Verlust von Planung würde für sie einen massiven Einbruch ihres Agenturincomes bedeuten. Also warum nicht alle offen und ehrlich an einem Strang ziehen? Fragt sich nur, wer der Erste ist. Der Anfang ist schwer – wer am Ende überlebt, wird sich zeigen. Charles Darwin hat in einem anderen Zusammenhang gesagt: „Es ist nicht die stärkste Spezies, die überlebt, auch nicht die intelligenteste, sondern diejenige, die am besten auf Veränderungen reagiert." Es bleibt spannend, wer, wie und wann in diesem Spiel ohne Grenzen agieren wird. Für die Medien und Vermarkter von werblichen Angeboten ist dies eine bittere Pille, die sie schlucken müssen. Spielt man das Spiel der Agenturen und ihrer Einkaufsgesellschaften nicht nach deren Forderungen mit, wird man schnell ausgemustert und ausgetauscht. Die Macht der Holdings entscheidet über Sein oder Nichtsein.

3.2.4 Staatlicher Eingriff – Wer will das wirklich?

Auch die Unterstützung durch ein Veto des Bundeskartellamts scheint aktuell in weite Ferne gerückt zu sein. Analogieschlüsse zum Duopol des Fernsehens durch die beiden großen Anbieter IP und SevenOneMedia, die bereits über 75 % aller Bruttowerbeumsätze[9] unter sich aufteilen, werden immer wieder als mahnendes Beispiel aufgezeigt. Selbst im Funk zeigen sich ähnliche Strukturen – hier dominieren ebenfalls nur zwei große Anbieter –, der eine ist die RMS und der andere die ARD mit ihren öffentlich-rechtlichen Sendern.

Konzentrationstendenzen sind nicht unbedingt für alle Beteiligten von Vorteil[10]. Die Gefahr, dass durch mögliche multimediale Fusionen medienrechtliche Probleme hinsichtlich der Vielfaltsicherung entstehen könnten, ist dabei nur ein Teil des eigentlichen Problems. Ökonomisch betrachtet sind die Vorteile einer Kostendegression in der Wertschöpfungskette insbesondere bei der Vermarktung durchaus erkennbar. Wenn sich dies in Package-Angeboten niederschlagen sollte, profitieren Werbekunden durchaus – Synergieeffekte im Rahmen einer crossmedialen Vermarktung ermöglichen diese monetären Vorteile. Kritiker sehen jedoch mit der verfassungsrechtlichen Brille durch eine solche Marktmacht sowohl die Meinungsvielfalt als auch die demokratische Meinungsbildung beeinträchtigt. Letzteres ist jedoch nicht aktueller Gegenstand dieser Betrachtung.

Die Konzentration auf Agenturseite durch die Konsolidierung der Budgets einzelner Agenturen in einer übergeordneten, gemeinsamen Einkaufsholding eröffnet ihnen eine Marktmacht, die den Handlungsspielraum auf Vermarkterseite gravierend einschränkt respektive determiniert. Die Vermarkter erfahren eine Preiserosion ungeahnten Ausmaßes –

---

[9]Vgl. Nielsen Werbeumsätze in Statista 2017/ALM Jahrbuch 2016/2017, S. 90.
[10]Vgl. Georgios Gounalakis und Georgios Zagouras: „Crossmediale Konzentration und multimediale Meinungsmacht", in: AfP Zeitschrift für Medien- und Kommunikationsrecht 02-2006.

das, was gestern als effizient angesehen wurde, wird heute erneut verhandelt und rabattiert. Diese Top-Konditionen gelten bereits morgen oder spätestens übermorgen als selbstverständlich. Durch erneuten Verhandlungsdruck werden nach einer geringen Zeitspanne diese wiederum nach unten angepasst werden müssen. Die Vorgänge innerhalb der Einkaufsgesellschaften sind bewusst intransparent gehalten, und selbst die planende Einzelagentur weiß häufig nicht, ob es etwas an Rückvergütungen gegeben hat. Ob die durch das gemeinsame Volumen verhandelten Rabattvorteile letztendlich dann auch den Kunden zukommen, lässt sich nur bedingt nachvollziehen. Dies wurde auch von der Organisation Werbungtreibende im Markenverband (OWM) schön häufiger bemängelt. Fragen über Fragen kommen auf. Wo bleibt da die Kontrolle? Bleibt die Qualität zugunsten der Quantität auf der Strecke? Wer trägt dafür die Verantwortung? Sind Nichtstun und Abwarten der Entscheider gleichzusetzen mit einem grob fahrlässigen Handeln? Wer kann oder muss bei diesem Treiben gegensteuern? Bringt die Konsolidierung von Einzeletats nur Vorteile für die einen oder partizipieren mehrere – wenn ja, wer ist das? Immer wieder werden die Machenschaften der Mediaagenturen als äußerst bedenklich dargestellt.

Solange die rückvergüteten Gelder den Marketingchefs und Mediaverantwortlichen gleichgültig sind[11], wird dem lukrativen Treiben der Agenturen auch kein Einhalt geboten. Dann darf man sich im Nachhinein nicht beschweren, wenn es wieder einmal heißt: „The only winner is the agency." Es bleibt jedoch leider nicht nur bei diesem Problem. Die exorbitanten Renditen, die aus diesen Geldern generiert werden, sind nur das eine Übel. Da Eigeninteressen der Agenturen zur Renditeoptimierung im Vordergrund des Handelns stehen, wird durch Fehlinvestitionen in suboptimale Medienkanäle für die Werbetreibenden ein enormer wirtschaftlicher Schaden entstehen. Selbst die Denke, durch einen Agenturwechsel diesem Dilemma zu entgehen, offenbart ein tragisches Missverständnis bzw. zeigt, dass die Budgetverantwortlichen das Geschäft der Mediaagenturen nicht hinreichend kennen. Wenn man als Werbetreibender von einer Einkaufsholding in eine andere wechselt, bleibt das Problem unverändert bestehen. Ist dem Kunden dies bewusst und er handelt nicht, trägt er eine erhebliche Mitschuld, von der er sich nicht distanzieren kann.

Lösungsansätze oder doch nur Makulatur?
Welche Lösungsmuster könnten eine weitere Verschärfung unterbinden? Die Zerschlagung des bestehenden Oligopols als einzige Lösung wäre sicherlich zu kurz gedacht. Die Forderung nach einer marktgerechten Agenturhonorierung für unterschiedliche Aufgaben wäre sicherlich ebenfalls überlegenswert. Durch eine Differenzierung zwischen der strategischen Beratung und der Mediaplanung könnten neue Honorierungsmodelle auf den Markt kommen oder gar neue Agenturgebilde entstehen. Eine klare Trennung von

---

[11]John Wanamaker: „Half the money I spend on advertising is wasted – The good news is, I don't care which half" – wer so mit seinem Budget umgeht, wird eine Bruchlandung erleben und erfolglos bleiben!

Planungsaufgaben, der Beratung und einem autarken, davon losgelösten Einkauf wäre auch denkbar. Wenn alle Stricke reißen, bliebe als letzte und gravierendste Instanz ein Einschreiten des Gesetzgebers zur Unterbindung des bestehenden Oligopols – analog zu den Entwicklungen in Frankreich und Ungarn. Letzteres ist immer häufiger Gegenstand von heftig geführten Diskussionsrunden. Bis dato hat sich die Politik noch dagegen ausgesprochen einzuschreiten. Es bleibt abzuwarten, wie lange dieses bunte Treiben ohne Sanktionen weiter toleriert wird. Am Ende wird es ohnehin nur Verlierer geben.

Wenn dann die Mediaagenturen als Schuldige an den Pranger gestellt werden sollten, bleibt ebenso abzuwarten, wie sie sich aus dieser prekären Situation herausmanövrieren werden. Thomas Strerath ging in seinen Ausführungen noch deutlich weiter. „Mediaagenturen braucht kein Mensch", und das Modell der Mediaagenturen sei „bar jeglicher Vernunft und jenseits der Moral"[12]. Er stellte den Beitrag der Agenturen innerhalb der Wertschöpfungskette sowie auch ihr Anrecht auf 30-prozentige Profitmargen infrage und sprach ihnen ihre strategische Kompetenz ab. Die logische Schlussfolgerung daraus war, dass er eine strikte Trennung von Mediaplanung und Einkauf forderte, damit nicht weiterhin Agenturrabatte bestimmen, welche Medien zum Einsatz kommen. Jon Mandel setzte darauf noch einen Punkt: „Mediaagenturen verhalten sich nicht entsprechend ihrer Treuhänderpflichten gegenüber den Kunden und verletzen das in einer Partnerschaft akzeptable Verhalten."[13] Er verwies darauf, dass die Agenturen intransparent seien und Mediapläne empfehlen, die abseits von Strategie und Kundenzielen lägen und letztlich ihren eigenen finanziellen Interessen dienten. Das mehr als fragwürdige Geschäftsgebaren zeige sich laut Mandel auch in Geldzahlungen der Medien in Höhe dreistelliger Millionensummen an die Mediaagenturen, von denen die Werbekunden nichts ahnten. Cash-Kick-backs für den Zugang zu den Werbeetats der Unternehmen oder für Umsatzsteigerungen seien nur die Spitze des Eisbergs.

Zu den intransparenten Agenturdeals gehört auch das Trading, bei dem Agenturen in großem Umfang Werbeplätze aufkaufen und nach Aussage von Insidern mit enormen Aufpreisen an ihre Kunden weiterveräußern. Das praktizierte Tradingmodell beinhaltet nicht nur Online, sondern erstreckt sich mittlerweile auch auf die anderen klassischen Medien wie TV, Radio, Print und Außenwerbung. Insgesamt ein breites Spektrum oder eine prall gefüllte Weihnachtsgans, die es zu rupfen und auszunehmen gilt.

Der Rechtsprofessor Wolfgang Schulz vom Hans-Bredow-Institut warnt in seinem Gutachten für die Rundfunkkommission[14] davor, dass die Agenturen ihre Nachfragemacht ausnutzen könnten, um Einfluss auf das Programm zu nehmen. Die Gefahr

---

[12]Thomas Strerath: „Media-Agenturen braucht kein Mensch", in new business 13.01.2015.
[13]Thomas Koch zitiert Jon Mandel: „Mediaagenturen: Nicht alles aus einer Hand", in absatzwirtschaft 25.09.2015.
[14]Winfried Kluth und Wolfgang Schulz: „Konvergenz und regulatorische Folgen. Gutachten im Auftrag der Rundfunkkommission der Länder", Hamburg: Verlag Hans-Bredow-Institut, Oktober 2014, https://www.hans-bredow-institut.de/uploads/media/Publikationen/cms/media/d74b139d80000c12483526a-23a55bf89f9d971c6.pdf, letzter Zugriff: 14.11.2017.

besteht, dass die Meinungsvielfalt durch die Macht und den Einfluss der Mediaagenturen in Mitleidenschaft geraten kann. Manches Medium und vor allem dessen Existenz hängt von seiner Bereitschaft zur Gewährung hoher Rabatte und damit vom Goodwill der Agenturen ab. Spätestens dann ist der Gesetzgeber gefordert einzuschreiten. Wenn bisher die Machtkonzentration (Kartellrecht) toleriert wurde, wird spätestens jetzt bei der Erhaltung der Meinungsvielfalt der Bogen überspannt. Dabei wurde der Vorwurf der Verwirklichung der Agentureigeninteressen und Incomemaximierung zulasten des Kunden noch gar nicht thematisiert. Strategie und Wirkung werden dann zur Nebensache. Das Einzige, was zählt, sind die exorbitanten Profitmargen der Mediaagenturen, die sie von ihren Holdings vorgegeben bekommen. Nur dadurch können die Shareholder befriedigt werden. Den werbungtreibenden Kunden werden Vergütungen vorenthalten und den Vermarktern werden die Grenzen aufgezeigt. Bei diesem Spiel kann es nicht nur Gewinner geben – einer oder gar mehrere der Teilnehmer werden dabei nicht auf der Siegerstraße, sondern im Abseits stehen.

3.3 Disruption und die Folgen für Medien und Agenturen

Die Branche hat nur eine Chance, um die Disruption zu überleben: „Demut und Dienstleistungsorientierung."[15] Das Geschäftsmodell der Mediaagenturen hat sich längst selbst überholt und wird zum Auslaufmodell. Diese These wird dann noch interessanter, wenn man Thomas Strerath dazu hört: „Werbung wird zukünftig programmatisch gebucht und Planer und Berater werden durch Algorithmen ersetzt."[16] Diese Aussage müsste doch jeden Agenturvertreter aufhorchen lassen. Bei Search und Social Media ist dieses Procedere bereits aktiv umgesetzt, Display wird folgen. Auch wenn Deutschland im internationalen Vergleich noch rückständig ist, wird sich die „Programmatisierung" auch hierzulande zügig weiter ausbauen. Es wird sich zeigen, ob über den programmatischen Ansatz die Zielgruppensegmente zielgenauer angesteuert werden können – dies hätte Effizienzvorteile –, die Gefahr bestünde allerdings darin, dass die Qualität und Inhalte darunter leiden könnten. Wenn sich dieses Geschäftsmodell durchsetzt, wird das bisherige Preisgefüge gehörig durchgeschüttelt und möglicherweise dann durch Auktionen ersetzt. Wozu braucht man dann noch den traditionellen Einkäufer von Medialeistungen? Gleiches gilt dann auch für die Einkaufsgesellschaften, die sich bisher über die Bündelung von Etatvolumen definierten und glänzende Zeiten erlebten. Auch sie wären in diesem Fall vom Aussterben bedroht.

---

[15]Matthias Schrader in einem Gastkommentar: „Worum es in der Media-Debatte wirklich geht", in w&v 16.03.2015.
[16]Thomas Strerath: „Worum es in der Media-Debatte wirklich geht", in w&v 16.03.2015.

Düstere Zeiten für Mediaagenturen und ihre Einkäufer? Oder nimmt das Schicksal seinen Lauf und die Algorithmen-Euphorie erweist sich als Luftblase? Wenn die Mediaagenturen sich nicht umstellen und vehement an ihrem Geschäftsgebaren festhalten, kann dies ein übles Ende für sie nehmen. Die hohen Renditen, die sie lange Zeit erwirtschaftet haben, gehören dann der Vergangenheit an. Auch wenn teils von den Agenturen der programmatische Einkauf müde belächelt wird und sich nur auf den digitalen Markt bezieht, wird sich dieser bei erfolgreichem Nachweis auch auf die anderen Gattungen ausdehnen.

Chancen durch neue Technologien?
Fragmentation, Diversifizierung und rückläufige Nutzerschaften pro Medium/Kanal kennzeichnen die aktuelle digitale Medienlandschaft und den Werbemarkt. Es wird immer schwieriger, die Nutzer und Konsumenten zu erreichen. Das, was heute für Marketeers zählt, sind: Zahlen, Fakten und Daten über ihre Konsumenten, deren Stellung im Lebenszyklus, deren Nutzungsverhalten, die Affinität zu bestimmten Produkten und letztlich ihr Kaufverhalten. Dieses umfangreiche Spektrum an Fragestellungen lässt sich mit herkömmlichen Methoden nur bedingt erfassen, messen und auswerten. Allein daran wird schon deutlich, dass neue Technologien unterstützend eingesetzt werden müssen, um diese Datenberge zu erfassen, auszuwerten und kurzfristig umsetzen zu können. Bei jedem Kundenkontakt werden Daten erfasst, die dann in der Customer Journey valide und transparent abgebildet werden können. Wer aus diesem Datenpool schöpfen kann, hat eindeutig Vorteile gegenüber jenen, die sich bisher damit noch nicht beschäftigt haben. Sind die Erkenntnisse richtig analysiert, ermöglichen sie die Buchung von Kampagnen auf Basis von Nutzerprofilen in Echtzeit. Zur Buchung, Auslieferung und letztlich auch zur Optimierung sind leistungsfähige Technologien erforderlich. Ohne sie ist eine Umsetzung als Real Time Bidding nicht möglich. Auch wenn sich dies alles noch relativ theoretisch anhört – in zahlreichen Märkten wird dies schon als erfolgreiches Performancemarketing eingesetzt.

Wie stellen sich die Mediaagenturen auf? Nehmen sie die Entwicklung ernst? Die Antwort lautet: Sie investieren in eigene Plattformen und Technologien in der Hoffnung, dass sie an diesen Trends partizipieren können. Ein verstärktes Nutzen von Daten fördert nicht nur die Rufe nach Transparenz, sondern verstärkt diese sogar. Wenn sich die Intention der Mediaagenturen darauf beschränkt, mittels der Datenmassen neue, innovative Mediaprodukte zu entwickeln, um auf diesem Weg zukünftig an den alten Rabatt- und Renditeforderungen festhalten zu können, wird ihnen dies sicherlich nicht gelingen, es könnte sogar ihr Todesurteil sein. Denn es werden weitere Teilnehmer in den Markt kommen, die sich neue Erlösquellen erhoffen. Diejenigen, die in Goldgräberstimmung in den Markt dringen ohne Markenverständnis und Kenntnisse von Konsumenten-Insights sowie ohne mediale Erfahrung und Kompetenz, werden sich allerdings auch extrem schwertun. Auch hier wird sich dann schnell die Spreu vom Weizen trennen.

Agenturvergütung auf dünnem Seil

4

Quelle: www.istockphoto.com/CharlieAJA

4.1 Agenturvergütung – Alles, was Sie wissen müssen

Ähnlich vielfältig wie das Leistungsspektrum einer Agentur sind auch deren Geschäftsmodelle. Die ursprünglich praktizierten AE-Modelle, bei denen die Leistungen der Werbeagenturen über die AE-Provisionen (=Agenturprovisionen) erfolgten, gehören der Vergangenheit an. Struktureller Wandel und Veränderungen haben nicht nur zur Trennung von Fullserviceagenturen und Mediaagenturen geführt, sondern auch die Funktionen, Aufgabenbereiche und vor allem die Anforderungsprofile maßgeblich verändert. Wer immer noch denkt, dass Medialeistungen sich auf Planung, Beratung und Einkauf fokussieren, übersieht dabei, dass sich die Komplexität der zu bewältigenden Aufgaben stark erhöht hat. Die jüngsten Entwicklungen wie schwierigere Zielgruppenerreichung, steigendes mediales Angebotsportfolio (Diversifikation), Marktfragmentation, verstärkter

Wettbewerb, Preiserosion und sinkende Reichweiten, More of the same, Digitalisierung oder disruptive Formen führen zu einem erheblichen Mehraufwand in der Planung, auch dann, wenn große Teile der Medialeistungen mittels technischer Hard- und Softwareunterstützung erfolgen können.

Die Zeit der Mediaplanerstellung mittels Rechenschiebern ist längst vorbei – der einstige Mediaplaner ausgestattet mit einer Glaskugel für die Prognosen mutiert zum spezialisierten Mediastrategen. Neue, innovative Honorierungsformen und/oder Finanzierungsmodelle seitens der Agenturen sind die Folge dieser Entwicklungen. Einerseits stellt eine faire Agenturhonorierung die Basis für ein erfolgreiches gemeinsames Agieren dar – andererseits darf dabei nicht vergessen werden, dass der Gestaltungsfreiheit solcher Honorierungsmodelle auch Grenzen gesetzt sein müssen.

4.1.1 Die AE-Vergütung als Auslaufmodell

Für die Vermittlung von Werbeaufträgen (Anzeigen, Funk- und TV-Spots, Plakate etc.) erhält die Agentur von den Medien eine sogenannte AE-Provision. AE steht als Abkürzung für Annoncen Expedition – synonym wird sie auch häufig als Agenturprovision bzw. reine Mittlerprovision bezeichnet. Sie wird seit Jahrzenten für die Vermittlung von Anzeigen als Provision gewährt und beinhaltet die Zahlung einer auf das Einschaltvolumen (Insertions- oder auch Streukosten) bezogenen Provision in Höhe von 15 %, die auf Basis des Kunden-Netto-Volumens (KN) gewährt wird. Das sog. Kunden-Netto-Volumen wird wiederum berechnet durch den Abzug der Rabatte von den Bruttokosten.

Ursprünglich wurde die AE der Agentur für die Schaltung von Werbeaufträgen gezahlt – in der Praxis wird diese jedoch entweder im vollen Umfang oder als verkürzte Mittlerprovision von der Agentur an den Kunden weitergereicht. Eine verkürzte Mittlerprovision bedeutet, dass der vertragliche Provisionssatz, den die Agentur für ihre Tätigkeit für den Kunden erhält, von den 15 % AE abgezogen wird. Der Werbungtreibende erhält dann die Differenz aus der AE und dem vertraglich vereinbarten Provisionssatz der Agentur.

4.1.2 Die Sliding Scale Commission als Provisionsmodell

Je nach Leistungsumfang variiert auch der prozentuale Anteil, den die Agentur für ihre Tätigkeiten (Beratung, Planung, Einkauf etc.) erhält. Da der Aufwand und die Leistungen der Agentur nicht proportional mit dem Mediavolumen steigen, wird die Agenturhonorierung häufig mittels einer Sliding Scale Commission verrechnet. Dabei werden dann beispielsweise Staffelungen der Agenturhonorierung nach den tatsächlich geschalteten Mediavolumen vorgenommen. Diese Form der Provisionsberechnung ist meist degressiv und somit an die Höhe der Mediabudgets gekoppelt. Mit steigendem Mediavolumen nimmt die Provision ab und umgekehrt. Hierzu werden häufig Stufenmodelle eingesetzt, um durch diese Staffelungen für alle Beteiligten einen fairen, am Arbeitsaufwand orientierten Abrechnungsmodus zu garantieren. Je nach Ausgestaltung dieser vertraglich geregelten Honorierung gibt es auch hier unterschiedliche Modellvarianten. Bei Überschreiten einer Staffelgröße kann dann der verminderte Honorarsatz entweder auf das gesamte Etatvolumen oder auch nur für den Teil, der die nächsthöhere Staffelung überschreitet, herangezogen werden.

Das Sliding-Scale-Modell sollte so konzipiert sein, dass es nicht zwangsläufig einen der beiden Vertragspartner bevorteilt. Wenn dagegen eine Mindestprovision für die Agentur vereinbart wurde, garantiert dies der Agentur eine Planungssicherheit, die dann auch bei gravierenden Mediaetatkürzungen immer noch eine Honorierung für die im Vorfeld von der Agentur getätigten Leistungen vorsieht. Alle zusätzlich erbrachten Leistungen der Agentur (wie beispielsweise kundenspezifische Forschungsaufgaben) können je nach vertraglicher Ausgestaltung dann individuell vereinbart und abgerechnet werden. Eine einfache Handhabung, ein klares, faires, aufwandsbezogenes und nachvollziehbares Vergütungssystem stellen die Voraussetzung für eine partnerschaftliche, längerfristige Kunden-Agentur-Beziehung im Sinne der Transparenz dar. Wenn dagegen die Honorierung rein auf Basis von Provisionssätzen erfolgt, die an das Mediavolumen gebunden sind, besteht die latente Gefahr, dass bei einer Abhängigkeit vom Mediavolumen große Etats tendenziell überbezahlt und kleine Etats hingegen eher unterbezahlt werden. Gleichzeitig wird die Agentur stets bestrebt sein, den Mediaetat voll auszuschöpfen, auch wenn zur Erreichung der Kampagnenziele ein weitaus geringeres Schaltvolumen ausreichen würde. Alle darüber hinaus investierten Werbegelder führen dann zu Ineffizienz und werden damit zum Nachteil für das werbungtreibende Unternehmen.

4.1.3 Der Retainer als Pauschalhonorar

Beim Pauschalhonorar mit oder ohne möglichen Bonusanteil, der sich an den verhandelten Einkaufskonditionen orientieren kann, bezahlt der Kunde ein monatliches Fixum. Bei gravierenden Budgetschwankungen durch Anpassungen nach oben wie auch bei Reduzierungen wird in der Praxis häufig nachverhandelt – diese Form ist eine faire Honorierung für beide Seiten – vorausgesetzt, dass die im Scope of Work beschriebenen Leistungen auch tatsächlich erbracht werden. Ein monatlicher Retainer[1] kann bspw. auch auf Basis tatsächlich in der Vergangenheit angefallener oder aktuell geschätzter Personalkosten plus einem Gewinnanteil kalkuliert sein. Man spricht dann bei diesen aufwandsbezogenen

---

[1]Der Retainer stellt eine klassische Pauschale für eine erbrachte Dienstleistung dar, die häufig auf Basis einer unbefristeten Zusammenarbeit entrichtet wird. Zur Berechnung des Retainers werden die von der Agentur zu erbringenden Leistungen als Zeitaufwand geschätzt und erfasst. Ex post wird überprüft, ob durch den Retainer (als monatliche Pauschale) die vereinbarten Leistungen erbracht und die vordefinierten Ziele realisiert wurden. Bei größeren Diskrepanzen muss eine Anpassung des Retainers erfolgen.

Abrechnungsmodellen von einem FTE-Modell (Full Time Equivalent)[2]. Zur Nachhaltigkeit und zum Nachweis führt die Agentur eine Stundenaufstellung nach Tätigkeitsbereichen und handelnden Mitarbeitern, damit im Zweifelsfall eine Anpassung erfolgen kann.

Vergütungsformen für Serviceleistungen der Agenturen
Nicht selten erhalten die Agenturen auch von den Medien und ihren Vermarktern Vergütungen für beauftragte Studien oder erbrachte Serviceleistungen – dies können Marktrecherchen, strategische Beratungsleistungen zu Vermarktungsstrategien oder auch aufbereitete Wettbewerbsanalysen sein. Die Möglichkeiten scheinen unbegrenzt – die Sinnhaftigkeit sowie die Glaubwürdigkeit seien mal zumindest infrage gestellt. Das Einzige, was zählt, ist eine effektive Honorierung dieser „Pseudoleistungen". Extravergütungen egal wofür sind jederzeit willkommen. Sie helfen dabei, das Agenturincome zusätzlich zu verbessern und damit die hohen Renditeforderungen noch besser erfüllen zu können. Ob diese Tätigkeiten – sofern überhaupt jemals erbracht – eine Relevanz für den Auftraggeber haben, steht häufig gar nicht zur Diskussion.

4.1.4 Bündelungsrabatte für Einkaufholdings

Vor allem dann, wenn mehrere Agenturen sich zu einer Agenturgruppe zusammengeschlossen haben und über eine Holding zentral einkaufen, ist die Transparenz hinsichtlich der generierten Rabattierungen und sonstigen Vorteile für die einzelne Agentur nicht mehr erkennbar. Wenn dann auch noch entsprechende AVBs (Agency Volume Bonifications) in Form von Kick-backs für die Bündelung von Agenturetats erstattet werden, wird es noch komplexer und intransparenter, beispielsweise im schwarzen Loch des schon erwähnten Einkaufspools. Auf Rückfrage seitens des Kunden, ob möglicherweise AVB-Zahlungen erfolgt sind, kann die Agentur häufig nichts aussagen, da sie selbst nicht immer weiß, ob es zu solchen Zahlungen und wenn ja in welcher Höhe gekommen ist. Solange die werbungtreibenden Kunden diese Vergütungsform nicht explizit in ihren Verträgen verankert haben, bleiben ihnen meist die Zugriffsmöglichkeiten auf die Bündelungsrabatte verwehrt.

4.1.5 Kapitalisierung von Freespacevolumen

Eine weitere Möglichkeit zur Generierung von zusätzlichem Einkommen ist der Verkauf von Freivolumina an Kunden. Unabhängig von der Frage, wem diese Volumina

---

[2]Im Mediabereich werden viele Kennzahlen durch Anglizismen ersetzt, wie in diesem Modell ebenfalls – gängige Vergleichsgrößen wären bspw. Vollzeitäquivalent (VZA). Dieser identische Terminus ist als standardisierte Vergleichsgröße aus anderen Branchen bekannt.

eigentlich gehören, kann die Agentur brachliegende Volumina in bestehende Mediapläne integrieren und damit an (andere) Kunden verkaufen. Das Ergebnis sind suboptimale Mediapläne, die mit Inventar bestückt sind, das im Normalplanungsfall niemals berücksichtigt und geschaltet worden wäre. Selbst ein niedriger Preis würde den Einsatz nicht rechtfertigen. Im Gegensatz zum Trading sind diese meist minderwertigen und für Vermarkter schwer zu verkaufenden Inventarvolumina bereits fest in Agenturhand und zu deren freier Verfügung. Sie stammen entweder aus Zuteilungen als Kompensationsausgleich für Leistungsdefizite oder waren als Goody für die Agenturen gedacht.

4.1.6 Trading als lukratives Erlösmodell

Tradingmodellvarianten haben das Mediabusiness längst erobert. Entscheidend ist dabei, dass die Agenturen sich nicht treuhänderisch betätigen, sondern sich als eigene Wirtschaftsstufe positionieren. Dies ist ganz entscheidend für das rechtliche Beziehungskonstrukt. Die Agenturen agieren dabei wie eine Art Zwischenhändler – sie kaufen von den Medien große Werbekontingente auf eigene Rechnung mit erheblichen Preisnachlässen. Danach offerieren sie ihren Kunden dieses Werbeinventar mit Preisaufschlägen, der Gesamtpreis liegt aber immer noch deutlich unter dem einer rabattierten Normalbuchung.

Zur Absicherung für den Kunden und die Agentur muss vertraglich klar definiert sein, dass die Agentur bei Tradingangeboten als eigene Wirtschaftsstufe handelt und diese Angebote grundsätzlich der schriftlichen Freigabe des Kunden bedürfen. Dadurch wird vermieden, dass die Agentur ohne Kenntnis des Kunden Tradingvolumen einsetzt und auch der Kunde ex post nicht darauf verweisen kann, von diesem Angebot nichts gewusst zu haben.

Hohe Rabattierungen machen die Kunden geschmeidiger und erleichtern so manche Mediaentscheidung. Je geschickter eine Agentur agiert, umso lukrativer können diese außertariflichen Konditionen und möglichen Sonderrabattierungen ausfallen. Agenturen setzen ihre Marktmacht in den Verhandlungen gnadenlos gegenüber den Medien ein. Denen bleibt häufig nichts anderes übrig, als den Offerten zuzustimmen, egal zu welchem Preis. Die Werbungtreibenden werden durch die hohen Rabattierungen beeindruckt und merken oft nicht, dass sie gegebenenfalls geschönten Mediaplänen zustimmen und der suggerierte Added Value eigentlich keiner ist.

Trading ist kein neues Wunderwerk, sondern eigentlich ein Modell, das bereits in den 90er Jahren in Frankreich für erheblichen Ärger sorgte. Zwei große Agenturen waren der Auslöser – sie kauften in großem Stil Mediainventar und veräußerten dieses mit Preisaufschlägen an die Kunden. Michel Sapin, damaliger Finanzminister, sorgte mit seinem Sapin-Gesetz bereits 1993 dafür, dass dieses Konstrukt zerschlagen wurde. Damit wurde die Vergütung von Mediaagenturen durch Medienhäuser verboten und den Agenturen somit eine wesentliche Einnahmequelle entzogen. Aktuell sieht es noch nicht danach aus, aber es bleibt abzuwarten, wann in Deutschland der Bogen überspannt wird und ein ähnlicher Eingriff erfolgen wird. Helmut Thoma hatte sich beispielsweise für eine gesetzliche Regelung in Deutschland ausgesprochen: „Wir haben Anfang der 1990er Jahre irritiert nach Frankreich geguckt und den Kopf geschüttelt. Heute sind wir in Deutschland in einigen Bereichen bei 90 bis 95 Prozent. Das ist doch Irrsinn."[3]

Wenn die Medien ihrer Hauptfunktion als Vermarkter beraubt werden, entsteht ein neues Rollenverständnis. Die Agenturen übernehmen diese Funktion als Makler des Inventars, vergessen dabei allerdings, dass ihre Kernkompetenz eigentlich im Bereich der professionellen, qualitativen Beratungsleistung liegen sollte. Ganz nebenbei stellt sich die Frage, ob eine qualifizierte, neutrale Planung, frei von Eigeninteressen und rein basierend auf den Zielen des Kundenbriefings von den Mediaagenturen überhaupt erfolgen kann.

Die Kunden müssen individuell für sich entscheiden, welche Leistung sie präferieren: Effizienz oder Beratungsqualität und Kampagneneffektivität. Wenn die Kosteneffizienz priorisiert wird, geht es unweigerlich zulasten der Planungsqualität und Optimierung der Effektivität. Welcher der beiden Ansätze verspricht den größten Mehrwert für den Kunden? Mit größter Wahrscheinlichkeit keiner von beiden, es wird immer noch ein Mix sein aus der Effizienz und der Effektivität einer Kampagne. Eines ist jedoch unumstritten: In Bezug auf die Entscheidung, Tradingvolumen einzusetzen, bedarf es der qualitativen Kenntnis des einzusetzenden Inventars und der daraus resultierenden Vor- und Nachteile. Nur dann kann ein Kunde entscheiden, ob Trading für ihn und sein Produkt einen signifikanten Mehrwert verspricht. Die Entscheidung liegt also einmal mehr bei den Werbekunden. Die Eigeninteressen der Agentur müssen nicht zwingend nachteilig für sie sein.

4.1.7 Bonifikationskopplung an leistungsorientierten Zielvorgaben

In diesem Fall wird eine zusätzliche (variable) Agenturvergütung gewährt, wenn vordefinierte Zielvereinbarungen von der Agentur erreicht werden. Nicht selten gibt es eine Staffelung der Vergütung je nach Zielerreichungsgrad innerhalb eines möglichen Zielkorridors.

4.1.7.1 Zielerreichung eines garantierten Pay-Faktors

Agenturen versprechen – und das nicht immer nur in Pitchsituationen – ihren Kunden einen garantierten Pay-Faktor (PF), den sie im Rahmen der Kampagnenumsetzung erzielen wollen. Dieser ist allerdings in der Regel an bestimmte Bedingungen und Voraussetzungen geknüpft, ohne deren Einhaltung das Leistungsversprechen obsolet wird. Dazu zählt u. a. die Einhaltung des freigegebenen Mediabudgets. Für den Fall gravierender

---

[3]Helmut Thoma: „Wir brauchen ein Gabriel-Gesetz.", in Horizont 27.11.2015.

4.1 Agenturvergütung – Alles, was Sie wissen müssen

Budgetänderungen muss auch die Anpassung des PF erfolgen. Häufig wird dazu eine Staffelung festgelegt, aus der die Anpassungsstufen ersichtlich sind. Agenturen fordern nicht selten ein exklusives, alleiniges Recht, die Medienverhandlungen mit den Medien/Vermarktern durchzuführen. Weitere Parameter, die berücksichtigt werden, können sein: Entwicklung der TKP-Inflation, Einsatz von Sonderwerbeformen und Trading bis zu einem vordefinierten Anteil in Höhe von x % des Gesamtvolumens, Verteilung (Shares) des Mediabudgets auf die einzelnen Werbeträger. Je nach Agenturangebot können diese Bedingungen noch erweitert werden.

Die Berechnung des PFs (vgl. Abb. 4.1) basiert auf dem Nettoinvestitionsbudget (MN3) im Verhältnis zum Bruttogesamtvolumen (MB3). In Letzterem sind alle gewährten Naturalrabattierungen inkludiert. Dies ist insofern wichtig, weil dadurch der Pay-Faktor Kampagnen begleitend durch den Einsatz von Freekontingenten gesteuert werden kann.

Die Realisierung eines garantierten Pay-Faktors in Höhe von 54,7 % bedeutet, dass der Kunde insgesamt oder, sofern er auf einem einzigen Werbeträger basiert, für seinen Werbeeinsatz 54,7 % bezahlt hat. Im Umkehrschluss bedeutet dies, dass die Residualgröße in Höhe von 45,3 % die erzielte Gesamtrabattierung darstellt.

Die betreuende Agentur wird alles daransetzen, dass dieser garantierte Pay-Faktor tatsächlich erreicht wird. Nur dann erhält sie ein vordefiniertes leistungsbezogenes Erfolgshonorar – das entweder als Fixum oder prozentuale Größe bezogen auf das Mediabudget gezahlt werden kann. Grundsätzlich ist dies keine schlechte Idee, wenn eine Agentur sich zu einer Leistungsabsicherung bekennt. Dennoch sollte mit Argusaugen geprüft werden, ob die darin enthaltenen Medienshares bzw. Medienselektionen auch aus strategischer Planungssicht empfohlen wurden. Wenn dem nicht so ist, muss überprüft werden, ob die Kampagne nicht nur aus rein quantitativer Perspektive durch die Verrechnung der Leistungswerte und der Kosten erfolgreich zu sein scheint, sondern auch deren Qualität. Nur dann ist auch eine angestrebte Kampagnenwirkung erzielt worden.

Nehmen wir als Beispiel eine Kampagne im TV – zunächst vollkommen losgelöst von dem eingesetzten Senderspektrum. Wir unterstellen, dass die selektierten TV-Sender und deren Shares alle zielorientiert geplant wurden. Im Laufe der Kampagne stellt die Agentur fest, dass sie unvorhergesehen immer weiter von dem garantierten Pay-Faktor abdriftet. Die Alarmglocken klingen, weil der potenzielle leistungsbezogene Bonus gefährdet scheint. Was ist also zu tun?

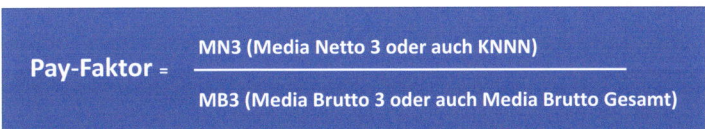

Abb. 4.1 Formel zur Berechnung des Mindest Pay-Faktors. (Quelle: eigene Darstellung)

Die Agentur wird alles Erdenkliche tun, um den Pay-Faktor wieder auf Kurs zu bringen. Per se aus Kundensicht in seinem Interesse. Wenn dann jedoch verstärkt minderwertige Freespotkontingente aus Resteinventar eingesetzt werden, um die Leistung (Reichweite) bei Null-Kosten zu pushen, wird zwar der Pay-Faktor gesenkt – die Kampagnenqualität und Wirkung jedoch beeinträchtigt.

Der Werbekunde, der dann meint, dass er immer noch einen Mehrwert generiert, da er für diese Ausgleichsschaltungen nichts bezahlt, denkt zu eindimensional. Er hat nicht berücksichtigt, dass er am Ende der Kampagne unter der Voraussetzung des realisierten Pay-Faktors erneut und zusätzlich zur Kasse gebeten wird. Letztendlich bezahlt er indirekt die im Vorfeld minderwertigen Schaltungen, die normalerweise planerisch nicht berücksichtigt würden. Daher sollten sich alle Werbungtreibenden diese Form von apostrophierter Absicherung durch einen Pay-Faktor genauer anschauen – sonst heißt es wieder einmal „The Winner is the Agency".

4.1.7.2 Vergütungsmodell auf Basis einer Agenturbewertung durch den Kunden

Es gibt allerdings auch verschiedene Varianten einer Art Bonusvergütung. Dazu zählen beispielsweise variable Vergütungsmodelle als Motivationsfaktor mit einer erfolgshonorarabhängigen Komponente. Diese sind dann an direkte im Vorfeld kundendefinierte und vor allem messbare Erfolgskomponenten geknüpft. Man spricht dabei auch von einer sogenannten Agenturbewertung auf Basis einer Fragenbatterie, die am Ende eines Geschäftsjahres von den Mediaansprechpartnern auf Kundenseite zu beantworten und zu bewerten ist. Je besser diese ausfällt – umso höher wird die Bonuszahlung an die Agentur ausfallen.

Diese Vergütungsform ist als zusätzliche Anreizkomponente konzipiert. Überdurchschnittliches Engagement und eine ausgeprägte Servicebereitschaft können auf diesem Wege zusätzlich belohnt werden. Es sollte dabei nicht vergessen werden, dass es sich bei der Beurteilung stets um subjektive Bewertungen handelt. Im Gegensatz zu objektiv nachprüfbaren quantitativen Kriterien spielt in diesem Fall die persönliche, individuelle Urteilskraft eine entscheidende Rolle. Bewerten Sie daher möglichst neutral, objektiv, fair und vor allem frei von Eigeninteressen. Die Berechnung der Höhe basiert im Normalfall auf einer Liste mit Kriterien zur Kundenzufriedenheit. Die Zufriedenheitsbewertung kann im Rahmen eines normalen Schulnotensystems erfolgen oder individuelle Bewertungsmaßstäbe zugrunde legen. Erreicht die Agentur mit dieser Bewertung ein vordefiniertes, gestaffeltes Niveau der Notenskalierung, so kann sie je nach Zielerreichung einen zusätzlichen prozentualen Bonus erhalten. Dies ist ein zusätzlicher Ansporn – allerdings sollte dann bei der Analyse auch realistisch bewertet werden, ansonsten macht dieses Modell wenig Sinn. Ein Beispiel für eine Agenturbewertung finden Sie in Abb. 4.2.

4.1 Agenturvergütung – Alles, was Sie wissen müssen

Bewertungsskala	1	2	3	4	5
1. Bewertung der Arbeitsweise, Zusammenarbeit und Teambetreuung					
• Zuverlässliche, schnelle Abwicklung im Tagesgeschäft					
• Hohes Engagement und Kompetenz der Teammitglieder					
• Klar strukturierte Prozesse und Ansprechpartner					
• Proaktives Handeln der Agentur					
• Transparente Zahlungsmodalitäten und Abrechnungen					
• Offene und vertrauensvolle Zusammenarbeit					
• Management steht im Business zur Verfügung					
• Partnerschaftliche Zusammenarbeit					
2. Bewertung von Services					
• Strategie und Planungskompetenz					
• Innovative Ideen, Vorschläge und Konzepte					
• Umfassende Markt-, Medienkenntnisse					
• Anitzipation von Trends und Entwicklungen					
• Angebot von Workshops und Seminaren					
• Kompetenz bei Medienverhandlungen					
• Researchexpertise					
• Kontinuierliche Aufbereitung aussagefähiger Reportings					
3. Leistungsnachweis (Performance)					
• Soll-Ist-Vergleich / Realisierung von Zielvorgaben					
• Wettbewerbsanalysen					
• KPI Darstellung und kritische Reflexion					
• Recommendations (für Optimierung und strategische Ausrichtung)					
• Einhaltung der vertraglich garantierten Parameter (bspw. Pay- Faktor)					
4. sonstige individuelle, kundenspezifische Anforderungen					

Abb. 4.2 Beispiel für eine Agenturbewertungsmatrix. (Quelle: eigene Darstellung)

4.1.8 Partizipation am Einkaufserfolg auf Basis des geldwerten Vorteils

Bei der Darstellung einer Einkaufsanalyse, die auch als Buying Efficency bezeichnet werden kann, werden alle realisierten Schaltungen (Spots) mit einem definierten TKP-Durchschnitt verglichen. TKP steht für Tausend-Kontakt-Preis, der eine wichtige Kennzahl im Rahmen der Mediaplanung ist, die angibt, welches Mediabudget in welcher Höhe eingesetzt werden muss, um tausend Personen der Zielgruppe zu erreichen.

Genauer gesagt werden Effizienzindizes berechnet. Liegt dieser über 100, so war die Schaltung (Werbespot) vom TKP schlechter als der Durchschnittswert (Malus) – im umgekehrten Fall bei einem Index unter 100 wäre die Schaltung effizienter (Bonus) gewesen.

In unserem Beispiel wurde bei Spot 1 ein TKP von 21,86 EUR in der Zielgruppe erreicht – der Vergleichsdurchschnitt in der Zeitzone lag bei 26,37 EUR. Aus dem Verhältnis beider ergibt sich der Effizienzindex in Höhe von 82,9 (vgl. Abb. 4.3).

Durch eine Einzelbetrachtung kann jeder einzelne Spot bewertet werden – durch eine Kumulation der Boni und Mali[4] wird dann der geldwerte Vorteil ausgewiesen.

In unserem Beispiel haben wir uns aus Vereinfachungsgründen auf insgesamt sieben Spots in den Sendern Y, X und B beschränkt. Während Spot 1 im Sender Y mit einem Index von 82,9 besser als der Vergleichsschnitt eingekauft wurde (Bonus 5620,93 EUR), lag Spot 2 mit einem Effizienzindex von 116,2 deutlich über dem vergleichbaren Durchschnittswert. Daraus ergibt sich ein Malus in Höhe von − 5130,46 EUR. Erst die Kumulation dieser beiden Werte zeigt, dass in Sender Y besser als der Vergleichsdurchschnitt von der Agentur eingekauft wurde – der geldwerte Vorteil resultierend aus diesen beiden Schaltungen beträgt dann 767,45 EUR. Der gesamte geldwerte Vorteil für die Kampagne mit sieben Spots in unserem Beispiel beträgt 3331 EUR (vgl. Abb. 4.4).

TKP Spot 1 in Euro	21,86
TKP-Schnitt Zeitzone X in Euro	26,37
Effizienzindex	82,9

Abb. 4.3 TKP-Vergleich und Effizienzindex. (Quelle: eigene Darstellung)

Spot	Sender	KW	Effizienzindex	Bruttopreis in Euro	geldwerter Vorteil in Euro
1	Sender Y	6	82,9	27.250	5.620,93
2	Sender Y	6	116,2	36.800	-5.130,46
3	Sender Y	7	97,4	28.750	767,45
	Sender Y Total			92.800	1.257,92
4	Sender X	7	91,2	29.850	2.880,26
	Sender X Total			29.850	2.880,26
5	Sender B	6	115,5	36.350	-4.878,14
6	Sender B	7	100,0	29.850	0,00
7	Sender B	7	75,8	12.750	4.070,58
	Sender B Total			78.950	-808
Gesamt				201.600	3.331

Abb. 4.4 Berechnung des geldwerten Vorteils. (Quelle: eigene Darstellung)

---

[4]Dies kann auf übergeordneten Größen (bspw. Zeitzonen, Sender oder Gesamtwert) berechnet werden. Das Ergebnis ist dann ein möglicher geldwerter Vorteil, sofern das Ergebnis positiv ausfällt.

4.1 Agenturvergütung – Alles, was Sie wissen müssen

Berechnungsweg in Einzelschritten für Spot 1:
In Sender Y wurde in der KW 6 für den Spot 1 in der Zielgruppe ein Effizienzindex in Höhe von 82,9 berechnet – im Analogieschluss bedeutet dies, dass um 17,1 % besser als der Vergleichsdurchschnitt eingekauft wurde. Im nächsten Schritt muss die Kapitalisierung berechnet werden.

Die Kosten des Spots betrugen 27.250 EUR. Bei einem Index von 100 hätten wir weder einen Bonus noch Malus erreicht. Da mit einem Index von 82,9 besser eingekauft wurde, entspricht die realisierte effektive Summe somit 5620,93 EUR.

Die dazu angewandte Formel lautet:

Bruttopreis je Spot/(Effizienzindex/100) = Kapitalisierung
27.250 EUR/(82,9/100) = 32.870,93 EUR

Der eigentliche Mehrwert – konkret der geldwerte Vorteil berechnet sich dann aus der Differenz des kapitalisierten Betrags und der Kosten für die Schaltung von Spot 1:

32.870,93 EUR − 27.250 EUR = +5620,93 EUR.

Erst die Kumulation der Boni und Mali aller sieben Einzelschaltungsvergleiche ergibt dann den geldwerten Vorteil aus der Kampagne (hier sieben Schaltungen) in Höhe von 3331 EUR.

Kritische Anmerkungen zum Ausweis und zur Interpretation des geldwerten Vorteils als Effizienzindikator in TV-Buchungen

Der geldwerte Vorteil ist nichts anderes als ein fiktiver Wert, der im Rahmen einer quantitativen Analyse die Einkaufsleistung der Agentur dokumentiert – über die Qualität und Wirkung sagt dieser Wert jedoch keineswegs etwas aus! Beispiel TV: Je größer die TKP-Schwankungen innerhalb eines Senders, in den Zeitzonen oder gar innerhalb der Tarifgruppen, umso größer ist dann auch die Chance, durch eine Optimierung mehr geldwerten Vorteil zu generieren.

Allerdings ist es ohne weiteres möglich, durch eine gezielte Optimierung immer noch einen geldwerten Vorteil darzustellen – trotz einer schlechten Planung. Nehmen wir folgendes Beispiel zur Dokumentation:

Die Basis für die Berechnung ist ein Zeitzonendurchschnitt, der als Benchmark für die Indexierung herangezogen wird. Hat nun der Mediaplaner schlichtweg bspw. die schlechtesten Zeitzonen selektiert und dem Einkauf vorgegeben, ist per se ein ineffizientes Kampagnenergebnis vorprogrammiert. Jetzt kommt allerdings der Einkäufer ins Spiel, der innerhalb dieser Zeitzonen optimiert. Im Gegensatz zu seinem Planerkollegen macht er einen guten Job und optimiert innerhalb der Tarifgruppen. Dadurch bucht er die „besseren der schlechten Werbeblöcke" und schafft es, einen positiven Einkaufserfolg zu realisieren.

Das Ergebnis für die Agenturen: schlecht geplant und innerhalb der schlechten Planung optimiert, einen Pseudoerfolg als geldwerten Vorteil ausgewiesen und dabei noch zusätzlich verdient. Der Analogieschluss zur Diskussion um Management-Boni in der Wirtschaft liegt nahe – statt blamieren sogar kassieren. So könnte das Fazit lauten. Kein schlechtes Geschäftsmodell, wie man meinen könnte. Vor allem, wenn niemand diese Berechnungsweise überprüft und blindlings darauf vertraut, dass ein geldwerter Vorteil tatsächlich realisiert wurde und einen Mehrwert für das Unternehmen darstellt.

Die Agentur wird immer bestrebt sein, ein positives Ergebnis in der Einkaufsanalyse darzustellen. Daher sollte man immer darauf achten, welche Bezugsgröße (Benchmark) als Durchschnitt verwendet wurde. Je nach zugrunde gelegtem Durchschnittswert können die Einkaufsergebnisse von der Höhe her extrem unterschiedlich ausfallen.

Im Mediabusiness sind die ausgewiesenen Beträge je nach Budget und Kampagne häufig im sechs- bis siebenstelligen Bereich – eine nicht zu vernachlässigende Größenordnung, die dann im Rahmen einer Erfolgsbeteiligung der Agentur als Basis fungiert (sofern vertraglich fixiert). Grundsätzlich stellen wir eine Erfolgsbeteiligung nicht infrage – möchten allerdings Folgendes zu bedenken geben:

Die Agenturen weisen gern höhere Beträge aus, um dann im Rahmen einer Erfolgsbeteiligung daran verstärkt zu partizipieren. Dies kann bspw. auch durch die Integration von Freispots erfolgen – die die Performance erhöht, ohne dass die Kosten steigen. Der Index verbessert sich und damit auch der ausgewiesene geldwerte Vorteil – wo bleibt da der tatsächliche Mehrwert?

Wenn vertraglich eine Erfolgsbeteiligung am geldwerten Vorteil vereinbart wurde, sollte ein realistischer Betrag (prozentual oder als Fixum) auf KNN-Basis basieren. Man sollte auch darüber nachdenken, ob man diese monetäre Größe nicht nach oben deckelt.

Bedenken Sie immer: Man kann auch mit schlechten Platzierungen einen hohen geldwerten Vorteil ausweisen. Also Vorsicht bei einer solchen Zahlung für einen ausgewiesenen geldwerten Vorteil, der häufig gar keiner ist.

Die eigentliche Kernfrage, über die es für Werbungtreibende nachzudenken gilt, ist: Ist es die zentrale Aufgabe der Agentur, mit einem vorgegebenen Mediabudget die Zielvorgaben so effizient und effektiv wie möglich zu realisieren? Das sollte automatisch bedeuten, dass von der Agentur an allen Stellen stets optimiert und ein Mehrwert (auch als geldwerter Vorteil) generiert wird. Für diese Aufgaben wird die Agentur bereits durch das vertraglich festgelegte Honorar bezahlt. Warum denn dann noch eine Erfolgsprämie für etwas bezahlen, was sowieso selbstverständlich ist und daher eigentlich keine Zusatzleistung darstellt? Einmal abgesehen davon, dass dieser fiktive Wert auch rein gar nichts über die Qualität und Effektivität (Wirkung) der Kampagne aussagt!

Es gibt genügend Kunden, die stets für fast alles bezahlen, ohne zu hinterfragen, ob die ausgewiesenen Zahlen eine Honorierung wirklich rechtfertigen – wenn sie jedoch feststellen, dass sie eigentlich draufzahlen, ist es meistens schon zu spät. Es muss

4.2 Kritische Reflexion eines scheinbaren Fasses ohne Boden

nicht so weit kommen – seien Sie kritisch und hinterfragen Sie, was Ihrer Ansicht nach der Klärung bedarf. Denn: „Wer Kritik übel nimmt, hat etwas zu verbergen."[5]

Wenn man sich die Agenturmargenziele als Vorgabe der Headquarter vor Augen hält, so liegen diese häufig jenseits der 25 % bis 30 %. Diese lassen sich mit herkömmlichen Agenturvertragswerken nur bedingt realisieren. Wer sich aktuelle Agenturverträge anschaut, wird schnell feststellen, dass solche Vorgaben auf normalem Weg unerreichbar sind. Not macht erfinderisch – für spitzfindige, kreative und innovative Agenturbosse bieten sich noch attraktivere weitere Einkommensquellen zur Erreichung dieser Zielvorgaben. Was bleibt ihnen auch anderes übrig, als nach neuen Wegen zu suchen, die zumindest in die Richtung des vorgegebenen Ziels führen. Dann bewahrheitet sich wieder: „Nur wer sein Ziel kennt, findet den Weg."[6] Eigentlich ist das Procedere doch ganz einfach. Die Fragestellung seitens der Agenturvertreter lässt sich auf eine einzige komprimieren: „Frag nicht, was das Medium für deinen Mandanten tun kann, frag, was das Medium für Dich tun kann."[7]

Letztlich geht es einzig und alleine um die Frage: Was bekomme ich von dir, wenn ich bei dir (Medium) buche? Egal woher das Geld kommt. Wer dies negiert oder für abstrus hält, hat die Marktmechanismen noch nicht erkannt oder begriffen. Die Medien zahlen Rückvergütungen an die Agenturen, um weiter im Spiel und im Kampf um die Werbegelder zu bleiben. Ein nicht zu unterschätzendes Zusatzeinkommen für jede Agentur. Statt treuhänderisch jeden Euro des Kunden strategisch und bestmöglich in den Medien platziert einzusetzen, agieren die Agenturen als eigenständige Renditemaschinen, die ihre eigenen Interessen verfolgen. Das ist angesichts der exorbitanten Renditevorgaben auch nicht verwunderlich. Was allerdings nicht heißen muss, dass alle Mittel recht sein sollten, diese auch zu erfüllen. Selbst wenn immer mehr an der Legalisierung von Kickbacks und sonstigen Erlösmodellen gebastelt wird, stellt sich die Branche zunehmend ins Abseits. Intransparenz und Verunsicherung schädigen Vertrauen, und „wo dieses fehlt, spricht der Verdacht"[8]. Eigentlich schade – es hätte nicht so weit kommen müssen.

Allerdings gibt es in der Herde der schwarzen Schafe auch eine Menge weiße Schafe. Setzen wir auf diese – sie sind gar nicht versteckt oder schwer zu erkennen. Wir erinnern gerne nochmals daran, nicht blindlings alles zu akzeptieren oder sich von außergewöhnlich hohen Konditionen blenden zu lassen. Wenn Sie das tun, werden sie keines der weißen Schafe erkennen und somit auf die falschen setzen.

---

[5]Helmut Schmidt (ehemaliger Bundeskanzler) in einer Rede vor Studenten in Freiburg 1995, nach Spiegel Online.
[6]Laotse (chinesischer Philosoph), https://www.aphorismen.de/zitat/83569, letzter Zugriff: 14.11.2017.
[7]Judith Pfannenmüller: „Wie Mediaagenturen ihre Geschäfte machen", in w&v 20.07.2015.
[8]Laotse (chinesischer Philosoph), https://www.aphorismen.de/zitat/85370, letzter Zugriff 14.11.2017.

Solange der Einkauf die Planung determiniert und die Controller mit Argusaugen das Mediabusiness überwachen, wird sich an diesen Geschäftsgebaren wenig ändern. Einkaufsverhandlungen und deren Resultate werden auf die Goldwaage gelegt und auf Effizienz geprüft. Allzu häufig werden die Agenturhonorierungen als Gesamtsumme flüchtig übergangen – sich über Leistungsabsicherungen, Sondervergütungen und erzielte Freespot-Kontingente zu definieren, scheint weitaus prestigeträchtiger und erfolgversprechender – insbesondere zur internen Profilierung der eigenen Person.

4.3 Zwischenfazit und Recommendation

Die Zusammenarbeit zwischen Kunde und Agentur sollte fair, zielorientiert, offen und transparent sein. Dazu bedarf es entsprechender vertraglicher Fixierungen, die beispielsweise die Offenlegungspflichten[9] und Erfolgsbeteiligungen der Agentur regeln. Diese müssen klar, eindeutig, nachvollziehbar und verbindlich formuliert sein (wie es in einem Vertragswerk auch standardmäßig sein sollte) und keinen Raum für Interpretation lassen. Nur dann können sich bei Unstimmigkeiten oder im Streitfall die Parteien darauf berufen. Definieren Sie das Leistungsspektrum der Agentur, die gemeinsame Zusammenarbeit (Teamzuständigkeit) und die Besonderheiten für den Fall eines Leistungsbezugs über Dritte.

Bei unklaren Regelungen kann billig kann ganz schön teuer werden. Mediainventar, das nicht in einem Mediaplan gebucht wurde, wird auch nicht durch einen noch so attraktiven Preis passender. In Anlehnung an Henry Ford könnte man auch meinen, „die Hälfte des Geldes ist dann zum Fenster hinausgeworfen". Mancher rabattitisinfizierte Kunde musste feststellen, dass weder Rabatte seine Produkte verkaufen, noch ein überhöhter Werbedruck resultierend aus qualitativ minderwertigen Umfeldern seinen Return on Investment (ROI) positiv beeinflussen. Trading generell zu verdammen ist sicherlich falsch – sich jedoch damit intensiv auseinanderzusetzen extrem hilfreich. Sie werden dann auf Basis fundierter Kenntnisse entscheiden können, ob nur die Agentur profitiert oder Ihre Marke einen Mehrwert generieren kann. Dass Trading die Erlössituation Ihrer Agentur verbessert, steht außer Frage.

Wir haben Ihnen unterschiedliche Erlösmodelle vorgestellt. Diese basieren nicht nur auf Kundenhonoraren, sondern können auch Medienvergütungen und Erlöse aus Agenturvermarktungsformen beinhalten (vgl. Abb. 4.5).

---

[9]Häufig wird der Umfang der Offenlegungspflicht über § 259 BGB geregelt. Sie beinhaltet im medialen Bereich, dass die Agentur alle ihr gewährten Rabattierungen, Vergütungen und sonstigen Vorteile dem Kunden gegenüber offenlegt. Dazu zählen u. a. Agenturrabatte, Kick-backs, Boni, Natural- und Cashrabatte, Skonti, Spezialmittlervergütungen und sonstige Rückvergütungen jeglicher Art. Ebenfalls muss sich die Agentur vor dem Einsatz von Tradingvolumina die Freigabe des Kunden einholen.

4.4 Wem gehören die generierten Rabattvorteile?

Abb. 4.5 Alternative Erlösquellen einer Agentur. (Quelle: eigene Darstellung)

Diese Darstellung ließe sich sicherlich noch um die eine oder andere Nuance erweitern. Sie sollten sensibilisiert werden, was es an möglichen unterschiedlichen Honorierungsformen im Markt gibt und dass diese in vielfältigen Varianten für unterschiedliche Leistungen auch kombiniert eingesetzt werden. Für ihre Beurteilung ist es daher extrem wichtig, die einzelnen Bestandteile zu kennen, diese zu bewerten und auch vergleichen zu können.

Die Überprüfung der Einzelhonorierungen, resultierend aus den unterschiedlichen Geschäftsmodellen, dokumentiert dann das Gesamtagenturhonorar – bezogen auf das jeweilige Mediabudget ergeben sich dann ein Gesamtprozentwert und ein entsprechendes absolutes Gesamthonorar. Betrachten Sie stets die einzelnen Bestandteile, ob Pauschalbetrag, monatlicher Retainer, leistungsbezogene variable Vergütungen oder Honorierungen, ist eigentlich egal, die Summe ist entscheidend. Sie werden sich wundern, was sich da alles zum Gesamtbetrag[10] anhäuft. Erst dann können Sie unter gleichen Voraussetzungen, wie beispielsweise in einem Pitch basierend auf einem einheitlichen Agenturbriefing, die einzelnen Agenturangebote miteinander vergleichen. Sie werden sehen: Der Aufwand lohnt sich.

4.4 Wem gehören die generierten Rabattvorteile?

Wem gehören die erzielten Rabattvorteile? Es ist nunmehr an der Zeit, diese Frage zu stellen. Es ist unstrittig, dass nicht unerhebliche Rabattsummen gewährt werden. Müssen die Agenturen alles offenlegen, um eine hundertprozentige Transparenz zu gewährleisten?

---

[10]Dazu zählen die Basishonorare, alle variablen Honorierungsformen (leistungsbezogen, provisionsbezogen), bspw. Agenturbewertungen, alle gesonderten projektbezogenen Honorierungen.

Antworten zu dieser Fragestellung versuchen die Gerichte (OLG und BGH)[11] schon seit Längerem zu liefern – doch auch hier gibt es bis dato noch keine einheitliche Rechtsprechung. Wenn mit den Werbegeldern der Kunden agentureigene Interessen verfolgt werden, die den Kunden schaden, grenzt dieses Verhalten dann an Betrug? Wenn dem so ist, können die Kunden die Agenturen bei den Gerichten auf Schadensersatz verklagen? Ist also in dieser Situation ein gesetzgeberischer Eingriff zwingend erforderlich – analog zu Frankreich und Ungarn? Lässt die von den Agenturen ausgeübte Treuhänderpflicht ein solches Verhalten überhaupt zu? Eine Vielzahl an offenen Fragen, die einer Klärung bedürfen. Alle warten gespannt auf die Entscheidung des OLG München – auch wenn dieses wiederholt darauf verweist, dass es sich in diesem konkreten Fall um eine Einzelentscheidung handeln wird und nicht um eine Grundsatzentscheidung. Wie auch immer – das Urteil wird wegweisend sein.

Solange eine eindeutige Rechtssprechung nicht erfolgt ist, bleibt letztlich die Frage unbeantwortet, wem die sogenannten Kick-backs, also Freespots, Rabatte und sonstigen Vergünstigungen beim Einkauf aus Mediageschäften mit Kundengeldern durch die Mediaagenturen, zustehen. Mutmaßungen helfen nicht weiter – allerdings mag die Einhaltung eines verbindlichen Kodex weiterhelfen. Wenn klar vertraglich fixiert ist, wie in den Fällen einer Treuhänderfunktion und beim Einkauf als eigene Wirtschaftsstufe zu verfahren ist, wäre zumindest bilateral geregelt, wie zu verfahren ist. Ansätze und Vorschläge gibt es sicherlich genug – der Code of Conduct ist dabei ein Versuch – auch wenn er sich mit seiner Durchsetzung immer wieder schwertut.

> **Code of Conduct (CoC)**
>
> Der Code of Conduct (CoC) enthält Verhaltensempfehlungen zwischen dem Werbungtreibenden und dessen Mediaagenturen. Er soll eine vertrauensvolle Zusammenarbeit zwischen Kunden, Mediaagenturen und den Medien und Vermarktern sicherstellen. Die Organisation der Werbungtreibenden im Markenverband (OWM) empfiehlt ihren Mitgliedern die Beachtung dieser Verhaltensempfehlungen in ihren Geschäftsbeziehungen.

Die vielfältigen, unterschiedlichen und teils unklaren Vertragsverhältnisse mit dem einen oder anderen Fallstrick erschweren die Transparenz und auch die Vergleichbarkeit medialer Vertragsangebote. Vor der Entscheidung für eine Agentur gilt es, sehr sorgfältig abzuwägen und auf Basis möglicher Benchmarks zu vergleichen. Für den Kunden gilt es daher, eindeutig vorab zu klären, ob er alle Rabatte erhält – ob voll oder prozentual, ist dabei individuell verhandlungsrelevant. Dies ist insofern extrem wichtig, als dass die Auffassung der Rabattzugehörigkeit bei den Agenturen und Werbungtreibenden konträr auseinanderdriftet. Beide Parteien beanspruchen diese Form der Rückvergütungen. Dies

---

[11]Der BGH hat im Juni 2016 das BGH-Urteil im Kick-back-Streit von Haribo und Mediaplus aufgehoben und an das OLG München zur Entscheidung verwiesen.

mündet letztlich in der zentralen Frage, ob Agenturen diese Rückvergütungen zustehen oder nicht[12]. Entscheidend zur Beantwortung wird sein, ob es sich bei der Agentur um einen Mediadienstleister oder um eine eigene Wirtschaftsstufe handelt. Sind es die vom Kunden bereitgestellten Mediavolumina, die die Agentur im Kundensinne nutzt, oder resultieren die agenturbezogenen Rückvergütungen aus der Volumenbündelung und dem Verhandlungsgeschick der Agentur? Was ist in den individuellen Verträgen zwischen den beiden Parteien fixiert? Wenn ein Vertrag grundsätzlich die Weiterreichung aller Rabatte vorsieht, darf sich dies nicht nur auf die kundenbestimmten Rabatte beziehen, sondern auch auf die agenturbezogenen Vergünstigungen. Ob und inwieweit die Agentur dann daran partizipiert, hängt vom vertraglichen Innenverhältnis ab.

Eines ist jedoch zwingend erforderlich: Ohne qualifiziertes und kompetentes Controlling ist die Diskussion müßig. Der Kunde muss wissen, ob und welche Rabatte und Vergütungen in welcher Höhe wem gewährt wurden. Erst dann kann er eruieren und beurteilen, indem er in sein bestehendes Vertragswerk schaut, ob an ihm Gelder unrechtmäßigerweise vorbeigegangen sind. Kenntnis, Verständnis und Transparenz sind daher zentrale Voraussetzungen, um in diesem Spiel nicht durchs Raster zu fallen. Wir haben es schon mehrfach angedeutet: Prüfen Sie Ihr Vertragswesen oder lassen Sie es überprüfen – nur so können Sie sicher sein, dass Sie die Forderung nach Offenlegung und Weitergabe an Rabatten und Vergünstigungen jederzeit transparent darstellen und einfordern können. Ein kleiner Aufwand – ein großer Mehrwert durch Sicherheit und Transparenz.

4.5 Rabattitis – Der Virus, von dem alle befallen sind

Rabattitis, das Buzzword innerhalb des Mediabusiness, bei dem der eine aufschreckt und der andere mit Feuereifer strahlt, kann zum ungeliebten Bumerang werden. Wer meint, sich nur mit hohen Rabatten durchsetzen zu können, braucht einen langen Atem – oder er kollabiert.

Die Gefahren bestehen für beide Seiten – denn diejenigen durch Rabattitis Infizierten verkennen häufig die minderwertige Ware, während die Anbieter der hoch rabattierten Waren immer schwerer aus diesem Teufelskreis entrinnen können. Die „Geiz-ist-geil-Denke" hat längst ausgedient, und infizierte, rabattsüchtige Controller mussten bezüglich des Mediabusiness feststellen, dass nicht alles Gold ist, was glänzt. Wenn ein Angebot vom Virus befallen ist, bleibt sein Haltbarkeitswert auf ein Minimum beschränkt. Der Analogieschluss zur Droge liegt nahe – die Dosierung muss ständig erhöht werden, um zu wirken. Die Produktangebote verlieren zunehmend an Wert sowie Attraktivität und entwickeln sich mittelfristig zu einer multiplen Discountmarke ohne Substanz. Die Auswirkungen: Rabattitis mit tödlicher Folge für den Anbieter und Rabattschwindsucht für Werbungtreibende durch ausbleibenden Wirkungserfolg. Die Preisinflation am Beispiel TV erkennen Sie in Abb. 4.6.

---

[12]Vgl. dazu Danone-Urteil OLG München 2009; Haribo gegen Mediaplus (noch laufend).

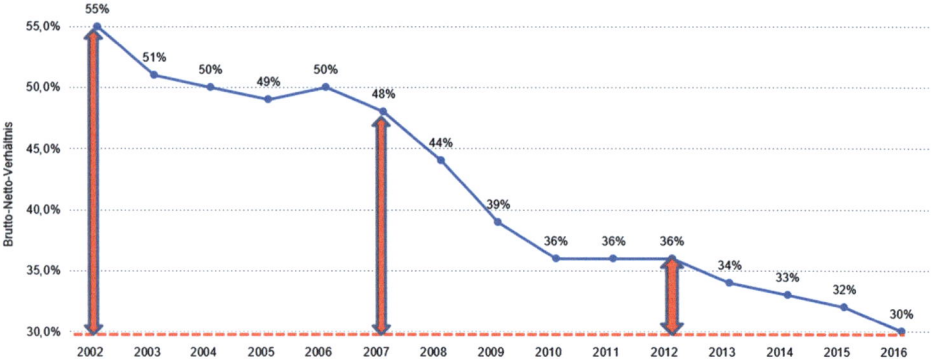

Abb. 4.6 Preisinflation auf Basis des Brutto-Netto-Verhältnisses der TV-Spendings. (Quelle: eigene Darstellung auf Basis Nielsen und ZAW)

Informationen zur Statistik

Diese Statistik zeigt das Verhältnis der Brutto- und Nettoumsätze mit TV-Werbung in Deutschland. Im Jahr 2003 lag das Brutto-Netto-Verhältnis bei mehr als 50 Prozent. In den Folgejahren fiel der Netto-Werbeanteil auf 30 Prozent des Bruttowertes im Jahr 2016.

Der Rabattdruck und eine verschärfte Konditionenpolitik aufseiten der Vermarkter machen erfinderisch. Trotz tendenziell sinkender Leistungswerte werden künstliche Preissteigerungen vorgenommen, für die es eigentlich keine Rechtfertigung gibt. Helmut Thoma dazu: „Da wird künstlich ein Preis meinetwegen auf 1000 gesetzt und dann auf 400 rabattiert – für eine Leistung, die in Wahrheit aber maximal 200 wert ist."[13] Wenn die Performance dann im gleichen Umfang steigen würde, stünde einer Preiserhöhung nichts im Weg. Dem ist leider nicht so – es gibt dennoch gute Gründe, warum sich dieses Geschäftsgebaren in der Praxis um- und durchsetzen lässt.

Ein immer härter werdender Wettbewerb aufseiten der Medien und Vermarkter um die Mediabudgets führt dazu, dass zunehmend höhere Rabatte und Vergünstigungen gewährt werden. Für Vermarkter zählt, ihre eingenommenen Budgets im Wettbewerbsvergleich zu steigern oder zu halten. Um dies zu realisieren, bleibt meist nur, auf die Forderungen der Agenturen und Werbungtreibenden nach höheren Rabattstufen und Nachlässen einzugehen. Die Schere zwischen Bruttoerlösen und effektiv ausgehandelten und realisierten Werbepreisen klafft immer stärker auseinander. Der Begriff der Brutto-Netto-Schere, also der Unterschied zwischen formell ausgewiesenen Listenpreisen und den tatsächlich bezahlten Preisen, verdeutlicht dieses Dilemma und zeigt die Problematik der immer geringer erzielten Erlösstrukturen aufseiten der Medien und Vermarkter.

---

[13]Helmut Thoma: „Wir brauchen ein Gabriel-Gesetz", http://www.horizont.net/agenturen/nachrichten/Helmut-Thoma-zur-Mediadebatte-Wir-brauchen-ein-Gabriel-Gesetz-135560, 27.07.2015, letzter Zugriff: 14.11.2017.

Schon vor Jahren waren die elektronischen Medien besonders erfinderisch, um das Rabattrad zu drehen: Neukundenrabatt, Wiederholungsrabatt, Steigerungsrabatt, Saisonalrabatt, Frühbucherrabatt, Last-minute-Rabatt, Exklusivrabatt und zahlreiche innovative Rabattierungsformen wurden kreiert. Heute sind Preislisten von Medien längst nicht mehr verbindlich. Sie bilden, wenn überhaupt noch, die weiche Grundlage für Verhandlungen. Not macht auch hier erfinderisch – daher werden immer häufiger Packages gebildet, die einen hohen Rabatt versprechen.

Dies erinnert an den Fischmarkt, wo man zum Aal für 15 EUR auch noch drei Heringe, zwei Rollmöpse und vier Schillerlocken dazubekommt und das alles dann für zehn Euro. Man erhält ein extrem günstiges Paket – allerdings zahlt man dann auch für das, was man eigentlich gar nicht mag und braucht, wodurch sich das Ganze letztlich verteuert. Den Agenturen ist das meist egal – denn durch diese Einkaufsform bieten sich hervorragende Möglichkeiten zur Generierung von zusätzlichem Agenturincome. Je höher das Budget, desto höher auch die Provision, so einfach ist die Gleichung.

Wie lassen sich Bruttopreissteigerungen bei den Medienanbietern eigentlich durchsetzen, wenn die rückläufigen Leistungswerte einen Preisanstieg nicht rechtfertigen? Dies ist paradox und Augenwischerei – allerdings folgen auf Preissteigerungen per se auch wieder höhere Rabattforderungen, wodurch sich die Differenz von brutto zu netto weiter verschiebt. Es ist ein Spiel, bei dem anscheinend alle gewinnen.

Die Kunden bekommen höhere Rabattierungen, die Agenturen profitieren ebenfalls davon, wenn ihre Verträge an Verhandlungserfolge geknüpft sind. Die Medien und Vermarkter am Ende der Kette können auf steigende Bruttoumsätze verweisen, obwohl sie letztlich weniger Erlöse erzielen. Der Rabatt mutiert zum Selbstzweck und keiner will wahrhaben, dass dieses Spiel irgendwann zu Ende sein wird. Häufig wird nicht bedacht, dass eine Preisreduzierung mit einer Strategie wenig zu tun hat. „So schön kurzfristiger Erfolg auch ist, im Endeffekt zählt nur, was langfristig unter dem Strich bleibt."[14]

Dieses Geschäftsgebaren der Medien und Vermarkter erinnert an jemanden, der stets die höchsten Rabatte gab und dann auf einmal vom Markt verschwunden war. Ein Mediaeinkäufer vergisst niemals einen Rabatt – er verfolgt seine Eigeninteressen ohne Rücksicht auf Verluste. Scheidet ein Anbieter aus dem Markt aus, kommt morgen ein anderer.

Aber was passiert wirklich im Marktgeschehen? Im Grunde genommen lügen sich alle an diesem Prozess Beteiligten dabei selbst in die Tasche. Die Frage bleibt, wie lange sich ein solches Rad noch drehen lässt. Irgendwann ist die Preisspirale ausgeschöpft, die Vermarkter müssen Farbe bekennen, die Agenturen werden feststellen, dass sich dieses Geschäft nicht mehr uferlos ausbauen lässt, und die Kunden werden leidvoll erfahren, dass Kompromisse bei der Medienselektion zugunsten höherer Konditionen und zulasten ihrer Marke gehen.

---

[14] Gregor Gielen (Finanzwissenschaftler): Können Aktienkurse noch steigen? Langfristige Trendanalyse des deutschen Aktienmarktes, Gabler 1994.

4.6 Kick-backs are welcome

Die Mediaagenturen agieren in einer Schattenwelt. Sie investieren für ihre Kunden Milliardenbeträge in die Medien. Mangels Transparenz operieren sie in Grauzonen, teils im Verborgenen, und pflegen ihre guten Beziehungen zu den Medien und Vermarktern. In den letzten Jahren hat sich ein entscheidender Rollenwandel vollzogen – die Mediaagenturen partizipieren fast überall –, sie fordern und bekommen. Sie generieren sowohl Freespace-Volumen als auch Zusatzhonorierungen wie Kick-backs. Ursprünglich war angedacht, dass diese Vergünstigungen an die werbungtreibenden Kunden weitergereicht und/oder wenn es sich um Naturalien handelt, für ihn eingesetzt werden.

Wenn Agenturen diese Naturalien parken und in ihr Inventarportfolio übernehmen, können sie diese je nach Bedarf und Zielsetzung jederzeit wie das Kaninchen beim Zaubertrick aus dem Hut ziehen. Ob diese dann dem Kunden als Goody oder Verhandlungserfolg suggeriert werden, ist eigentlich sekundär. Viel entscheidender ist, dass er daran partizipiert. Agenturen nutzen diese Kick-backs auch gerne in Pitchsituationen zur Neugeschäftsakquise. Der Code of Conduct, initiiert durch die OWM in 2004, sollte mehr Transparenz bringen und diese Machenschaften unterbinden. Den Nachweis dafür, dass das auch tatsächlich geschehen ist, ist er bis heute schuldig geblieben.

Eine Studie des US-Werbekundenverbands ANA (Association of National Advertisers)[15] aus dem Juni 2016 hatte einige Insider der Branche wach gerüttelt. Sie hatte über verdeckte Rabattierungen berichtet – Mediaagenturen in den USA würden an versteckten Rabatten und Kick-backs der Medien und Vermarktern partizipieren, ohne dass die Werbungtreibenden davon Kenntnis haben. Die Mediaagenturen stehen am Pranger. Sie zeigten innovative, kreative Verschleierungsmethoden[16], wenn es um heimliche Kickbacks der Medien und Vermarkter geht. Intransparenz der Prozesse ist sowohl beim Trading als auch im Bereich der eigeninteressengestützten Medienselektion vorhanden. Bei Letzterem geht es darum, dass nicht diejenigen Medien und Werbemittel berücksichtigt werden, die unter planerischer Berücksichtigung der Zielvorgaben selektiert würden, sondern diejenigen, die der Agentur die höchsten Margen offerieren. Der 56-seitige Report offenbart schwere Vorwürfe an die Mediaagenturen – eine Übertragung auf andere Märkte, insbesondere Deutschland, würde zu weit gehen, obwohl Teile der Studie auch zunehmend zu heißen Diskussionen in den hiesigen Fachmedien und auf Kongresspodien geführt haben.

Es mag resignierend wirken, aber es ist eigentlich egal, woher die Kick-backs stammen (beispielsweise aus Volumenbündelungen, Trading, Sonderzahlungen, Rückvergütungen

---

[15]ANA = Association of National Advertisers. An independent Study of Media Transparency in the U.S. Advertising Industry vom 07.06.2016.

[16]Dazu zählen u. a.: Zahlungen als Gegenleistung für Commitments und geschaltete Etats. Werbevolumen, Kick-backs für als Gegenleistung getarnte Service- und Beratungsleistungen oder die Gewährung von Naturalvolumen anstelle von Cashbeträgen.

etc.) und für was sie gewährt wurden. Viel entscheidender ist die Frage, ob diese Gelder bzw. das Inventar aus dieser Wertschöpfungskette auch wirklich beim Kunden ankommen. Gleiches gilt dann für Agenturrabatte, die ebenfalls als Naturalien oder auch als Cashrückvergütungen, sogenannte AVBs, von den Medien erstattet werden. Agenturen können schalten und walten je nach Situation und Kunden. Es lebe das Brokertum – ein enorm wichtiges Standbein zur Generierung von Agenturincome.

Vielleicht sollte ein Umdenkprozess in der Branche erfolgen – Offenheit und Fairness könnten fehlendes Vertrauen reaktivieren. Das muss nicht ein Verzicht der Kick-backs für die Agenturen bedeuten – sie können bei offener Weitergabe auch an diesen Vergütungen partizipieren. Der Kunde wird dieser Transparenzgewährung[17] und offenen Erfolgsbeteiligung nicht im Wege stehen. Wer wagt den ersten Schritt? Auch wenn dies aktuell extrem schwierig zu sein scheint – es bewahrheitet sich immer wieder „Risk comes from not knowing what you're doing"[18].

4.7 Vom Broker zum Trader

Kommen wir nochmals zurück zum Trading und seinen Auswirkungen. „Vom Broker zum Trader: Der deutsche Medienmarkt im Würgegriff der Großagenturen?" war das zentrale Thema der Münchner Medientage im Oktober 2012. Damals stand Trading als zentrales Thema am Pranger. Die These lautete: Medialeistung wird dabei zur Handelsware degradiert, und Kunden, die sich darauf einlassen, werden im Rahmen der Restplatzvermarktung mit Inventar bestückt, das bei normaler Mediaplanung nicht berücksichtigt und gebucht würde. Kurzum: Die höchsten Rabatte determinieren die Medienselektion und Kampagnenausrichtung.

Dieses Dilemma resultiert ursprünglich aus dem Online-Bereich, hat sich jedoch rasend schnell virusartig auch auf andere Mediengattungen ausgebreitet. Die Medienhäuser lassen sich in diesem Treiben gerne als im Würgegriff der Großagenturen bedauern. Dabei sind sie doch selber schuld – waren sie es doch, die den Agenturen Tür und Tor geöffnet haben und mit Angeboten zum Verramschen des Werbeinventars begonnen hatten. Eine fatale Entscheidung, wie sich immer noch zeigt.

---

[17]In Anlehnung an Marc-Oliver Voigt, Chefredakteur des Magazins für Öffentlichkeitsarbeit und Kommunikation pressesprecher – Über Verweigern und Lügen, http://www.transparenz.net/marc-oliver-voigt-uber-verweigern-und-lugen/, 09.10.2007, „Wer jede Information verweigert, vermittelt schnell den Eindruck, er habe etwas zu verbergen. Wer nur preisgibt, was ohnehin schon jeder weiß, wirkt ebenso unglaubwürdig. Die Lüge wiederum zerstört jegliches Vertrauen – und die kommt fast immer heraus." Warum daher nicht gleich offen und gemeinsam erfolgreich partizipieren? letzter Zugriff: 14.11.2017.
[18]Warren Buffett (amerikanischer Investor) in: Robert G. Hagstrom: The Warren Buffett Way – Investment Strategies of the World's Greatest Investor (1995).

Auch wenn manche Agenturen sich durch diese Form der Vermarktung die eigenen Taschen vollstecken, gehören immer zwei dazu, damit das Spiel funktioniert. Genau gesagt sogar drei – der Dritte im Bunde ist dann der Werbungtreibende, der zustimmt und, von Rabatten geblendet, dieses Geschäft unterstützt. Wenn am Ende aus diesem scheingründigen Win-win-Versprechen nur einer als Sieger hervorgeht, darf sich keiner wundern, wenn er zu den Verlierern zählt. Der Verkauf von Restplatzinventar induziert eine Preiserosion der normalen Tarifstrukturen, wodurch die Vermarkter sich selbst durch geringere Margen und Deckungsbeiträge noch mehr in die Bredouille bringen. Wir erinnern nochmals – der Mediaeinkäufer vergisst keinen Rabatt! Einmal gewährte Konditionen machen infizierte Einkäufer süchtig – Forderungen nach mehr sind dann die Folge.[19] Wenn die Schlange (Agentur) vor dem Kaninchenbau sitzt (Medium), ist die Situation prekär. Wenn Medienverhandlungen sich in prozentualen Rabattierungen nahe einem ruinösen Betrag niederschlagen, darf darüber diskutiert werden, ob es sich um ein legitimes Geschäftsgebaren im Rahmen der freien Marktwirtschaft handelt oder nicht. Noch kann das Medium/der Vermarkter selbst entscheiden, ob es/er ein Angebot annimmt oder nicht. Klingt einfach – ist es jedoch keineswegs. Die Situation der Vermarkter ist gekennzeichnet durch einen immensen Wettbewerbsdruck, Dumpingangebote der Konkurrenten, Zugeständnisse, um an Werbebudgets zu gelangen, und nicht zuletzt durch gesunkene Nettoerlöse und Margen. Was bleibt ihnen anderes übrig, als den exorbitanten Forderungen nachzugeben. Entweder sie sterben gleich oder später – so könnte die ausweglose Situation beschrieben werden.

Zurück zu unserem Geschäftsmodell. Trading ist nicht unumstritten, sondern ein Thema, das stark polarisiert. Auch der strukturelle Wandel, die Auswirkungen der Digitalisierung, neue Technologien zum automatisierten Einkauf und die Machenschaften der Big Player wie Google, Facebook u. a. sind keine Rechtfertigung für dieses Geschäftsmodell[20]. Bei den Medien wird dem Tradingmodell je nach Vermarkter oftmals eine eher untergeordnete Rolle attestiert und die Vermarktung von Restkontingenten als geringer Prozentsatz des Gesamtvolumens heruntergespielt. Wenn dem wirklich so ist, warum fällt man dann immer wieder ins Tal des großen Jammerns? Es gäbe auch eine Alternative: Die Medien könnten durch eine gezielte eigenständige Direktvermarktung diese Kontingente auch ohne das Zutun der Agenturen den Werbungtreibenden anbieten. Wozu dann noch diese als Zwischenhändler einbeziehen? Diese Kosten könnten eingespart werden und würden ganz nebenbei die eigene Marge erhöhen. Als Abfallprodukt würde eine vollständige Transparenz bestehen, denn beide Vertragspartner verhandeln

---

[19]Vgl. dazu Thomas Koch: „Werbekunde Volkswagen: Eine einzige, bittere Farce", in w&v 21.03.2017. Die muss sich nicht nur einzig und allein auf Agenturen beziehen, sondern auch auf Werbungtreibende.
[20]Vgl. Matthias Ehrlich, damals Vorstand des Vermarkters United Internet Media: „Nicht die Automatisierung ist das Problem, sondern die Geschäftsmodelle dahinter. Und die würden zuweilen gegen Gesetz und gute Sitten verstoßen." Pressemitteilung Münchner Medientage vom 24.01.2012.

direkt miteinander bei Kenntnis aller konditionellen Parameter. Tolle Idee, jedoch zu einfach gedacht und in der Praxis nicht umsetzbar, werden die Medien sagen. Da haben sie sicherlich Recht. Der Verdacht liegt nahe, dass der Einbezug der Agenturen zwar weniger an Profit verspricht, die Agentur ihrerseits jedoch der Wegbereiter und Befürworter dieser Tradingvolumina beim Kunden ist.

Die Agenturen werden kompromisslos einer Direktvermarktung gegensteuern und den Medien und Vermarktern unmissverständlich drohen, ihrerseits bei diesen Medien zukünftig von weiteren Buchungen ihrer Kunden Abstand zu nehmen. Es ist eindeutig ersichtlich, dass die Umsetzung dieses Geschäftsmodells sich auch auf bestehende Vertriebswege negativ auswirken wird. Die Abhängigkeiten werden größer, und zunehmend verstärkt sich der Eindruck, dass die Medien immer stärker am Tropf der Mediaagenturen hängen. Sie bestimmen, wann und welche Infusionen sie bekommen.

4.8 Neue Rollenverteilung – Chancen oder Risiken?

Das Vermarktungsgeschäft wird immer härter und das partnerschaftliche, gemeinsame Agieren wird zunehmend durch Eigeninteressen bestimmt. Neue Ideen und Konzepte sind gefragt – das Ausharren und die Hoffnung auf bessere Zeiten sind längst passé – es ist Zeit zu handeln. Dabei muss auch von den Medien und Vermarktern eine Vielzahl relevanter Fragen kritisch hinterfragt und beantwortet werden: Wie wird sich der Markt entwickeln und welche Auswirkungen wird dies für die einzelnen medialen Angebote haben? Lassen sich die werblichen Angebote zum originären Preis noch monetarisieren oder führt der Konditionendruck mit geringen Margen zu einem ruinösen Wettbewerb? Wird sich das Mediabusiness noch weiter verschärfen? Wird Qualität zunehmend durch Dumpingpreise und Rabattierungen ersetzt? Wo stehen wir selbst in der Wertschöpfungskette und wie müssen wir uns neu positionieren? Haben wir noch einen USP, auf dem wir aufbauen können, oder sind wir bereits in Zeiten der digitalen Angebote ein Auslaufmodell? Was liefert uns die SWOT-Analyse an Erkenntnissen? Ist das Produktportfolio noch State of the Art und zukunftssicher? An welchen Stellen müssen wir optimieren und uns den neuen Anforderungen stellen? Wie ist der Auslastungsgrad an Buchungen? Wie viele Freiflächen stehen zur Verfügung? Welche Möglichkeiten gibt es, die dieses Problem entschärfen können? Bieten sich Alternativen, die bestehenden klassischen Vertriebswege zur Veräußerung von Werbeinventar zu ergänzen? Will man das überhaupt? Oder ist man eher wenig experimentierfreudig und risikoscheu?

Die Fragenbatterie lässt sich noch beliebig erweitern. Wir wollen dafür sensibilisieren, dass die Probleme der Medien sich nicht auf eine zentrale Fragestellung eindampfen lassen, sondern dass sie weitaus vielschichtiger sind. Die Medien und Vermarkter müssen sich kritisch mit all diesen Fragen auseinandersetzen, um zukünftig erfolgreich im schnelllebigen Business bestehen zu können. Das Rad lässt sich nicht zurückdrehen, sondern es dreht sich immer schneller. Ursachenforschung und eine daraus resultierende neue Marschrichtung sind die erfolgsentscheidenden Stellschrauben.

Liegt die Wurzel allen Übels nur in der preispolitischen Diskussion, einem bereits skizzierten Rabattitisvirus, von dem alle besessen sind, und in der Erkenntnis, immer mehr zunehmenden Forderungen kampflos entsprechen zu müssen? Dies wäre sicherlich zu einfach gedacht. Vermarktungstechnisch ist ein Phänomen bei allen Anbietern gleich: Es sind nicht nur die steigenden Rabatte und Forderungen der Agenturen nach immer günstigeren Konditionen, sondern zunehmend auch Freiflächen, die mangels Nachfrage nicht veräußert werden können. Was heute nicht verkauft ist – ist vorbei und kann nicht nachgeholt werden. Der Druck auf die traditionellen Medienhäuser ist extrem und wird sich auch noch weiter verschärfen. Auf zu neuen Ufern, auch wenn dies mühevoll und wenig inspirierend klingen mag.

Daher ist es nachvollziehbar, dass die Anbieter von Medialeistungen (Media Owner) gegenüber neuen Vertriebsschienen offen sind und ein großes Interesse daran haben, über Alternativen zu den etablierten Monetarisierungsformen nachzudenken. Zu verlieren haben sie nichts – jedoch die Chance, selbst das Ruder in die Hand zu nehmen, bevor es andere tun. Im Folgenden einige Beispiele.

4.8.1 Innovative Win-win-Beteiligungsmodelle für Start-ups

Wenn junge Unternehmen (sogenannte Start-ups) eine breite Zielgruppe ansprechen wollen, aber nicht über lückenlose finanzielle Marketingmittel verfügen und daher zunächst nur Online-Marketingaktivitäten für Werbung einsetzen können, müssen reichweitenstarke Above-the-line-Medien in den Planungen unberücksichtigt bleiben. Dadurch kann jedoch ein schneller Aufbau der Markenbekanntheit als Basis des finanziellen Erfolgs verzögert werden. Finanzierungslücken durch eine nicht vorhandene Kapitaldecke sind in diesem Fall kontraproduktiv und hinderlich für den Aufbau einer Marke. Im Gegensatz zum Silicon Valley in den USA bieten sich jungen Start-up-Unternehmen in Deutschland wenig attraktive Finanzierungsmöglichkeiten. Anscheinend ist der hiesige Markt eher konservativ geprägt und darauf bedacht, keine risikobehafteten Finanzierungskonzepte bereitzustellen. Auch Venture-Kapital-Geber, Business Angels oder Inkubatoren[21] scheinen eher zurückhaltend, wenn es um die Bereitstellung von Kapital, insbesondere für Werbemaßnahmen, geht. Eine schwierige Ausgangssituation für die Start-ups, um bereits in der frühen Gründungsphase mit Vollgas durchzustarten. Schade eigentlich, wenn dadurch bereits im Vorfeld mangels Unterstützung Erfolg versprechende Konzepte nicht realisiert werden können. Soweit muss es jedoch nicht kommen – die Überlegungen der Start-ups, ihre Unternehmenskonzepte für potenzielle

---

[21]Z. B. etablieren die Samwer-Brüder mit Rocket Internet ein Geschäftsmodell, in dem sie junge Internet-Start-ups finanziell unterstützen. Ihre Zielsetzung liegt darin, diese Unternehmen mit aufzubauen, zu fördern und zu einem späteren Zeitpunkt zu veräußern.

Investoren interessanter zu gestalten, formierten sich in der Konzeption von Beteiligungsmodellen, die in unterschiedlichen Formen dem Investor bereits in der frühen Wachstumsphase ein Entree als Beteiligung am Start-up-Unternehmen offerieren.

Bereits in 2009 war die Geburtsstunde diverser vielversprechender und renditeträchtiger Beteiligungsmodelle. Eine neue Klientel hatte den Start-up-Gedanken, deren Philosophie und die vielversprechenden Möglichkeiten einer gemeinsamen Win-win-Perspektive für sich entdeckt. Wir sprechen von den beiden großen TV-Sendergruppen: dem ProSiebenSat1-Konzern mit seiner Tochtergesellschaft Seven Ventures (mit inzwischen über 70 bestehende Partnerschaften), der RTL-Gruppe mit ihrem Vermarktungspartner der IP Deutschland und dem unabhängigen Mediainvestor German Media Pool (GMPVC). Sie ermöglichen jungen E-Commerce-Marken durch reichweitenstarke Werbemaßnahmen (TV, Crossmedia), ihr Produktportfolio (Produkte, Services) mit ihrer Unterstützung bekannt zu machen. Beispiele sind u. a. Zalando, e-Darling, Trivago und preis24. Wie sieht dies aber konkret aus und von welchem Leistungsspektrum profitieren die Start-ups?

Zunächst zu den Sendergruppen – sie liefern als Eigenkapitalanteil Sacheinlagen in Form von Werbemöglichkeiten in unterschiedlichen Medien. Konkret bezogen auf TV sind dies reichweitenstarke Programmumfelder mit der Chance, schnell Markenbekanntheit aufzubauen. Die IP-Deutschland unterstützt die Start-up-Unternehmen durch TV-Werbezeiten in allen Sendern ihres Senderportfolios. Eine Art Rundum-sorglos-Paket inkludiert alles von der Strategie, über eine qualifizierte Planung, deren Umsetzung und letztlich auch das Reporting als Kampagnenanalyse. Im Gegenzug bieten die Start-ups durch langfristige Beteiligungsmodelle den Investoren die Perspektive auf lukrative Erlösstrukturen. Diese wiederum variieren je nach der Art der Beteiligungsform. Man unterscheidet zwischen den Beteiligungsmodellen Media for Revenue (M4R) und Media for Equity (M4E). Während das erste Modell eine Minimumgarantie zzgl. einer Umsatzbeteiligung vorsieht, beinhaltet das M4E-Modell eine Minimumgarantie zzgl. einer Unternehmensbeteiligung, die erst beim späteren Exit zum Tragen kommt. Bevor sich ein Unternehmen – in unserem Fall eine Sendergruppe – für eine derartige Beteiligungsform entschließt, sind im Vorfeld zahlreiche offene Punkte zu klären: Birgt die Kapitalknappheit solcher Unternehmen nicht per se ein latentes Risiko für eine Beteiligung? Handelt es sich bei diesen Start-ups um zukunftsträchtige, renditeversprechende Unternehmen oder um Me-too-Produkte mit geringer Halbwertzeit? Stehen nur solche Start-ups zur Verfügung, die bereits bei Venture-Capital-Gebern keine Finanzierung bekamen? Gibt es bereits ein Proof of Concept, das Erkenntnisse aus der Praxis liefert? Sind diese Geschäftsmodelle eine wirkliche Alternative als Add on oder nur eine spontane Antwort auf eine verschärfte Angebotspolitik?

Wie schätzen wir das Risiko einer Finanzierung durch die Beteiligungsabsicherung ein? Für den Fall einer Beteiligung sollte im Vorfeld eine ganz entscheidende Frage intern geklärt werden: Wird sich ein solches Angebot negativ auf die bestehende Normalbucher-Kundenstruktur auswirken? Was passiert, wenn reguläre Bucher feststellen, dass trotz angeblicher Verfügbarkeitsengpässe in reichweitenstarken, teuren Primetime-Segmenten einige Start-up-Unternehmen platziert sind? Beispiele gibt es dafür in Hülle und Fülle. Sind dies wirklich freie, nicht ausgebuchte Kapazitäten, die gefüllt werden, oder wird dadurch eine Art künstliche Verknappung induziert? Auch ist nicht neu, dass trotz gleicher Platzierungen im Block erhebliche Preisunterschiede bestehen. Nicht selten werden Stimmen hinsichtlich einer Schieflage der Preiskonstellationen und auch kritische Stimmen zu einer Wettbewerbsverzerrung laut. Zudem ist offensichtlich: Auch wenn der Ursprungsgedanke darin besteht, mangels Nachfrage Freiflächen oder sogenanntes Restplatzinventar einzusetzen, steckt im Hinterkopf der Medienunternehmen, dass ihre Refinanzierung entscheidend mit dem Erfolg des jeweiligen Start-ups korreliert. Je mehr verkauft wird, desto höher die Umsatzbeteiligung[22], und je erfolgreicher das Start-up, umso höher wird der Verkaufserlös im Falle eines Exits. Warum daher nicht auch eine exzellente, reichweitenstarke Produktplatzierung für sie durchführen? Am Ende des Tages könnte sich diese auszahlen.

4.8.1.1 Media for Revenue Share (M4R-Modell)

Beim M4R-Modell stellt ein Vermarkter oder Medium in unserem Fall einem Start-up-Unternehmen Werbeinventar gegen eine Umsatzbeteiligung zur Verfügung. Eine Bezahlung der Werbeflächen im klassischen Sinne erfolgt dabei nicht. Dieses Geschäftsmodell basiert auf einer Win-win-Situation, bei der das Start-up davon profitiert, dass ein Medienanbieter oder Vermarkter Werbeinventar zur Verfügung stellt und als Gegenleistung eine Umsatzbeteiligung vom Unternehmen erhält. In der Praxis gibt es hierzu einige Unterformen, die bspw. eine Miminumgarantie vorsehen, die durch eine variable Umsatzbeteiligung ergänzt wird. Bei der ersten Vergütung handelt sich um eine erfolgsunabhängige Zusicherung eines Fixbetrages und bei der zweiten um eine variable Vergütung, die je nach Erfolg des Produkts ausfällt.

Entscheidend für die Zusage dieses Modells ist eine vorherige Abwägung des Wachstumspotenzials des Start-ups und seiner Produkte. Aus dieser Einschätzung lassen sich Umsatzprognosen erstellen, die erste Indikatoren zu einer möglichen Refinanzierung beinhalten. Bei diesem Modell ist die Höhe der Cash-Gegenleistung abhängig vom Umsatzerfolg des Produkts. Die Vermarkter werden daher bestrebt sein, das Unternehmen durch Erfolg versprechende Werbeplätze zu fördern, um an den daraus resultierenden Umsatzerfolgen partizipieren zu können.

---

[22]Die Nutzung mobiler Endgeräte als sog. Second Screens kann im E-Commerce einen schnellen Abverkauf unterstützen. Das M4R-Modell scheint weniger risikobehaftet zu sein und liefert durch die Umsatzbeteiligung eine effiziente Marge für die Medienunternehmen.

4.8 Neue Rollenverteilung – Chancen oder Risiken?

Für den Investor ist das Risiko dieser Beteiligung relativ überschaubar und daher ist sie attraktiv. Bei Nichterfüllung von Erwartungsprognosen kann relativ zügig der Exit erfolgen. Im Falle einer erfolgreichen Zusammenarbeit ist das Beteiligungsverhältnis auch längerfristig denkbar.

4.8.1.2 Media for Equity (M4E-Modell)

Media for Equity (M4E) hat sich als attraktive Unternehmensbeteiligungsform im Markt etabliert. Finanzierungslücken respektive eine ausreichende Kapitaldeckelung bei den meist aus dem E-Commerce stammenden Start-ups werden durch die Bereitstellung von Sacheinlagen als Eigenkapitalanteil kompensiert. Als Investment zahlen die Beteiligungsgesellschaften – beispielsweise TV-Sendergruppen – keine Gelder, sondern stellen als Gegenleistung Werbeinventar zur Verfügung. In diesem Finanzierungskonzept werden dann die geschalteten Werbeflächen (Anzahl der TV-Spotschaltungen) als Mediakosten[23] intern verrechnet. Dazu werden die Listenpreise herangezogen oder ggf. verhandelte Preise berücksichtigt. Als Gegenleistung erhalten die Sendergruppen neben einer Minimumgarantie entsprechende Anteile am Start-up-Unternehmen. Auf den ersten Blick eine klar definierte Win-win-Partnerschaft. Finanziell rechnet sich die langfristige Beteiligung erst dann, wenn die Anteile des Vermarkters an der Unternehmung veräußert werden oder durch den Exit des Unternehmens und die Veräußerung der Anteile Gewinn erzielt werden konnte.

Häufig wird dieses Modell auch mit einer Risikokapitalbeteiligung verglichen, da zum Zeitpunkt der Transferleistungen in Form von Werbeflächen noch unklar ist, wie sich das Unternehmen entwickeln wird. Ein Risiko ist bei dieser Beteiligungsform vorhanden – die Erfahrung mit Start-up-Unternehmen zeigte in der Vergangenheit, dass ein Großteil euphorisch gestarteter Unternehmen bereits nach kurzer Zeit mangels Erfolg das Marktgeschehen verlassen musste. Im Worst Case sind die Medienunternehmen dann die Verlierer – im Falle eines schnellen, erfolgreichen Wachstums mit Gewinnen dagegen auf der Gewinnerseite. Die Beteiligung eines Unternehmens wird einerseits von deren Risikobereitschaft und andererseits von den Perspektiven einer möglichen Refinanzierungsquote abhängen. „Wer nicht manchmal das Unmögliche wagt, wird das Mögliche nicht erreichen."[24] Gewissenhaft analysieren und bewerten, etwas Mut zum Risiko – was hat der Vermarkter zu verlieren? Wenn er überwiegend unverkauftes Werbeinventar einsetzt, ist das Risiko überschaubar und birgt wenig Gefahr. In der Praxis haben sich in den letzten Jahren zwei unterschiedliche Varianten des M4E-Modells herauskristallisiert. Während sich in Variante 1 die Beteiligung eines einzelnen Medienanbieters direkt auf ein Unternehmen beschränkt, können in Variante 2 mehrere Medienunternehmen ihre Werbeflächen in einem Fonds zur Verfügung stellen.

---

[23]Dazu werden die Listenpreise herangezogen oder ggf. verhandelte Preise berücksichtigt.

[24]Eduard Friedrich Maximilian Eyth: Gesammelte Werke: Romane + Erzählungen + Gedichte + Autobiografie (2016).

4.8.2 Summary und kritische Reflexion zu den Beteiligungsmodellen

Man könnte meinen, Start-up-Unternehmen schießen wie Pilze aus dem Boden und Inkubatoren und Investoren sind stets auf der Suche nach zukünftigen Börsenstars – eine schicksalhafte Fügung, die im Erfolgsfall eine Win-win-Situation mit nachhaltigem Gewinn verspricht und im schlechtesten Fall nur Verlierer kennt. Soweit muss es jedoch nicht kommen. Der Start-up-Hype scheint uferlos – neue Technologien und innovative Ideen eröffnen ein riesiges Potenzial und wecken Gewinn versprechende Erwartungshaltungen. Ist dies wirklich so oder wäre es nicht längst Zeit, diesen Hype kritisch zu hinterfragen? „Wir erleben derzeit eine Startupisierung der Gesellschaft. Nicht alles ist super, nur weil Start-up draufsteht! Auf der aktuellen Welle wird wahnsinnig viel Mittelmäßigkeit mitgeschwemmt."[25]

Handelt es sich dabei um Innovatoren, Trittbrettfahrer oder um „homöopathische Wundermittel des Innovationsmanagements mit waghalsigen Erfolgsversprechen"[26]? Entscheidend wird daher sein, die Spreu vom Weizen zu trennen und diejenigen Start-ups zu erkennen, die den Risikokapitalgebern Sicherheit, Transparenz und Gewinne versprechen – inwieweit Beteiligungsmodelle dann eine interessante Rolle spielen, müssen die einzelnen Kapitalgeber individuell für sich entscheiden.

Im „Manager Magazin" war von Jens-Uwe Meyer am 30.11.2016 zu lesen: „Kapitalgeber zögern, Bewertungen sinken – Jetzt platzt die Start-up-Blase". Darin wird der Start-up-Hype der zurückliegenden Monate als Heilversprechen bezeichnet. „Hoffnung trifft auf Realität." Sie tritt dann ein, wenn sich der Nebel lichtet und man feststellt, dass vieles nicht dem entspricht, was erwartet und versprochen wurde. Inkubatoren und Investoren aufgepasst – aber auch ihr jungen Unternehmensgründer – verkauft euch nicht unter Wert, stellt den USP und die Innovation in den Vordergrund und verzichtet auf der Suche nach kapitalträchtigen und strategischen Investoren auf vielversprechende, schwer zu realisierende Businesspläne[27]. Ein Markt, der funktionieren kann, jedoch nicht muss.

Auch wenn immer häufiger zu lesen ist, dass der Start-up-Hype vorbei sei[28], boomt die Szene immer noch. Auch wenn sich in den letzten Jahren der Friedhof an

---

[25]Martin Kaelble: „Nur weil Start-up drauf steht, ist es noch nicht gut", in Capital 27.04.2017.

[26]Jens-Uwe Meyer: „Kapitalgeber zögern, Bewertungen sinken – Jetzt platzt die Start-up-Blase", in Manager Magazin 30.11.2016.

[27]Vgl. dazu Jens-Uwe Meyer: „Jetzt platzt die Start-up-Blase, 2. Teil: Kunden gewinnen, nicht Investoren", Manager Magazin 30.11.2016: „Für Businesspläne gibt es inzwischen eine eigene Disziplin: Business Plan Tuning. So lange heiße Luft und Fantasieprognosen in einen Businessplan pumpen, bis sich die Zahlen verkaufen lassen. Natürlich immer fundiert mit Statistiken und Trendstudien. Kreative Tuning-Experten kriegen selbst das unsinnigste Geschäftsmodell auf dem Papier zum Fliegen."

[28]Vgl. dazu Florentin Schumacher: „Ende des Start-up-Hypes – Das kurze Leben der Einhörner", Spiegel Online, 22.11.2016, http://www.spiegel.de/wirtschaft/unternehmen/start-ups-hype-um-gruenderszene-verdeckt-ihre-wahre-lage-a-1121623.html, letzter Zugriff 14.11.2017.

gescheiterten Start-ups[29] gefüllt hat. Die Gründe hierfür sind unterschiedlich – ob Startfehler, unausgereifte Konzepte, eine unterschätzte Marktdynamik, eine mangelnde Kapitalausstattung, eine fehlende Anschlussfinanzierung, ausbleibende Marktakzeptanz und Sales, ein falsch eingeschätztes Zielgruppenpotenzial, eine falsche kommunikative Ansprache und Umsetzung der Botschaft, ausbleibende Investorenzusagen oder fehlende Vertriebskompetenzen. In den meisten Fällen war die Insolvenz die Folge einer zu dünnen Kapitaldecke, sofern überhaupt in der Gründungsphase ausreichendes Kapital als Anschubfinanzierung vorhanden war. Auch die beste Idee und Produktinnovation kann sich mittel- und langfristig ohne Liquidität nicht durchsetzen.

Beteiligungsmodelle sind hier also eine durchaus sinnvolle Möglichkeit für Start-ups, die sich bereits vor Jahren im deutschen Markt etabliert haben und erfolgreich umsetzen lassen. Die Anzahl derer, die immer wieder als erfolgreiches Aushängeschild genannt werden, darf aber nicht darüber hinwegtäuschen, dass etliche Start-ups, teils mit viel Vorschusslorbeeren gehandelt, bereits nach kurzer Zeit wieder aus dem Markt hinauskatapultiert wurden, wie zum Beispiel SchülerVZ oder ChickChickClub.

M4E hat schon einige Jahre auf dem Buckel und ist als Beteiligungsform in der Branche akzeptiert. Die finanzielle Unterstützung in der Anfangsphase, ein Know-how-Transfer und die professionelle Unterstützung, beispielsweise durch Serviceleistungen oder kompetente Marktkenntnis, helfen einem Start-up, die ersten Schritte zu bewältigen. Der Medienanbieter als Investor wird stets bemüht sein, die erforderlichen Werbeflächen mit seinem Portfolio zur Verfügung zu stellen, damit durch reichweitenstarke Programmplätze ein optimales Umfeld für das Produkt geschaffen wird. Die Markenbekanntheit kann durch eine qualifizierte TV-Planungsumsetzung schneller aufgebaut werden als beispielsweise durch Online-Aktivitäten. Das eine muss jedoch das andere nicht ausschließen – es gibt wie bereits geschildert auch die Variante mit mehreren Vermarktern, wodurch dann ein crossmedialer Auftritt möglich wird. Im Fall mehrerer Beteiligter besteht die Gefahr, dass untereinander stets abgewogen wird: Wer hat wann welches Werbeinventar zur Verfügung gestellt?

Unterschiedliche Auffassungen bzgl. der Performance (Qualität und Quantität) können zu strittigen Diskussionen führen. Keiner mag es, das Gefühl zu haben, dass der andere bevorteilt wird oder trotz geringerer Investitionen gleichermaßen am Erfolg partizipiert.

Im Gegensatz zum M4R-Modell ist die Vertragsgestaltung der Beteiligung bei M4E deutlich aufwendiger. Es reicht eben nicht ein einfacher Prozentsatz für den Revenue Share, sondern der Vertrag muss viel differenzierter ausgestaltet werden.

Dazu zählen, neben einer Unternehmensbewertung, die Festlegung der Anteile an Minderheitsrechten, die Fixierung der prozentualen Abgabe des Umsatzanteils sowie die Bemessungsgrundlage und die Beteiligungsdauer. Durch Varianten und Mischformen

---

[29]Siehe Details zu gescheiterten Start-ups die Plattform Collapsed: https://collapsed.co, letzter Zugriff: 14.11.2017.

werden die Modelle komplizierter und komplexer. Bereits im Vorfeld müssen mediaspezifische Modalitäten definiert werden. Neben dem Werbedruckniveau und der zeitlichen Steuerung sind auch Rücktritts- und Schieberechte von zentraler Bedeutung. Die Startups sollten auch darauf achten, dass nicht primär nur Restplatzkontingente eingesetzt werden, die auf diesem Weg kapitalisiert werden. Dies ist nicht nur kontraproduktiv, sondern auch wenig zielkonform.

Beide Parteien müssen ihre Core-Kompetenzen als Synergien einbringen und partnerschaftlich operieren. Es darf nicht sein, dass beispielsweise die Beteiligungsgesellschaft die Unkenntnis des Start-ups ausnutzt und die tariflich fixierten Listenpreise für die Berechnung und Bewertung der Werbevolumina heranzieht. Rabattierungen jeglicher Art müssen dabei ebenfalls eingerechnet werden, sonst würde die Beteiligungsgesellschaft das Werbeinventar höher ansetzen als auf dem freien Markt preislich realisierbar. Immer wieder werden erforderliche Kosten für Zusatzleistungen wie zum Beispiel Beratungsunterstützung in jeglicher Form, Serviceleistungen oder Produktionskosten für Werbemittel unterschätzt oder in der Anfangseuphorie vergessen.

Für die Beteiligungsgesellschaften ist diese Finanzierungsform kaum risikobehaftet, da sie lediglich ihre Mediaperformance als monetäres Gegenstück einsetzen. Das Risiko beschränkt sich lediglich auf einen nicht realisierbaren Exit. Sie können gleichzeitig nicht ausgelastete Werbeflächen auf diesem Weg noch veräußern, die ansonsten brachlägen und durch andere Programminhalte gefüllt werden müssten. Alles in allem eine Win-win-Situation, wenn sich sowohl für die jungen, meist internetbasierten Start-ups sowie für die Medien und Vermarkter mittels dieser neuen partnerschaftlichen Beteiligungsmodelle die individuellen Ziele realisieren lassen. Dennoch ist die Brisanz solcher Beteiligungsmodelle nicht zu unterschätzen. Auch diese bedürfen neben den Werbeflächen einer weiteren Finanzierung und können nur in Einzelfällen ohne diese erbracht werden.

Grundsätzlich ist das Finanzierungsrisiko eines Start-ups mit Wachstumspotenzial durchaus gering – der Liquiditätsengpass auch nicht außergewöhnlich. Dennoch muss klar sein, dass die Durststrecke bis zur Refinanzierung längerfristig ausfallen wird. Die Gründe der Start-ups für das Angebot solcher Beteiligungen sind offensichtlich. Ein harter Wettbewerb erfordert von ihnen eine schnellstmögliche Präsenz, um überhaupt wahrgenommen zu werden. Die Wahrnehmung und nicht zuletzt die Markenbekanntheit sind die zentralen Voraussetzungen für einen wirtschaftlichen Erfolg. Dabei beschränkt sich die Wahrnehmung nicht nur auf die Konsumenten, sondern auch bei den Investoren wird mit Argusaugen verfolgt, wie sich das Unternehmen entwickelt und darstellt.

Wirb oder stirb – getreu dem Motto müssen sie verfahren. Die alleinige Online-Präsenz ist da wenig ausreichend. Der Einsatz und die Unterstützung von massenmedialen, reichweitenstarken Werbeträgern verursacht hohe Kosten, die bei einer mangelnden Kapitalausstattung ohne fremde Investorenhilfe nicht realisierbar sind. Es bleiben ihnen daher kaum bessere Alternativen als die Hinzunahme eines strategischen, finanziell gut ausgestatteten Partners. Warum auch nicht – wenn beide davon profitieren.

4.9 Die Preisspirale und ihre Auswirkungen

Welche Auswirkungen haben nun die aktuellen Vergütungsstandards auf den Werbemarkt und das Zusammenspiel der drei Mediapartner? Gibt es einen Ausweg oder Alternativen, um der Preisspirale zu entkommen? Diese Fragen sind nicht neu, allerdings nach wie vor ungelöst oder noch nicht mit ernsthaftem Interesse in Angriff genommen, da das Trading mit zunehmender Budgetgröße seit Jahren forciert wird. Eigentlich unverständlich – unklar scheint, ob alle Parteien das Ausmaß dieser Entwicklung bereits erkannt haben. Vielleicht wäre es sinnvoller, dort anzusetzen, wo sich die Ursache allen Übels verbirgt. Wer ist schuld? Ein Einziger allein? Oder tragen alle Marktpartner durch ihre durch Eigeninteressen gesteuerten Handlungen zu der verschärften Marktsituation bei? Die Frage nach dem Reason Why muss daher das Rollenverständnis im Zusammenspiel von Kunde, Agentur und Medien hinterfragen, um Lösungswege aus der teils ausweglosen Situation aufzuzeigen.

4.9.1 Die Mediaagenturen – Eine notleidende Spezies kämpft um jeden Euro

Das aufopferungsvolle Klagen und Jammern der Agenturen über zu geringe Honorierungen für ein umfangreiches Leistungsspektrum an Media- und Serviceleistungen ist kaum zu überhören. Ein Branchenfremder könnte tatsächlich dem Eindruck erliegen, dass es um die letzten Atemzüge eines Überlebenskampfes geht, der kurz vor dem Ende steht. Die Wirklichkeit sieht dagegen völlig anders aus. Auch wenn die Agenturhonorierungen seit Jahren sinken, muss niemand am Hungertuch nagen. Es ist nachvollziehbar, dass mit Honorarsätzen zwischen 0 % und 2 % eine Finanzierung des Agenturaufwands niemals möglich sein kann. Selbst für einen unbedarften Betrachter ist die Rechnung einfach nachzuvollziehen. Die Situation für die Agenturen ist nicht nur durch Blue-Chip-Kunden geprägt, sondern auch durch defizitäre Kundenetats, die über diese wenigen besonders wertvollen Kunden mit kompensiert werden müssen. Warum stößt eine Mediaagentur solch defizitäre Kunden nicht ab? Vermutlich, weil man den Kunden entweder aus Imagegründen braucht oder weil man damit den eigenen Marktanteil durch die Mediavolumenerhöhung steigert. Zudem kann jeder noch so kleine Kunde der Agentur irgendwann durch vielfältige Geschäftsmodelle und Erlösformen zusätzliche Einnahmen ermöglichen und ihr Schicksal erträglicher machen.

Wenn aber tatsächlich von erwirtschafteten Renditen von über 30 % gesprochen wird, kann es sich da nur um Falschmeldungen handeln? Oder ist doch ein wenig Wahrheit dabei? Kommen wir zurück zur Ausgangssituation, die wir anhand eines Spiels verdeutlichen wollen:

Das Kunde-und-Mediaagentur-Spiel, kurz: KM-Spiel, könnte eigentlich auch als Katz-und-Maus-Spiel bezeichnet werden. Die Katze (Kunde) scheucht die Maus (Mediaagentur) hin und her – ein aussichtsloses Unterfangen scheint man zu glauben – am Ende siegt die Katze und die Maus ist tot. Aber: Nicht so im Mediabusiness. Wir haben es mit einer ganz besonderen Maus zu tun. Sie ist nicht nur extrem widerstandsfähig, sondern kennt die wichtigsten bekannten (legalen) und für die Katze unbekannten Schlupflöcher. Wenn die Katze den Spaß am Jagen verliert und die Laufwege der Maus nicht kontrolliert, wird diese durch eines der ihr bekannten Schlupflöcher verschwinden und sich dort den Magen mit leckerem Käse füllen. Irgendwann wird die Maus nur noch ihre Eigeninteressen verfolgen, wird nimmersatt von Käseberg zu Käseberg wandern, aus Nachlässigkeit das Interesse der Katze wecken und das Spiel beginnt erneut. Vollgefressen und zu langsam wird sie dann das Schicksal ereilen und sie wird in den Fängen der Katze landen. Was lernen wir daraus? Wer den Hals einfach nicht voll genug kriegt, könnte an einem „zu viel" ersticken – soweit das abzusehende Schicksal der Maus, übertragen auf das KM-Spiel. Es könnte aber auch anders laufen, denn es gehören immer zwei zu einem solchen Spiel. Auch wenn die Katze per se im Vorteil scheint, sind ihr doch die Schlupflöcher und die riesigen Käseberge verborgen geblieben. Vielleicht hätte sie diese mit etwas mehr Sorgfalt und einem wachsamen Auge erkennen können. Wenn sie jedoch nachlässig agiert, sich im Vorteil wähnt und die Kontrolle versäumt, darf sie sich nicht wundern, wenn das Spiel anders läuft. Die Maus spielt dann mit der Katze Fangen, bis diese die Lust verliert und resigniert. Die Maus genießt daraufhin ein sorgenfreies Leben ohne Stress und Gefahren. Die Quintessenz aus dieser Geschichte lautet: „Eine Katze mit Handschuhen fängt keine Mäuse."[30]

Wir könnten zu guter Letzt noch eine weitere Figur dem Spiel hinzufügen: den Bauern. Er (Medium/Vermarkter) könnte darin eine äußerst undankbare Rolle einnehmen. Denn wenn sich die Katze und die Maus einig sind, hat der Bauer nicht die Spur einer Chance. Ganz nebenbei bemerkt – die Käseberge stammten aus der Vorratskammer des Bauern.

Die fatalen Folgen und negativen Auswirkungen von Trading können sich je nach Marktteilnehmer unterschiedlich auswirken. Die Medien stehen enorm unter Druck, ihre werblichen Angebote zu veräußern. Abgesehen von einigen Selbstläufern sitzen sie auf brachliegendem, nur schwer veräußerbarem Werbeinventar. Also was tun? Liegen lassen und nichts unternehmen oder mit erheblichen Preisnachlässen und geringer Marge anbieten? Welche Strategie scheint erfolgversprechender? Eigentlich ganz einfach, wenn da nicht noch die Forderungen nach Kick-backs wären, die die Marge abermals verringern. Wie lange es noch dauert, bis dieses Spiel zum ruinösen Wettbewerb auf allen Seiten führt, ist schwer absehbar – lange kann es jedoch nicht mehr sein. Diejenigen mit einem langen Atem werden sich im Dauerlauf vielleicht noch halten können, auf der Kurzstrecke sind sie längst auf der falschen Bahn.

---

[30]Benjamin Franklin (amerikanischer Politiker, Naturwissenschaftler und Schriftsteller).

4.9.2 Vertrauen ist gut – Kontrolle ist besser

Eines wird häufig von Kunden verkannt: Hohe Rabatte suggerieren zwar einen hohen Mehrwert als Einkaufsvorteil, leider ist damit nicht gleichzeitig die Wirkung der Kampagne garantiert und auch kein anvisierter ROI.[31] Wir sind gespannt, wie lange es dauern wird, bis ein mediafremder Controller zu dieser Erkenntnis gelangt. Noch immer sind für sie Rabattierungen die maßgeblichen KPIs für den Kampagnenerfolg oder auch für den eigenen Erfolg bezüglich Marktmacht und Verhandlungsgeschick – auch wenn ihnen die medialen Zusammenhänge häufig unbekannt sind.

> **Beherzigen Sie immer:**
> Vertrauen allein genügt nicht – eine Kontrolle ist unabdingbar. Es geht um Ihr Produkt, Ihre Marke und Ihr Mediabudget. Sie sollten wissen, in welche Kanäle Ihre Mediagelder investiert, welche strategischen Konzepte hergeleitet und ob Ihre Zielvorgaben auch erreicht wurden. Damit sind Sie schon bestens informiert. Es bewahrheitet sich immer wieder: „Kenntnis ist der Erschaffer des Erfolgs."[32] In diesem Sinne – viel Erfolg und gutes Gelingen.

Wenn die strategische Ausrichtung einer Kampagne primär anhand der Eigeninteressen der Agentur definiert wird, wird schnell klar, warum bestimmte Werbeträger und Platzierungen in suboptimalen Mediaplänen Restplatzkontingente enthalten oder auch eine Freespacekapitalisierung einbeziehen. Wer dies auf Kundenseite nicht ernst nimmt, wird die Folgen zu spüren bekommen. Spätestens dann wird klar, dass hohe Rabatte keine Produkte verkaufen und der Markenerfolg unweigerlich ausbleibt. Henry Ford würde sich wieder einmal bestätigt fühlen: „Die Hälfte meines Geldes für Werbung ist zum Fenster hinausgeworfen – leider weiß ich nicht, welche Hälfte."

Wenn man die tatsächlichen Pay-Faktoren betrachtet, wird man diesen Prozentsatz durchaus noch optimieren können. Allerdings wird dies dann wieder zulasten der Qualität gehen. Dies ist leider häufig eine Art Blackbox, die das Erkennen von wichtigen Zusammenhängen erschwert. Lassen Sie es nicht so weit kommen – wenn die internen Ressourcen dies nicht ermöglichen und das mediale Know-how nicht vorhanden ist, holen Sie sich eine neutrale externe Beratungsunterstützung ins Haus. Die Kosten dafür werden sich am Ende immer auszahlen. Denken Sie daran: Ziehen Sie die Handschuhe aus, wenn Sie eine Maus fangen wollen, oder krempeln Sie die Ärmel hoch und scheuen Sie sich nicht, auch einmal im Untergrund zu wühlen, wenn Sie Ihrer Agentur auf die Finger schauen. Entweder, Sie haben Ihr gutes Gefühl und Vertrauen in die Agentur

---

[31]Vgl. dazu Jens-Uwe Steffens: „Wenn der Rabatt zum Selbstzweck wird, leidet der Return on Investment (ROI)" und Sabine Sasse: „Die Macht der Media-Agenturen – Über die umstrittenen Methoden der Mediatrader", in Jahrbuch Fernsehen 2013.

[32]Platon (griechischer Philosoph).

bestätigt bekommen oder die Zweifel überwiegen. Dann ist es an der Zeit, sich intensiver mit den Agenturmachenschaften zu beschäftigen.

4.9.3 Medien und Vermarkter – Doch noch reale Überlebenschancen?

Bleiben noch die Medien und deren Vermarkter. Auch sie haben anscheinend den Knall noch nicht gehört – ansonsten würden sie nicht mit großem Eifer Tradingangebote anbieten. Auch sie müssten längst erkannt haben, wer in diesem Spiel gewinnt. Nicht das Kundenwohl steht dabei im Vordergrund, sondern einzig und allein die Eigeninteressen der Agentur. Und genau die sind es, die den Medien zum Verhängnis werden. Die mahnenden Worte von Thomas Koch an die Medien scheinen ungehört geblieben zu sein: „Ein Medium, das auch nur Teile seines Werbeportfolios an eine Agentur zur Vermarktung abgibt, gehört geteert und gefedert."[33] Er prophezeite auch den Mediaagenturen ein nahes Ende, wenn sie weiter ihre Eigeninteressen verfolgen und zukünftig weiter nur an ihre Rendite denken, indem sie die eigene Tasche füllen. Jahre später könnte der Eindruck entstehen, dass kaum jemand diese Problematik erkannt hat und diesem Treiben Einhalt gebietet. Immer wieder wird das Problem der Mediaagenturen heruntergespielt und auf die geringen Honorare für Media- und Serviceleistungen verwiesen. Unser Mitleid hält sich hier jedoch nach wie vor in Grenzen.

Eines ist doch offensichtlich: Mediaagenturen versuchen mit allen Mitteln, ihre Renditeforderungen auf dem Rücken der Medien auszutragen. Wenn Medien oder Vermarkter sich nicht dagegen wehren und alle Forderungen anstandslos akzeptieren, wird es ein böses Ende für sie nehmen. Die Lage ist zweifelsohne prekär, wir fragen uns allerdings: Was haben die Medien in dieser Situation zu verlieren? Das, was ihnen am wichtigsten ist zum Überleben – nämlich die Werbeeinnahmen –, verlieren sie sowieso. Die Margen werden immer geringer und irgendwann sind die monetären Erlöse aus Tradingangeboten nur noch ein Tropfen auf den heißen Stein. Wie lange wollen und können sie dieses Geschäft noch durchhalten, in dem sie mittel- bis langfristig totgemolken werden? Wir glauben, die Medien und Vermarkter sollten sich nicht kampflos ihrem Schicksal stellen. Es gilt, Lösungsansätze zu finden und zu versuchen, diese durchzusetzen. Ansonsten bleibt nur noch die abschließende Frage: Wer hat dann noch Spaß am Business und wo gibt es zukünftig Milch (monetären Erlös), wenn mangels Masse die Kühe fehlen?

4.9.4 Wege aus der Tristesse – Freifahrschein für alle?

Betrachten wir in diesem Zusammenhang die drei Player in diesem verzwickten Spiel. Jeder beklagt sich, keiner will es gewesen sein und keiner sucht ernsthaft nach einer

---

[33]Thomas Koch auf den Münchner Medientagen 2012.

Alternative – warum auch? Solange nichts anbrennt und man Teil einer scheinbaren Win-win-Situation ist.

Was etwas ist, kostet auch – diese alte Binsenweisheit hat heute noch immer Bestand. Man könnte es auch umdrehen und wie Albert Einstein behaupten: „Was nichts kostet, ist nichts wert". Wenn die Agenturleistung stimmt und der Aufwand für die umgesetzten Aufgabenstellungen klar definiert und nachvollziehbar ist, wird es ein Leichtes sein, diese Tätigkeiten monetär zu beziffern und zu rechtfertigen. Ein Kunde, der an einer partnerschaftlichen Agenturbeziehung interessiert ist, wird bzw. muss bereit sein, ein faires, aufwands- und leistungsgerechtes Honorar zu bezahlen. An welche Ziele, Vorgaben, Benchmarks oder Erfolgs-KPIs diese Honorierungen gekoppelt sind, kann dann individuell zwischen Kunde und Agentur vereinbart werden. Damit hätten wir die Kunden-Agentur-Beziehung prägnant beschrieben.

Ein Medium benötigt für die Bereitstellung eines qualitativen, reichweitenstarken Angebots eine finanzielle Kapitalausstattung, ohne die eine Finanzierung von Content (qualitätsorientierter Journalismus, aber auch Programmvielfalt, hochwertige Umfelder, Entertainment mit Mehrwert beispielsweise durch Eigenproduktionen etc.) nur schwer möglich ist. Die Werbeeinnahmen sind daher das zentrale Element zur Refinanzierung. Daher ist es nicht verwunderlich, dass die Medien und deren Vermarkter händeringend um die Gunst der Nutzerschaften, und einhergehend damit, um die Gunst der Werbegelder buhlen.

Kunden und Agenturen fordern reichweitenstarke Qualitätsprogramme – wie immer diese auch aus deren Sicht definiert sind – für die Präsentation ihrer hochwertigen Produkte. Allerdings klafft dabei eine Lücke zwischen Anspruch und Wirklichkeit. Denn die Denke „Viel fordern – wenig zahlen" kann auf Dauer nicht gut gehen. Egal, um welches Medium es sich handelt – jedes einzelne für sich ist kein Wohlfahrtsinstitut, sondern ein stringent geführtes Unternehmen mit dem Ziel, Gewinne generieren zu müssen. Wenn diese schwinden, bleibt ihnen nichts anderes übrig, als Kosten an anderer Stelle zu sparen.

Nehmen wir als Beispiel das Fernsehen. Dort, wo früher einmal Blockbuster und kostenintensive Eigenproduktionen in Erstausstrahlung gesendet wurden, laufen nun kostengünstig produzierte Castingshows, Wiederholungen von bereits ausgestrahlten Sendungen und Programminhalten oder verstärkt Gewinnspiele, Doku-Soaps und jede Menge Scripted-Reality-Sendungen. Diese finden zwar auch ihre Seherschaften – allerdings sind dies nicht zwingend Zielgruppen, die oben auf der Präferenzskala der Kunden stehen. Von adäquaten Umfeldern für hochwertige Produktpräsentationen sind wir weit entfernt.

Das hauptsächliche Problem resultiert daraus, dass ehemals attraktive Programme zunehmend mangels Finanzierbarkeit oder Kosteneinsparungen durch Billiginhalte ersetzt werden müssen. Klassische Werbeeinnahmen und zusätzliche Erlöse aus Werbesonderformen (wie z. B. Sponsoring, Bartering, Merchandising/Licensing oder Product Placement) sind die finanzwirtschaftliche Erfolgsgröße, die es zu realisieren gilt. Ohne Rentabilität und ausreichende Liquidität wird die Finanzierung von Eigen- und auch Fremdproduktionen schwieriger. Zahlreiche Werbesonderformen ermöglichen

Zusatzerlöse. Wenn dies immer noch nicht ausreicht und dann insbesondere im Rahmen einer Querfinanzierung vermehrt durch Shows mit Telefonvotings (d. h. Telefon- und onlinebasierte Mehrwertdienste) erfolgt oder gar Werbedauersendungen analog zu den Teleshopping-Channels eingesetzt werden, wird schnell klar, wo die Programmqualität enden wird. Willkommen neue Fernsehwelt – was nun?

Den TV-Sendern wird das Leben z. B. durch Video-on-Demand- und Streaming-Angebote wie Netflix, Maxdome, Amazon aber auch YouTube noch zusätzlich erschwert, denn diese sind zeit-, orts- und räumlich ungebunden und stets für die Abonnenten abrufbar. Fragmentation und Diversifikation der Angebote induzieren Reichweitenverluste bei etablierten Medien als unausweichliche Folge – was wiederum zu einer Anpassung der Tarifstrukturen führen wird. Soweit unser kurzer Ausflug in das Reich der TV-Macher und zur Rehabilitierung der Sender und ihrer Vermarkter, die zunehmend mit den Themen Programmverflachung und anspruchslosem Content in der Kritik stehen.

Entscheidend wird sein, das als unbefriedigend empfundene, intransparente System aufzubrechen und zu modifizieren. Alle müssen dazu einen Leistungsbeitrag liefern. Weg von der Durchsetzung alleiniger Interessen, zurück zu einem gemeinsamen Verständnis der Marktpartner. Dies impliziert dann nicht nur Verständnis, sondern auch die Bereitschaft und vor allem ein Verzicht zugunsten des anderen. Dieser mag für einen selbst nur ein kleines Stück ausmachen, kann jedoch für den anderen überlebensnotwendig sein und zur Systemaufrechterhaltung elementar beitragen.

> **Unser Appell: Umdenken und transparent agieren**
>
> **Mediaagenturen**
>
> Die Agenturen sollten ihrerseits Drohungen zur Durchsetzung von Preisdumpingangeboten unterlassen, die Rabattierungen sowie Kick-backs offenlegen und an den Kunden weiterleiten und dadurch die längst überfällige Transparenz garantieren, sodass vertraglich fixierte Inhalte auch gelebt, umgesetzt und valide nachvollziehbar werden. Dies muss nicht mit einem gänzlichen Verzicht auf Provisionen oder variable Erfolgsbeteiligungen einhergehen – Win-win lässt hier genügend Spielraum offen, vorausgesetzt, man agiert im partnerschaftlichen Einvernehmen.
>
> **Medien und Vermarkter**
>
> Die Medien müssen sich darüber bewusst sein, was sie als Performance bereitstellen. Daher sollten sie sich nicht verstecken und lamentieren, wie aussichtslos die Situation und ihre Rolle darin sind. Zeigt mehr Rückgrat in Bezug auf Verhandlungsstärke und -kompetenz. Seid offen, fair, transparent und versteckt Euch nicht vor den Wettbewerbern oder überhöhten Agentur- und Kundenforderungen. Überarbeitet die Tarifstrukturen und verzichtet auf die Kick-backs sowie Rückvergütungen an die Agenturen – sie danken es sowieso nur in den seltensten Fällen. Denkt über mögliche Kooperationen nach. Ein Konkurrent kann auch zum Partner werden – gemeinsam ist man stark.

Werbungtreibende Unternehmen
Die Kunden sollten sich zunächst ihrer ganz konkreten Ziele bewusst werden. Alle unter Druck zu setzen ist keine Lösung – ein fairer und respektvoller Umgang mit seinen Dienstleistern mag vielleicht den einen oder anderen Cent kosten, trägt jedoch zum Öffnen der Black Box bei, beseitigt bestehende Blockaden, fördert das gegenseitige Verständnis und ermöglicht eine gemeinsame, erfolgreiche Zielrealisierung. Intransparenz führt zu Vertrauensverlust, dann zu Misstrauen und in verschärfter Form zu einer gerichtlichen Auseinandersetzung – Letzteres braucht keiner. Auch wenn es schwerfällt: Ärmel hochkrempeln und gemeinsam den Sumpf trockenlegen. „Nur wer wie die Sau den Dreck durchwühlt, wird die Chance haben auch die Trüffel zu finden."[34] Auch wenn dies zeit- und kostenintensiv ist und traditionelle Verhaltensmuster angreift – wenn Trüffel aufgespürt werden, können diese Delikatessen untereinander verteilt werden. Win-win – ohne dass dabei einer zu Schaden kommt.

---

[34]In Anlehnung an Jochen Sanio (Chef der Finanzaufsicht BaFin).

Die Hybris des Mediageschäfts 5

Quelle: www.shutterstock.com/Mopic/alphaspirit

5.1 Transparenz – Wunschdenken, Farce oder Utopie?

Die Diskussionen um die heiß ersehnte und geforderte Transparenz reißen nicht ab. Während der OMG diese immer wieder bagatellisiert und keinen weiteren Handlungsbedarf sieht, nimmt die Thematik neue Formen an. Noch immer herrscht Dunkelheit in den Vorgehensweisen der Agenturen und den Verflechtungen zu den Vermarktern. Einfallsreichtum und Kreativität zur Entwicklung und Implementierung neuer, innovativer Erlös- und Geschäftsmodelle der Agenturen scheinen keine Grenzen gesetzt zu sein. Es lebe die Black Box mit all ihren Fragezeichen. Von fragwürdigen, intransparenten Praktiken einmal abgesehen, gibt es fast alles, was es eigentlich nicht gibt. Sich auf den bestehenden Code of Conduct zu beziehen ist sicherlich löblich, allerdings in Anbetracht der aktuellen Situation nur ein Tropfen auf den heißen Stein. Solange es sich beim Code of Conduct lediglich um eine Verhaltensempfehlung als zentrale Basis für eine faire, erfolgreiche und vertrauensvolle Zusammenarbeit zwischen den Werbungtreibenden, den Mediaagenturen und den Medien und Vermarktern handelt, kann nur an die Bekenntnis zur Einhaltung dieser Reglementierungen appelliert werden. „Was hilft es, auf bessere Zeiten zu wünschen und zu hoffen? Ändert euch nur selbst, so ändern sich auch die Zeiten. Ohne Mühe geht nichts."[1] Vielleicht sollte der Code of Conduct in Call of Duty oder Call to Action umbenannt werden – dies hätte mehr verbindlichen Charakter.

Wenn es der OWM als Kundenverband mit Nachdruck gelingt, entscheidende Maßnahmen zu ergreifen, die nicht nur die bilateralen Vertragsbeziehungen beinhalten und die die unsäglichen Transparenzdebatten auf den Punkt bringen, wird das der ganzen Branche gut tun.

Transparenzpassus im Vertrag verankern
Manche Transparenzforderung verpufft wirkungslos, da diese bereits bei der Vertragsgestaltung von der Agentur ausgeschlossen wurde. Häufig ist dies den Kunden gar nicht bewusst – erst wenn es zu Klärungsbedarf kommt und bspw. ein hinzugezogener neutraler Auditor sich der Überprüfung annimmt, wird man feststellen, dass die Forderung nach Offenlegung und Transparenz nicht immer realisiert werden kann. Was im Vorfeld nicht vertraglich fixiert wurde, ist später nicht einforderbar. Eine Vertragsprüfung wäre der erste Schritt zur Sicherheit – dann ist zumindest eindeutig, was vereinbart wurde, wo Schwachstellen sind und wo bei einer neuen Vertragsgestaltung Handlungsbedarf besteht.

> **Wiederholt auf Transparenz bestehen und eindeutig regeln**
> Bestehen Sie darauf, dass Ihnen eine vollständige Transparenz gewährt wird und insbesondere Tradings nach Hinweis auf mögliche Restriktionen sowie Risiken abgewägt werden müssen und grundsätzlich einer Freigabe des Kunden bedürfen.

---
[1]Benjamin Franklin (amerikanischer Philosoph und Staatsmann).

Der Vertrag sollte ebenfalls klar und eindeutig die Teilbereiche einer Auditierung (wer, wann, was?), die leistungsgerechte Honorierung (inkl. einer möglichen Erfolgsbeteiligung) und vor allem die Offenlegung und Weitergabe aller Rabattierungen und Vergütungen regeln. Diese Liste lässt sich problemlos um eine explizite Auflistung des Scope of Work bis hin zur Festlegung der einzelnen Verantwortungsbereiche erweitern. Klarheit und Transparenz im Vertragswesen beseitigen Missverständnisse und Imponderabilien.

5.2 Beratungsleistung auf dem Weg ins Nirvana?

Wer braucht eigentlich eine Mediaagentur? Wer glaubt „Das bisschen an Planung und Einkauf kann man nebenbei auch selbst erledigen", wird sich wundern, welches Know-how an Kommunikationswissen und Mediakenntnissen erforderlich ist. Genauso irren alle diejenigen, die sich in Treu und Glauben ohne Kontrolle darauf verlassen, dass sie von ihrer Agentur nur das Beste erhalten. Die Agenturen agieren immer häufiger nach der alphabetischen Reihenfolge und dort kommt E wie Einkauf nun mal vor P wie Planung. Der Einkauf wird aus Eigeninteressen priorisiert, dabei fallen allzu häufig Planungsgrundsätze und strategische Vorgaben durchs Raster. Wohl dem, der dies kontrolliert und nachweisen kann. Es ist daher nicht verwunderlich, dass die Vorurteile gegenüber den Beratungsleistungen der Agenturen zunehmen und diese verstärkt unter Beschuss stehen.

Immer wieder wird darüber diskutiert, welcher Treiber – Kreation oder Media – den größten Einfluss auf den ROI hat. Die Mediaagenturen verweisen in diesem Zusammenhang gerne darauf, dass natürlich eine professionelle Planung, Medienselektion und zielorientierte Umsetzung entscheidend sind. Auch wenn dies sicherlich eine große Rolle spielt, kapriziert sich jedoch immer häufiger der Tätigkeitsbereich auf den Einkauf von optimierten Werbeflächen. Dass dabei nicht nur Markttransparenz, sondern auch Verhandlungsgeschick als Voraussetzung für günstige Einkaufskonditionen erforderlich ist, klingt nachvollziehbar und fast schon selbstverständlich. Wenn dann noch Einkaufsgesellschaften bzw. Holdings mit Volumenbündelung von Agenturetats zum Einsatz kommen – spätestens dann muss die Frage erlaubt sein, ob alles das, was eingekauft wird, auch wirklich im Kundensinne ist.

Wird dann die Beratungsleistung für den Kunden obsolet? Wenn Verhandlungsgeschick gepaart mit Marktmacht statt Planungshoheit und Beratungskompetenz dominieren, ist fraglich, ob die Mediaagenturen wirklich noch einen wertvollen Part zum Kampagnenerfolg beitragen. Wenn sich dann noch Programmatic Advertising durchsetzt, könnte es noch enger für die Mediaagenturen und ihre Tätigkeitsbereiche im Einkauf werden. Ob softwarebasierte Methoden einen planungsgestützten und optimierten Einkauf ersetzen können, wird sich vermutlich in den nächsten Jahren zeigen. Bleibt das Resultat von Programmatic auf Effizienzvorteile beschränkt? Oder gibt es noch weitere Zusatznutzen?

Als Agenturprotagonist wird man stets darauf verweisen, dass intelligente Algorithmen zwar eine kontinuierliche datengestützte Analyse erlauben. Im Falle von unvorhersehbar auftretenden Problemen werden diese aber niemals die Schnelligkeit eines händischen Eingriffs seitens einer kompetenten Agenturperson haben. Auch hier sind die Diskussionen voll im Gange. Beratungs-Know-how und Erfahrung versus Software und Algorithmen – auf wen von beiden ist mehr Verlass? Wenn sich jedoch alles auf die Effizienz ausrichtet, spielen die Kosten die entscheidende Rolle.

Maschinen übernehmen dann menschliches Know-how und ersetzen planerische und einkaufsbezogene Umsetzungen. Über sogenannte Tradingdesks werden mittels Tools und Algorithmen Planungen in Real Time optimiert und umgesetzt. Tschüss ihr ausgebildeten Mediaspezialisten – eure Jobs übernehmen fortan die Maschinen. Kann das funktionieren? Sicherlich nicht – die Kenntnis und das individuelle Eingreifen dieser Spezialisten werden immer noch erforderlich sein, auch wenn die Tools mit der Zeit dazulernen und verbessert werden. Human Capital ist erforderlich, um die neuen Technologien zu bedienen, zu steuern und vor allem auch zu überwachen. Erst der Gesamtprozess verspricht Synergieeffekte, die sich positiv auf die Werbemaßnahmen selbst und die Customer Journey auswirken können. Kunden bemängeln verstärkt eine nachlassende Beratungsleistung und verweisen zu Recht auf eine durch verstärkte Eigeninteressen gesteuerte Einkaufspolitik. Hier duellieren sich die strategische Beratungsleistung und die Konditionenpolitik. Beratungsleistung – ob strategisch oder in der operativen Umsetzung – ist ein wesentlicher Teil der Agenturaufgaben.

Nicht selten klafft zwischen Anspruch und Wirklichkeit eine Lücke. Die Agenturen sollten ihre Core-Kompetenz einer qualifizierten Beratung nicht einfach aufgeben, hier liegt ihr USP, den es zu erhalten gilt und der die Leistung auch wertvoll macht. Dies muss den Kunden wieder bewusst werden – nur dann kann der Weg für beide profitabel und erfolgreich sein.

5.2.1 Compliance auf Abwegen?

Wenn im Unternehmen hohe Rabattvorteile als das oberste Ziel gesehen werden, bringt mehr Qualität bei reduzierten Rabatten nicht den internen persönlichen Erfolg. Sondern im Zweifelsfall sogar unliebsame Fragen für den Mediaverantwortlichen. Das Auge des Controllers ist wachsam und unbarmherzig. Warum sinken die Rabatte? Welche Auswirkungen hat dies auf Kampagnendruck, Kampagnenwirkung, Sales und Markenpositionierung? Wer hat das zu verantworten?

Fragen über Fragen, die eigentlich kein Mediaverantwortlicher und Entscheider braucht oder gerne beantworten möchte. Wenn an die Beurteilung der Kampagne auch noch ein persönliches Bonusprogramm basierend auf vordefinierten Effizienzkriterien oder Zielvorgaben geknüpft ist, wird ein Entscheider nicht so handeln, dass er sich monetär selber schadet. Auch dann nicht, wenn ihm bewusst ist, dass das Produkt oder die Marke davon profitieren könnten.

Compliance gilt für andere! Oder etwa nicht? Silodenken und eine Informationspolitik, die nur das Notwendigste an Informationen rausrückt, sind häufig Ursache einer intransparenten Unternehmensführung. Compliance ist ein wesentlicher Bestandteil einer verantwortungsvollen langfristigen Unternehmensführung und -kontrolle. Daher wird die Einhaltung von Gesetz und Recht innerhalb der Unternehmen präferiert und zusätzlich durch rechtsverbindliche Pflichten komplettiert. Die Implementierung von Compliance-Richtlinien in großen Unternehmen ist keine Seltenheit. Darin muss klar, verständlich und verbindlich auch auf die individuellen Folgen von Rechtspflichtverletzungen hingewiesen werden. Ein Kontrollsystem ist somit ebenfalls erforderlich, um ggf. bei Verstößen einzuschreiten und Sanktionen auszusprechen. Dabei geht es auch um die Einhaltung selbst gegebener Regularien, um materiellen und immateriellen Schäden vorzubeugen. Dazu zählen u. a. Korruption, Datenmissbrauch, Bestechlichkeit, Untreue, Vorteilsnahme, persönliche Annahme von Geschenken oder Zuwendungen. Aber: Auch integre Pflichterfüllung und Regelkonformität gehören zu Compliance – sowohl intern als auch bei externen Partnern (Dienstleister, Zulieferer u. a.), was häufig vergessen wird.

5.2.2 Ohne Media-Know-how – keine Treffer

Wenn es im Unternehmen an Media-Know-how fehlt, wird es schwierig, den Agenturen Paroli zu bieten. Dies fängt beim detaillierten Briefing an und hört bei der ROI-Beurteilung auf. Wer nichts weiß, zahlt drauf. Keiner wird sich gegen die Vorschläge der Agentur zur Wehr setzen, denn im Falle einer Fehlentscheidung wird am Ende die Frage nach den fehlinvestierten Geldern möglicherweise personifiziert werden. Und wer möchte schon gerne selbst dafür den Kopf hinhalten? Also lieber in Deckung bleiben, die Agenturvorschläge akzeptieren und hoffen, dass alles seinen gewohnten Gang geht. Im Zweifelsfall war es dann die Kreativagentur.

Soweit muss es allerdings nicht kommen. Im Falle von mangelnder Mediaexpertise im Unternehmen kann man sich immer noch Kompetenzen als Beratungsunterstützung von außen einkaufen. Dies hat zumindest den Vorteil, dass man eine neutrale, erfahrene Instanz zwischen sich und der Agentur institutionalisiert hat. Sie kann die Moderatorenfunktion übernehmen und der Marketeer kann sich seinen marketingspezifischen Aufgaben widmen. Klare Rollenaufteilung schafft Transparenz, Ordnung und Sicherheit.

5.3 Eigeninteressen dominieren

5.3.1 Agentur-Renditevorgaben – Not macht erfinderisch

Agenturen unterliegen extrem hohen Renditevorgaben, die sie erfüllen müssen. Mit normalen Honorarsätzen und zusätzlichen Erfolgsbeteiligungen ist dies nicht möglich. Somit macht die Not erfinderisch. Wo kein Kläger, da kein Richter. Getreu dem Motto wird verhandelt – auf Teufel komm raus. Was heute noch gilt, gehört morgen bereits der Vergangenheit an. Die Renditenzielvorgabe muss erfüllt werden, die Wege zur Zielerreichung können dann vielfältig und vielschichtig sein. Auch wenn dabei Umwege durch unwegsames Gelände beschritten werden müssen. Wichtig ist, dass die Holding zufrieden ist. E wie Eigennutz kommt im Alphabet vor K wie Kunde. Warum daran etwas ändern?

5.3.2 Probleme der Vermarkter – Löcher stopfen

Auch die Vermarkter der Medien unterliegen wirtschaftlichen Vorgaben und Restriktionen. Letztere lassen sich bei entsprechender Not dezent in den Hintergrund schieben – der Zweck heiligt auch hier die Mittel. Zugeständnisse an die Agenturen in puncto Konditionen haben meist erst später einen Bumerang-Effekt. Heute kann der Vermarkter kurzfristig Löcher stopfen, morgen sind diese dann mit den Geldern nicht mehr zu schließen und übermorgen? Was ist dann?

Gewährte Konditionen von heute sind morgen bereits die von gestern und zukünftig vollkommen veraltet und nicht mehr marktadäquat. Mehr Rabatte müssen her, nur so können sich alle am Prozess Beteiligten profilieren. Heute ist morgen schon gestern – das Marktgeschehen ist unerbittlich und stets in Bewegung.

Wenn ein Vermarkter argumentiert, er habe keine Marktanteile verloren, mag dies vordergründig stimmen und aus seiner Sicht positiv scheinen. Sinken dagegen die Mediainvestitionen insgesamt, dann bedeutet ein stabiler Marktanteil dennoch einen Verlust an Erlösstrukturen. Gleiches gilt auch im Analogieschluss für die Performance. Jeder lügt sich dann halt so weit wie nur möglich in die Tasche. Kognitive Dissonanz oder einfach nur Selbstbetrug, der sich im Zeitablauf fatal auswirken kann? Dies erinnert an eine Fabel von Äsop (600 v. Chr.) im antiken Griechenland. Darin beschreibt er einen kleinen Fuchs im Weinberg, dem es trotz emsiger Bemühungen nicht gelingt, an die hochwachsenden Trauben zu gelangen. Nach zahlreichen misslungenen Versuchen sagt dieser, dass es ihm egal sei, da die Trauben ihm sowieso zu sauer seien. Durch diese Strategie hatte er sein Gesicht nicht verloren und konnte auch ohne Trauben seines Weges gehen. Dieses Verhalten gibt es auch im Mediabereich. Dort sind die Folgen für die Medien und Vermarkter weitreichender und fatal.

5.3.3 Alle gleich durch staatlichen Eingriff?

Wenn nichts mehr von alleine geht, dann hilft nur noch die Intervention des Gesetzgebers. Kann ein Eingreifen des Staates analog zum Loi Sapin helfen? Daran knüpfen sich weitere Fragen: Wer will dies überhaupt? Und wer nimmt das Steuer in die Hand? Vordergründig werden Forderungen laut – in Wirklichkeit sind dies nur verhaltene Rufe aus dem Untergrund. Was wäre dann mit all den schönen gewährten Rabatten, Kick-backs, Naturalien und Vergütungen jeglicher Form?

Die Gretchenfrage ist aber vor allem: Wird ein Gesetz allen Playern gerecht? Entsteht aufseiten der bisher Privilegierten ein Trauma, wenn dann auf einmal auf vieles verzichtet werden müsste und alle gleich behandelt würden? Denn dann sitzen wirklich alle in einem Boot, der Kurs ist vorgegeben und nun rudern alle – die einen vielleicht etwas mehr, die anderen etwas weniger.

Aber: Was bedeutet eigentlich „gleich"? Nicht einfach festzulegen – es bleibt spannend.

5.3.4 OWM – Zweifelnder Verband

Kann die OWM (Organisation der Werbungtreibenden im Markenverband) die Diskussion und Forderung nach Transparenz verstärken? Eine Scheintransparenz reicht dabei nicht aus. Die Transparenzforderung geht weit über die Konditionen- und Honorardiskussionen hinaus. Das Thema Mediawährung wird immer bedeutender – nicht zuletzt durch die sinkenden Reichweiten im Fernsehen, wo neue Anbieter Nutzerschaften von TV abziehen und dadurch eine neue Crossmedia-Reichweite erforderlich ist. Wenn immer weniger Nutzer dafür immer mehr fernsehen, hat dies Auswirkungen auf die Nettoreichweite. Im Umkehrschluss bedeutet dies, dass es immer schwieriger wird, die Zielgruppen über TV zu erreichen. Exklusivseher und diejenigen, die nur noch sporadisch das Gerät einschalten, sind schwieriger und damit kostenintensiver erreichbar. Unterm Strich: Es wird teurer. Die Sender operieren nach wie vor mit der Einschaltquote als Maßstab für die Kostenkalkulation. Wenn durch eine Erhöhung der Grundgesamtheit (bspw. Nicht-EU-Haushalte) dann steigende Reichweiten ausgewiesen werden und die Sender dadurch die Spotpreise anheben, ist dies aus Sicht der Werbungtreibenden kontraproduktiv. Der Nutzer entscheidet, was er präferiert und einschaltet. Die zahlreichen Streaming/Video-on-Demand-Angebote erschweren es dem Massenmedium TV, seine Vormachtstellung aufrecht zu halten.

Die OWM fordert daher zu Recht, dass die Reichweitenerosion in TV einhergehend mit einer Brutto-Preis-Inflation überdacht werden muss. Ob nun durch die schwankenden Reichweiten innerhalb eines Werbeblocks – bis dato gilt für einen Block immer noch die durchschnittliche Werbeblockreichweite als Basis – neue Abrechnungsmodi beispielsweise über eine Spotreichweite etabliert werden, wird derzeit noch diskutiert.

Die OWM kritisiert massiv einige weitere Entwicklungen seitens der Sendervermarkter. Eine Verbesserung der Programmqualität, der Ausweis einer validen bildschirmübergreifenden Bewegtbildquote, eine AGF-Reformierung und strukturelle Anpassungen an die tatsächlichen, realen Entwicklungen scheinen längst überfällig[2]. Ganz nebenbei – war da nicht noch etwas mit einer Transparenzforderung?

---

[2]Vgl. hierzu OWM-Pressemitteilung: „OWM kritisiert Entwicklung im TV-Werbemarkt und weist auf schlechte Preis-Leistungsentwicklung hin", https://www.owm.de/index.php?id=91&no_cache=1&tx_ttnews%5Btt_news%5D=1592&cHash=74bebc8a4212be9bb56da79ae390a126, 19.06.2017, letzter Zugriff 14.11.2017.

5.3.5 OMG – Misstrauen entkräften

Die Vorwürfe an die Mediaagenturen scheinen bei der OMG (Organisation der Mediaagenturen im Gesamtverband der Kommunikationsagenturen) ungehört zu bleiben. Alles halb so wild könnte man als Außenstehender interpretieren. Klaus Peter Schulz als Sprecher der OMG sieht die Vorwürfe relativ gelassen und spielt den Ball an die Werbekunden zurück – „die Verantwortung läge bei diesen", da sie „bewusst auf das allerletzte Stück Transparenz verzichten". Die Unternehmen wollten das Mediasystem genauso, wie es ist, weil sie davon profitieren. Mediaagenturen seien für Kunden ein marktrelevantes Korrektiv. Die Mediainflation wäre ohne dieses Gegengewicht wesentlich höher, sagt Schulz[3]. Also was soll's – damit ist alles gesagt oder auch nicht. Die Mediadebatte und die Kritiker werden wieder reaktiviert. Um was geht es eigentlich ganz konkret? Man kann sich des Eindrucks nicht erwehren, dass teils Nebenkriegsschauplätze bewusst aufgebaut werden, um vom eigentlichen Sachverhalt abzulenken. Geht es um Konditionen und Honorare, steht die Transparenz an vorderster Stelle. Diskutieren wir über den Pay-Faktor, versteckte AVBs oder auch über suboptimale Beratungsleistungen, auf denen sich ein Flächenbrand entwickeln kann.

Eigentlich müssten alle Marktpartner tränenüberströmt nach Lösungen suchen. Statt sich selbst zu beweihräuchern, „müssten die Mediaagenturen mal hören, was ihre Kunden hinter vorgehaltener Hand wirklich über ihre Arbeit sagen – statt hier große Töne zu spucken"[4]. Trotz Treueschwüren, einem Fairnessbekunden und einem offenen Visier hinsichtlich gewährter Konditionen braucht niemand Mitleid mit am Hungertuch nagenden Mediaagenturen zu haben. Koch sieht deren Margen in Höhe von über 35 % und mehr, die gäbe es „außerhalb der geliebten Branche nur noch im Diamantenhandel und der Prostitution". Keine schlechte Rendite möge man meinen – was machen wir nur falsch?

Mit normalen Geschäftsmodellen sind diese Renditen nicht realisierbar – also woher stammen diese? Immer wieder wird kritisiert, dass Agenturen ihre Eigeninteressen vor die der Kundenziele stellen und entsprechend agieren. Ob mit Trading gespickte und getarnte Mediapläne, die Varianten sind vielfältig und deren kreative Gestaltung immer zum Vorteil der Agenturen.

„Mit diesen Plänen wurden Kunden ganz bewusst reingelegt, gelinkt, ihnen falsche Tatsachen vorgespiegelt, sie wurden regelrecht belogen. Und zwar zum ausschließlichen Vorteil der Agentur. Unter den Verursachern befinden sich wiederholt Mediaagenturen,

---

[3]Thomas Nötting zitiert Klaus Peter Schulz: „Media-Debatte: OMG-Sprecher Schulz sieht Werbekunden in der Verantwortung", in w&v 22.08.2016.
[4]Thomas Koch: „Das historische Eigentor des Klaus-Peter Schulz", in w&v Update https://www.wuv.de/medien/das_historische_eigentor_des_klaus_peter_schulz, 25.08.2016, letzter Zugriff: 14.11.2017.

5.3 Eigeninteressen dominieren

die unter dem Dach der OMG versammelt sind."[5] Liebe OMG – es wäre sicherlich von Vorteil für alle, endlich Klarheit zu schaffen und das gewachsene Misstrauen im Markt zu entkräften.

Das erinnert doch stark an: „Das Geld zieht nur den Eigennutz an und verführt stets unwiderstehlich zum Missbrauch."[6] Dies ist sicherlich richtig, dennoch gibt es unter den schwarzen Schafen auch zahlreiche mit weißem Fell in der Herde auf der Weide. Alle gleichermaßen zu verteufeln wäre grundsätzlich falsch. Hier beweist sich wieder: Auch wenn alle gleich sind, sind dennoch nicht alle gleich. Es gibt genügend Mediaagenturen, die einen offenen Weg einschlagen, vorausgesetzt, dass sie von den Kunden nicht nur gefordert, sondern auch fair und leistungsgerecht honoriert werden.

---

[5]Thomas Koch ebd.
[6]Albert Einstein.

Blick in die Wunderkammern der Medien 6

Quelle: www.istockphoto.com/Geerati

Print und TV sind nach wie vor wichtige Mediengattungen: in puncto Meinungsmache und Werbeeinnahmen. Wir erläutern, wie es um diese beiden Gattungen steht und wie sie sich mit dem neuen Medium Online arrangieren.

6.1 Quo vadis Print? Medien, Marken und Meinungen

Vorbei die wunderbaren Jahre des Goldrausches, vorbei die fetten Jahre des Gelddruckens. Nach über drei Jahrzehnten Sonderkonjunktur sind Zeitschriftenverlage, insbesondere die der Publikums-zeitschriften, nicht durch klassische Mitbewerber wie TV und Hörfunk und sowieso nicht durch neue Konkurrenten wie Online-Medien unter Druck geraten, nein, in erster Linie durch eigene Fehler und versäumtes Handeln. Aber auch Mediaagenturen gebührt ein Respekt gebietender Anteil an dem allgemeinen Abgesang.

Was ist passiert?
Die Gründe für den wirtschaftlichen Niedergang sind vielfältig. Ein Blick auf die Eckdaten der jüngeren Geschichte der gedruckten Medien hilft zu sortieren, was offenbar die verantwortlichen Strategen im Mediengeschäft ein über das andere Mal überraschte.

1954 ist so ein Eckdatum. In dem Jahr wurde die Arbeitsgemeinschaft Leseranalyse gegründet, als Kürzel AGLA, fortan das Gütesiegel für zukünftige, überbordende Leserquantitäten. „High Noon 12 Uhr mittags" löste in den Verlagshäusern in jedem Jahr, noch bis tief in die 70er Jahre hinein, aufgeregte Hektik aus.

Die Gesandten der Verlage standen Schlange vor der Frankfurter AGLA-Geschäftsstelle, um ihre Reichweitenzahlen, gebunden in dicken roten Ergebnisbänden, abzuholen. 1971 wurde die über viele Jahrzehnte einzigartige Gemeinschaftsanalyse in AGMA (Arbeitsgemeinschaft Mediaanalyse, früher eben Arbeitsgemeinschaft „Leser"analyse) umbenannt, da die Verlage den immer heftiger werdenden Anspruchsmeldungen der konkurrierenden Mediengattungen notgedrungen nachgeben mussten, denn diese wollten endlich auch ihre Beteiligung als Forschende im Gral des Wissens um die Wirksamkeit der Medien plakatieren. Die jährlich stattfindende außerordentliche Bedeutung für die Medien erhöhte die AGMA-Geschäftsstelle durch die sämtliche Betroffene aufregende Zeremonie, nämlich exakt um 12 Uhr endlich den begehrten Einlass zu gewähren.

Für die Printverlage wurde jedes Jahr eine gewaltige Logistikmaschine in Gang gesetzt, um die in dicken roten Bänden versteckten Mediadaten auf dem schnellsten Wege nach Hamburg, Berlin oder München zu transportieren. Flüge wurden gebucht, Telex-Maschinen für Redakteure in den Außenbüros blockiert und für schnellste Datenübermittlung reserviert. Jeder Verlag wollte als Erster die neuesten und vergleichenden Rangreihen unter die Kunden bringen. Was für eine spannungsgeladene Zeit, was für eine wunderbare intramediale Auseinandersetzung zwischen den Verlagen. Es war die Zeit der Optimierungen. Die Mediaabteilungen der Werbeagenturen und die Werbekunden selber konnten ausschließlich über die Computer der Verlage auf das neu erhobene und erworbene Datenmaterial zugreifen.

Neue Player verändern bestehende Regeln
1970 war auch das Jahr einer Epoche machenden Trennung und mit dem Ausstieg begann der Aufstieg eines bislang fahrlässig unterschätzten Players: Media wollte endlich selbstständig werden. Part-Service statt Full-Service! Kai Hiemstra startete mit

Hiemstra-Mediaservice (HMS) durch. Werbungtreibende Kunden erhielten jetzt direkte und exklusive Expertenberatung, nicht mehr durch Kontakter und Kundenberater der Werbeagenturen gefilterte Wissensdosierung. Die alte Dame Mediaanalyse, die größte jährlich durchgeführte Erhebung über das Konsumverhalten und die Nutzung von Medien der deutschen Wohnbevölkerung ab 14 Jahren, gewann sehr schnell neue Abnehmer. Die Häuser der gedruckten Medien mussten ihr Währungswissen teilen und das Sammeln von Nutzerdaten mussten sie Gruppeninteressen überlassen.

Es kam, was eigentlich abzusehen war. Im Laufe der folgenden Jahre bedienten Mediaagenturen immer fordernder ihre Interessen mit eigenen, selten von den Medien nachvollziehbaren Erhebungen. Konsequent versteckt in Black Boxes. Mediaagenturen schufen um ihre Dienstleistung ein Geheimnis und verkauften diese sowohl ihren Kunden als auch den ohnmächtig ahnungslosen Datenlieferanten, den Medien, als Zauberwerk. Dafür sollten die Medienhäuser bald einen hohen Preis bezahlen. Nicht nur, weil sie nach den undurchschaubaren Bewertungskriterien „liefern mussten", und auch nicht nur, weil sie die Geschäftsmodelle der Mediaagenturen wie Trading als Rettungsbojen missverstanden. Sondern weil sie ihre „Vermarktungskulturen" mit der offen zur Schau getragenen Beliebigkeit überflüssig machten. Die Printmedien haben die das Mediengeschäft lange Zeit bestimmende Kraft ihrer Währung, die Summe aus redaktioneller Deutungsfähigkeit und Relevanz, Liebe zum Leser, Beständigkeit und Verlässlichkeit, selbst untergraben und (Marken-)Werte gegen Taschenrechner getauscht.

Das Wirtschaftsdreieck (Kunde, Agentur, Medium) existiert nicht mehr. Vielleicht gibt es je nach Budgetstärke der Kunden noch ein „Zweieck". Um die Macht im Mediabusiness ringen Kunden mit Mediaagenturen – oder realistischer: Mediaagenturen mit ihren Kunden. Publisher sind zu reinen Dienstleistern für Reichweiten-Logistik reduziert worden.

Zahlen stützen immer nur das, was war und selten das, was kommt. Medien sind allzu oft den leichten Weg gegangen, gehen ihn immer noch und zahlen schon viel zu lange den Preis dafür. Media läuft mehr denn je Gefahr, strategisches Opfer einer durch weltweite Konzentration kleiner werdenden Zahl mächtiger internationaler Networks und ihrer europaweit (a)gierenden Mediamanager zu werden.

Bleibt der redaktionelle Anspruch auf der Strecke?
Marketingorientierte Planungsrelevanz ist also auf der Strecke geblieben. Und traf besonders schwer den Qualitätsjournalismus. Aber gibt es diesen überhaupt noch? Professor Klaus Schweinsberg, früher Chefredakteur der Wirtschaftsmagazine „Capital" und „Impulse", heute Berater namhafter Unternehmen im In- und Ausland, schwante schon in seinem 2010 erschienenen Buch „Sind wir noch zu retten?"[1] Bedenkliches: In dem Kapitel „Geschwächte vierte Gewalt – die Medien amüsieren sich zu Tode" erklärte er, warum

---

[1] Klaus Schweinsberg: Sind wir noch zu retten? Warum Staat. Markt und Gesellschaft auf einen Systemkollaps zusteuern, FinanzBuch Verlag 2010.

das Ende für den Qualitätsjournalismus nahe ist. Und zwar nicht, weil das Internet, „dieser Truppentransporter der Kostgänger und Billigheimer, reihenweise die Ökonomie der Verlagshäuser unter Wasser drückt. Nein Qualitätsjournalismus für alle wird es nicht geben, weil es ihn im Laufe der Kulturgeschichte eigentlich nie gab. Die zurückliegenden zehn Jahrzehnte waren nicht mehr als eine gute Laune der Geschichte – gefördert von englischen und amerikanischen Besatzern, die nach dem Zweiten Weltkrieg dafür sorgten, dass Presse und Rundfunk sich in dem neuen (West-)Deutschland zur vierten Gewalt entwickeln konnten." Schweinsberg beschreibt weiter, dass es Qualitätsjournalismus früher als Elitenphänomen gab. „Das Gros der Menschen giert nach Sensationen, Abstrusitäten und Perversionen. Die Masse ist weder in der Lage noch willens, Qualität von Schund zu unterscheiden." So scheint es also tatsächlich wieder gekommen zu sein.

6.1.1 Eine Legende wird nicht geschont

Was zum Beispiel ist aus Henri Nannens Musikdampfer geworden? Der „Stern", der jedem etwas zu bieten hatte, der beispielsweise „Lieschen Müller einen strahlenden Blick durchs Bullauge auf die Welt erlaubte"[2]? Er hat seine Reputation als Kreuzfahrtschiff eingebüßt. Einerseits, weil die seinen Gründer, Chefredakteur und späteren Herausgeber auszeichnende, heute noch unübertroffene journalistische Gabe, der Instinkt für große Titelgeschichten und eine Respekt erzeugende, arrogante Kraft, mit den politischen Größen seiner Zeit auf Augenhöhe zu kommunizieren, heute vermisst wird. Und andererseits, weil der Stern schlankeren Formaten Platz abgeben musste, die auf die vermeintlichen Bedürfnisse von Zielgruppen zugeschnitten sind. Die finden in diesen windschnittigen Formaten immer mehr vom Gleichen und kämpfen mehr oder weniger erfolgreich gegen die Langeweile ihrer Leserschaft an. Immer mehr über immer weniger zu lesen, ist letztlich ein Konzept mit eingebautem Todestrieb. Weil die Suchmaschinen des Internets diesen „heavy Usern" viel schneller, viel mehr und viel Handgreiflicheres zu bieten haben. So sind es häufig die Trendblätter, die auf dem Trockenem landen, wenn die Welle, auf der sie surfen, auf den Strand läuft.

Zeitschriften werden für Leser gemacht, die finden wollen, ohne im eigentlichen Sinne gesucht zu haben. Sie halten es mit dem Jahrhundertgenie Picasso, der nach seinem Ideenreichtum gefragt, immer wieder betonte, er suche nicht, sondern er finde nur. Dafür muss man allerdings einen unvoreingenommenen Blick haben. Leser hoffen auf Picasso-Funde. Sie wollen etwas entdecken, das ihrer eigenen Imaginationskraft Widerstand bietet. Sie produzieren die Geschichte in ihrem Kopf. Sie suchen nach dem Sinn. Deshalb lesen sie, indem sie blättern und „scannen", es ist mehr ein Flanieren im Blätterwald als ein Durchlesen und Verstehen.

---

[2]Henri Nannen.

Dieser in der Informationswissenschaft auch Serendipität genannte Begriff der zufälligen Beobachtung von etwas ursprünglich nicht Gesuchtem, welches sich dann plötzlich als neue und überraschende Entdeckung erweist, könnte daher als Ziel zur Leserbindung für die schlankeren Zeitschriftenformate gesehen werden. Ziel des „Focus"-Konzeptes ist es offenbar, Informationen visuell so aufzubereiten, dass sie sich scheinbar beim Durchblättern erschließen. Und entspricht es nicht der illusionslosen Selbsteinschätzung von verunsicherten Aufsteiger-Lesern, die gelernt haben, lieber auf Platz zu setzen? Magazine, die darauf zielen, den Informationsfluss zu beschleunigen, könnten in Zukunft auf die Idee kommen, ihren Lesern die Zeit zu „nehmen", sie in Textstrecken zu verstricken, die einen anderen Blick auf den Alltag ermöglichen. Ob „Momo" oder „Harry Potter", „Der Name der Rose" oder die Krimis von Donna Leon und Jean-Luc Bannalec – sie alle machten ihre Leser zu Mittätern beim Erschaffen der Welt. Sie lassen Raum für Imagination.

Heute wagt niemand mehr, allzu viel Platz in nur ein Thema zu investieren. Von der Wellness-Industrie ließe sich einiges lernen, denn sie verkauft „Zeitverschwendung" und führt ihre Kunden auf eine Reise zu sich selbst. Bei sich selbst wären auch die meisten am liebsten. Statt in Staus und in Schlangen auf Flughäfen wären sie lieber an fernen Stränden.

6.1.2 Schnäppchenjagd – Nur ein deutsches Laster?

Eine kurze Betrachtung des deutschen Michels in seinem Konsumverhalten sei einmal gewagt, auch als ein Versuch, die Einkaufsstrategien und das Einkaufsverhalten mancher Marketeers besser verstehen zu können. Besonders wenn diese mit Angeboten in Umfeldern konfrontiert werden, die nachdenklich machen müssen, besonders wenn Rabatte kritische Nachfragen und Zweifel plattmachen sollen.

Wenn wir in die Ferien fahren, schwärmen wir Deutschen vom Essen in Frankreich oder den Luxusprodukten Italiens, von der Solidität und dem Service der Schweizer. Dass der Esprit, der Wein und der Käse ihren Preis haben – was soll's, wir sind im Urlaub. Zu Hause büßen wir die Ausschweifungen als Smartshopper im Factory-Outlet oder beim Discounter. In Deutschland steht der Preis an erster Stelle der Einkaufskriterien, dann kommt lange nichts und dann wieder der Preis und nochmals der Preis. Das halten die Deutschen für das zugegebenermaßen traurige Ergebnis ihrer Aufklärung als Verbraucher. Ihre Träume sind aber nicht kleinzurechnen und richten sich in Urlaubserinnerungen schwelgend gen Süden, wo der Preis selbst ihnen oft egal war und die Schnäppchen-Jagd ihren Alltag nicht bestimmen durfte. Oscar Wilde, irischer Schriftsteller, hat es auch schon geahnt, als er einmal schrieb: „Heutzutage kennen die Leute von allem den Preis und von nichts den Wert."[3]

Auch wenn es eine Momentaufnahme ist und die Hoffnung besteht, dass es sich auch wieder ändern könnte: Die Wirkung der Preisorientierung auf den Handel ist heute

---

[3]Oscar Wilde (irischer Lyriker, Dramatiker und Bühnenautor).

fatal. Sie führt dazu, dass immer mehr zu immer günstigeren Preisen auf immer größeren Flächen angeboten wird. Mit fallenden Preisen beginnt sich die Spirale nach unten in Bewegung zu setzen – die als Deflation wie ein Bohrer unseren Wohlstand aushöhlt. Die Konsumenten halten ihr Erspartes zurück, weil sie jeden Tag mehr dafür bekommen könnten. In Gesellschaften wie der deutschen, in der beispielsweise der Textilhandel das Kunststück fertig bringen muss, „in volle Schränke zu verkaufen", ist damit auch das allerletzte und allerschwächste Verkaufsargument, etwas sei preiswert, stumpf geworden. Die Konsumenten geben für etwas Unnötiges auf Dauer nicht deshalb Geld aus, weil es momentan billiger zu haben ist. Mit Ausnahme der Frust- und Trostkäufe.

Klar, dass Deflation nicht gerade als günstiges Werbeklima gelten darf. Nur eines ist gewiss: Discountwerbung ist im deflationären Umfeld allmählich überflüssig. Die Waren werben mit dem Preisschild für sich selbst. Es ist die große Zeit des wechselseitigen Unterbietens, eine Zeit, in der alle Verkäufer auf der Suche nach Dummen sind, die ihnen Produkte abkaufen, die morgen erwartungsgemäß billiger sind als heute. Jeder Respekt, der Respekt vor den Produkten, in denen möglicherweise Arbeit steckt, der Respekt vor den Kunden, den man eigentlich ein weiteres Mal bedienen möchte, verliert sich im Rausch des Ramsches: „Take the Money and run."

Und die Medien? TV und Print spiegeln die vorher beschriebene Situation wider. Ein Blick ins Fernsehprogramm oder auf den Markt der Zeitschriften zeigt, dass Formate im Überfluss angeboten werden, die sich im Unterbieten überbieten, dass selbst Berufszynikern wie Harald Schmidt bange wird. Ob TV-Containershows oder Yellow-Press-Klatsch, für alles gibt es eine Übelkeitsschwelle. Auch der unkorrekte Witz braucht die Political Correctness, um seine entkrampfende Wirkung zu entfalten. Nur eine Provokation nach der anderen wird zur faden, weil durchschauten Masche, von der sich die Intelligenteren gelangweilt abwenden und nach härterem Stoff verlangen. Der Markt teilt sich derweil immer weiter auf zwischen Discountern und Marken, das Mittelfeld verliert in rasantem Tempo nach allen Seiten: „…don't struggle in the middle."

6.1.3 Phänomen Marke – Auch bei Zeitschriften

Marken sind wie Policen, die dem Konsumenten Verhaltenssicherheit bieten. Sie signalisieren, wer bestimmte Werte teilt und dazugehört. Sie garantieren, sich nicht zu blamieren, und zeigen die Bereitschaft zur Konformität. Der Schutz vor Gesichtsverlust lässt gerade asiatische Konsumenten so markenfixiert sein. Marken sind Masken, hinter denen sich Unsicherheit verbergen lässt und die enormen Anpassungsdruck aushalten lassen. Ein weiterer Sicherheitsaspekt sind die Garantien, die sich aus der Markenidentität ableiten. Im Unterschied zu No Names stehen sie mit ihrem Namen gerade und glauben selbst daran, dass es Gründe für Kundenloyalität und Folgekäufe gibt. Sie investieren also in die Zukunft und wollen nicht Kasse machen und dann verschwinden.

Marken sind auch Wertgeber eines Unternehmens. Ob Boston Consulting Group, PriceWaterhouseCooper (PWC) oder Interbrand, die Liste der beratenden und den Wert der

Marke bejahenden Consultants ließe sich weit fortschreiben – sie alle bezeugen, dass Marken das größte Kapital eines Unternehmens sind.

Zeitschriftenmarken wie „Stern", „Spiegel", „Bild", „Bunte", besonders „Hörzu", um nur einige wenige zu nennen, waren lange Zeit Umsatzgaranten ihrer Zeitschriftenhäuser. „Hörzu" zum Beispiel hat dem Axel-Springer-Verlag von 1946 bis 2013 mit Millionenauflagen ein solides Anzeigengeschäft gesichert. „Spiegel" und „Stern" waren lange Zeit begehrteste Werbeträger, sozusagen die Lieblinge der ADC-Mitglieder – zum Teil so extrem, dass ihre Kunden schon mal abkürzend stöhnten „…bitte nicht schon wieder die SS-Titel, gibt es wirklich keine Alternativen?"

Das Dilemma der Verleger ist es nun herauszufinden, ob es noch oder wieder finanzierbare Visionen gibt. Und wo sind heute Überzeugungstäter wie früher Rudolf Augstein oder Henri Nannen, von dem lange Zeit der Satz im Hause Gruner + Jahr geliebt wurde: „Der Stern zieht nicht nur den Zug, sondern gleich den ganzen Bahnhof mit."

Wenn Zeitschriften, besonders die sich in ihrer eigenen Entrücktheit selbst streichelnden Leitmedien, ihren sogenannten Premiumstatus behaupten wollen, brauchen sie Ideen und Konzepte, die sie von der intra- und intermedialen Konkurrenz nicht nur unterscheidbar machen, sondern mit denen sie eine neue Klasse von Printprodukten schaffen. Dass es geht, beweisen „Landlust" und „Brand Eins", „Emotion" bzw. „Dummy". Sogenannte Independent-Titel werden von den Pressehändlern als Bereicherung für ausgewählte Abverkaufsstellen wie Bahnhofs- und Flughafenbuchhandel bewertet.

Verleger und ihre Marketeers sowie auch Werbeplatzverkäufer, von Mediaagenturen auch gerne als Inventarverramscher erlebt, könnten wieder über Qualitäten sprechen und kämen endlich weg von den leidigen, weil schon zur Selbstverständlichkeit gewordenen Konditionsgesprächen, die die Beteiligten nur auf abschüssige Wege bringen. Sie könnten sich mit den Themen Qualität und Intelligenz verbünden, die gesellschaftlichen Eliten ansprechen, den Respekt vor ihren Zielgruppen neu definieren und das Thema Arbeit auf ihre Agenden setzen. Print ist eine Herzensangelegenheit und deshalb nicht sofort in Businessplänen exakt zu buchstabieren. Es ist ein schwerer Weg, aber offensichtlich der einzige, der den Absturz in die Me-too-Beliebigkeit vermeidet und wieder Marktführerschaft behaupten hilft.

„Der Tag gehört dem Irrtum und dem Fehler, die Zeitreihe dem Erfolg und dem Gelingen."[4] Die Manager der klassischen Medien, allen voran der Publikumszeitschriften, hätten besser mal bei Goethe nachlesen sollen. Vielleicht wären ihnen dann ihre Grundsätze des Verlegens und Blattmachens aufgefallen, statt sich im Pragmatismus zu verlieren. Der Markteintritt der Online-Medien zwingt ganz offenbar zur Reaktion und verschließt die Räume zur langfristig wirkenden Aktion. Sie werden dadurch blind für die Strahlkraft des leserorientierten Journalismus. Sie wirken wie Treibgut im Strom

---

[4]Johann Wolfgang von Goethe: Maximen und Reflexionen, Aphorismen und Aufzeichnungen. Nach den Handschriften des Goethe- und Schiller Archivs hg. von Max Hecker, Verlag der Goethe-Gesellschaft, Weimar 1907. Aus dem Nachlass. Über Literatur und Leben.

einer mäandernden Medienwelt. Sie erleben die Entfremdung von Autonomie, dafür gefühlte Repression. Es folgen hyperaktive Selbstdarstellungen, die von Hoffnungen und Wünschen eines schizophrenen Aktionismus getragen doch nur die diffusen, wenn nicht sogar die von einer depressiven Subjektivität gefärbten Managemententscheidungen offenbaren.

„Prognosen sind schwierig, besonders wenn sie die Zukunft betreffen"[5]: Wie weit zum Beispiel sind weltweit agierende Social Networks tatsächlich in der Lage, Wertvorstellungen zu verändern? Das Zukunftsinstitut, ein 1998 von Trendforscher Matthias Horx gegründetes Unternehmen mit Sitz in Frankfurt am Main, stellte schon 2012 fest, dass der Megatrend „Konnektivität" den gesellschaftlichen Wandel dominieren wird. „Er verbreitet das neue Organisationsparadigma des Netzwerks als gesellschaftsübergreifend und global."[6]

Der Hamburger Medienwissenschaftler Stephan Weichert glaubt in „W&V" im August 2016, dass den Verlagen nicht mehr viel Zeit bleibt, um junge Zielgruppen als Leser für ihre sogenannten Edelmarken wie auch für ihre Nachrichtenportale zu gewinnen. Es sei jetzt schon sehr spät, um sich bei den Millennials einen Namen zu machen. Und er stellt fest, dass die nachfolgende Generation Z „schon nicht mehr Spiegel oder Süddeutsche kennen würde".

Auguren strapazieren oft anstrengend mit zum Teil sich widersprechenden Phrasen den Abgesang auf Print. Zeitungen und Zeitschriften seien Opfer der Digitalisierung. Eine Verlagsmanagerin von Axel Springers Bild-Gruppe erklärte in einem Interview mit dem Branchenblatt „Horizont", dass sich der Trend im Printmarkt „nicht mehr schönreden lässt" mit einem strukturellen Trend. Eine nicht mehr zu verändernde Problematik der Gattung?

Branchennahe Medien, sogenannte Medienexperten prophezeien Verlagen und ihren Printprodukten ein nahes Ende. Führungsspieler in Mediaagenturen, sonst Stichwortgeber für ein allgemeines Hinsiechen von Print, scheuen dabei nicht den Widerspruch. Wie der allseits als Print-Promoter geschätzte Boris Schramm, Mediacom, in einem leidenschaftlichen Plädoyer fragt: „Warum Zeitungen und Zeitschriften als Opfer der Digitalisierung aufgezählt werden? (…) weil die Veränderungen der Branche in der Öffentlichkeit nicht differenziert, sondern am Beispiel großer Nachrichtenmagazine und Tageszeitungen diskutiert werden."[7] Er sieht also eher ein Imageproblem und erkennt, dass die Bedeutungsverluste großer Zeitschriftenmarken wie „Capital" und „FTD" durch Managementfehler verursacht wurden. Und in einer Maiausgabe 2016 von „Horizont" bemängelt Schramm,

---

[5] Mit diesem beliebten Bonmot werden häufig u. a. Mark Twain, Niels Bohr oder auch Winston Churchill zitiert. „Konnektivität: Die Vernetzung der Welt." Quelle Megatrend, Dokumentationen 2012 v. Zukunftsinstitut Frankfurt am Main.

[6] Konnektivität: Die Vernetzung der Welt – https://www.zukunftsinstitut.de/artikel/konnektivitaet-die-vernetzung-der-welt, letzter Zugriff: 14.11.2017.

[7] Boris Schramm: „Plädoyer für Print", Brand Eins Juli 2016.

dass die Verlage in „den großen Diskussionen über Währungen, Wirkungsprozesse oder die Sinnhaftigkeit von Technologien kaum etwas Substanzielles"[8] beisteuern würden.

In der Tat war die „Entdeckung der digitalen Welt" durch die PZ-Verlage eine einzige blauäugig dekorative Nichtauseinandersetzung mit ihrer eigenen Zukunft. Verlagsmanager, besonders der hochpreisigen (Nachrichten-)Magazine, sowohl im Vertriebs- als auch im Anzeigenmarkt, mehr noch – leider auch ressortverantwortliche Redakteure, zum Beispiel von „Stern" und „Spiegel", hielten zu lang und zudem bedingungslos an der bildhaft nach Büchern sortierten Heftteilung ihrer Premiumprodukte fest. Ihnen fehlte der Glaube. Und die wenigen Überzeugungstäter opferten ihre Gründungs- und Geschäftsideen zwischen Skylla und Charybdis – sie wurden zerquetscht zwischen mangelnder Bereitschaft neu zu denken, vor allem aber an fehlender Imagination, sich auf das Neue, das Ungeheure einzustimmen, das in uns und um uns geschieht. „Stern" und „Spiegel", lange gefeierte und beneidete Wappenherolde der deutschen Zeitschriftenszene, haben als Vorbilder und Treiber kläglich versagt. „Stern" war einmal eine Selbstverständlichkeit in deutschen Haushalten – auch wenn man ihn nicht immer gelesen hat. Er war das Abziehbild für die Visionen, Ziele und Werte im Verlag. Selbst der grandiose Fehlgriff mit den sogenannten Hitler-Tagebüchern konnte ihm lange Zeit danach seine Begehrlichkeit nicht nehmen. Doch die hat inzwischen nachgelassen, mehr im Anzeigen-, aber auch im Lesermarkt. Das Anzeigengeschäft, lange Zeit das Perpetuum Mobile für die wie selbstverständlich sich einstellenden Erlöse, hat an Energie eingebüßt. Neue, durch Dritte verursachte Verteilungskämpfe dämpfen die Verkaufserwartungen. Die PZ-Verlage wie auch die Zeitungen erhalten nicht mehr die zu Recht erwartete leistungsgerechte Honorierung durch Anzeigenkunden. Die wird fast allein von Mediaagenturen beurteilt und reguliert. Die Verlage haben sich nolens volens der Unterdrückung gefügt und den Mediaagenturen die Schnäppchenjägerei überlassen.

Wie lange noch wollen Verlagsmanager der Ausbeutung der redaktionellen Leistungen ihrer Zeitschriftenangebote zusehen?

Philipp Welte, Burda-Vorstand, zeigt sich im Juli 2016 mit einem „Ruckruf" nicht mehr bereit zu akzeptieren, dass die Leistungsvorgaben von und durch Mediaagenturen diktiert werden. Wie lange also noch überlassen Verlage ihr ureigenes Geschäft Dealern und Wheelern? So lange, bis der aus dem Anzeigenverkauf, heute Vermarktung des Inventars genannt, zu schöpfende Erlös in den Deals mit Mediaagenturen verdampft und der mögliche Rest dann endgültig den Besitzer wechselt? Hier spiegeln Begrifflichkeiten die tatsächliche Wertschätzung wider. Plötzlich gilt der Terminus Inventar statt Anzeigen. Weil Anzeige zu nahe an der Redaktion klebt? Und weil diese Nähe zur Redaktion ehrliches Selbstbewusstsein spendet und deshalb die Media-Kleptokraten stört? Es ist

---

[8]Boris Schramm: „Man kann das Printgeschäft nicht einfach digitalisieren, das funktioniert nicht", http://www.horizont.net/agenturen/nachrichten/Group-M-Manager-Boris-Schramm-fordert-neues-Denken-Die-Entwicklungen-in-den-USA-zu-kopieren-waere-das-Duemmste-was-Verlage-tun-koennen-140442, 27.05.2016, letzter Zugriff: 14.11.2017.

höchste Zeit, dass die Verleger wieder die Lufthoheit über den Verkauf ihres Inventars, sorry: …über ihre Werbeplätze für Anzeigen zurückgewinnen. Schließlich sind es die Abonnenten und Leser der Printmedien, mit denen Anzeigenkunden kommunizieren wollen.

Leser? Ein Wissenschaftler beschrieb einmal Überraschendes und doch so Naheliegendes: Gedruckte Botschaften zu lesen löst eine haptische Wahrnehmung aus. Es handelt sich dabei um ein sinnliches Empfinden, ein aktives Erfühlen, an dem sämtliche Hautsinne beteiligt sind. Ein gedruckter Text löst das Verlangen aus, eine Geschichte auch zu Ende zu lesen, etwas fertig zu lesen, etwas abzuschließen. Printprodukte liest man daher gern zu Ende.

Internet ist anders. Die hier verteilten Nachrichten, Informationen, Werbungen lassen sich kaum zu Ende lesen. Das Internet wird daher niemals Print substituieren können, genauso wenig wie TV das Kino ersetzen konnte.

6.2 Quo vadis TV? Lineares Fernsehen auf Messers Schneide

„In 20 Jahren ist lineares Fernsehen tot"[9] – ist dies eine realistische Zeitspanne, bis das Totenglöckchen für das lineare Fernsehen geläutet wird? Wie ist der aktuelle Status und was ist zu tun? Der Marktanteil der großen Sendergruppen sinkt. Die Versuche, diesen in der Gesamtbetrachtung von Sendergruppierungen durch neue Zielgruppensender (Spartensender) zu halten, sind schwierig umzusetzen. Kannibalisierung im eigenen Haus, zusätzliche Kosten und eine selbst initiierte Diversifizierung der Angebote machen die Wettbewerbssituation nicht einfacher. Wer ist der Nutznießer und Gewinner? Sicherlich der Medienkonsument, der unabhängig von zeitlichen Restriktionen und ortsungebunden seine Programmnutzung individuell selektieren kann. Der Markt hat sich gewandelt – aus einem ehemaligen Anbietermarkt hat sich ein atomisierter Nachfragemarkt entwickelt. Die Grenzen zwischen den Verbreitungs- und Empfangswegen sind längst passé – der Empfang via Smartphone, Tablet oder Screen bietet vielfältige Möglichkeiten.

Die guten Zeiten der etablierten Sendermarken gehören längst der Vergangenheit an – die Rezipienten berücksichtigen diese vielleicht nur noch bei der Programmierung ihrer Fernbedienung beim Kauf eines neuen Geräts. Heute kann jeder Nutzer sein lineares Angebot durch Mediatheken der Sender, umfangreiche Streamingangebote und durch unzählige Videoangebote im Netz ergänzen. Neue Formate prägen die Szene – auffallend ist dabei, dass der Rezipient sich an diesen orientiert und weniger an einem Sender.[10] Dies müsste den Programmmachern und Senderchefs zu denken geben – ihre Markenidentität und der USP werden zunehmend aufgeweicht.

---

[9]Reed Hastings (Netflix-Chef) 2015.
[10]Bspw. wird „Voice of Germany" bis zum Halbfinale auf ProSieben ausgestrahlt, bevor die Sendung dann zu SAT.1 wechselt.

Ein Format wird genutzt, egal wo es ausgestrahlt wird. Gehören die Sendermarken bereits zur Geschichte? Was sind die Claims[11] zur Differenzierung und Senderpositionierung heute noch wert? Welche Auswirkungen hat das auf den Werbemarkt und für die buchenden Agenturen sowie Werbungtreibenden? Wird lineares Fernsehen nur noch zum Zielgruppenmedium derer, die wie die Dinos am Aussterben sind und sich krampfhaft an die alten Zeiten erinnern und daran festhalten? Wenn dem so ist, wird sich das lineare Fernsehen tatsächlich auf einen schleichenden Tod vorbereiten müssen.

Ihre Aufgabe ist es dringender denn je, ihre Angebote ins und über das Netz zu verlängern. Seit Jahrzehnten versucht das Medium der tendenziell älteren Zielgruppennutzer, junge Zielgruppen an seine Sender und Formate zu binden – mit mehr oder weniger großem Erfolg. Entscheidend ist, dass sich die Anbieter an den durch die Digitalisierung veränderten Nutzungsmustern der Rezipienten ausrichten und nicht umgekehrt. Wer dies nicht befolgt, wird unweigerlich bestraft und als Verlierer dastehen. Einfacher gesagt als umgesetzt.

Exklusive Inhalte (Sport, Events, Content etc.) und das Angebot zum mobilen Streaming erhöhen die Chancen, sich als relevantes Angebot im Markt weiter etablieren zu können. Dennoch verweisen Kritiker immer wieder darauf, dass der Umdenkprozess und die Umsetzung von kanalübergreifenden Strategien noch nicht bis ins letzte Detail durchdacht und daher inkonsequent und nutzerunfreundlich umgesetzt werden.

Sind Themenwelten oder Specials zukünftig die Erfolg versprechende Lösung? Durchaus möglich – jedoch nur, wenn sie nicht in Selbstverliebtheit der Programmmacher als lineares Angebot von lieblos gestalteten On-Demand-Services unterstützt werden. Dies wäre zu einfach – wo bleiben da der kreative Impuls, der Pioniergeist oder gar das innovative Engagement und der Mut, neue Wege zu beschreiten? Die Abkehr von traditionellen Angeboten heißt nicht zwingend, sich davon gänzlich zu verabschieden. Die Zeiten haben sich geändert, und die Nachfrage induziert eine Anpassung der Angebote. Wer das ignoriert, wird dann nicht dem Nutzer schädigen, sondern dem eigenen Programm. Wer sich aus dem Relevant Set der User schießt, hat bereits verloren. Daher müssen über digitale Plattformen erweiterte Services angeboten werden, die dem Nutzer einen thematischen Mehrwert zu den Sendungen bringen.

6.2.1 Synergien mit Online-TV – Wunsch oder Wirklichkeit?

Gibt es Synergien von Online und linearem TV oder ist dies gänzlich ausgeschlossen? Die Angst, das bestehende Programmangebot zu verwässern und Einbußen im Werbemarkt zu erleiden, ist ein schlechter Ratgeber. Hier geht es nicht darum, als Pessimist auf die Auswirkungen des bisher praktizierten Geschäftsmodells zu verweisen, sondern nach

---

[11]Bspw. die Dachmarkenkampagne von RTL „Willkommen zu Hause. Dein RTL" oder ProSieben mit „We love to entertain you".

Möglichkeiten zu suchen, diese Geschäftsmodelle aufzuwerten, weiterzuentwickeln und für Werbungtreibende und Agenturen als Werbeplattform interessanter, effizienter und effektiver zu machen.

Nicht zuletzt sind die Erlösstrukturen entscheidend für den Spielraum, der verbleibt, um sich in der fragmentierten Medienwelt weiter mit kostspieligen Inhalten und innovativen Ansätzen behaupten zu können. Sinkende Einnahmen und Erlöse schmälern die Möglichkeiten und erschweren die Entscheidungsfreudigkeit. Der traditionelle Fernsehgenuss[12] wurde schon entscheidend durch die Privatisierung der Medienlandschaft geprägt – und auch ein neuer Umbruch hat längst begonnen. Die digitale Welt hat vieles bereits verändert und das goldene Zeitalter von linearem TV ist vorbei. Was nicht bedeutet, dass keine Goldgräberstimmung mehr herrscht.

Gerade diese Stimmung könnte für lineares TV ein wichtiger Schritt in eine neue Zukunft sein. Wer sich nur noch als reiner Abspielkanal positioniert, wird an Markenidentität verlieren, als Absender der Inhalte nicht mehr erkennbar sein und als Me-too-Produkt daherdümpeln[13]. Sind nonlineare Angebote wirklich eine Erfolg versprechende Lösung für die etablierten TV-Sender oder nur ein Puzzleteil von vielen?

Henne-Ei-Problematik oder: Wer passt was an wen an? Die Frage ist relativ einfach zu beantworten: Die Zuschauer und Nutzer von audiovisuellen Inhalten sind losgelöst und unabhängig von der Nutzung linearer TV-Angebote. Sie haben die Macht – durch das einfache Drücken auf ihrer Fernbedienung oder einer Taste auf einem Second Screen (Smartphone, Tablet) sind sie in der Lage, ihre Interessen und Bedürfnisse durch eine entsprechende Mediennutzung zu befriedigen. Ob live, zeitversetzt, zu Hause, unterwegs, allein oder mit Freunden ist nebensächlich, viel entscheidender ist, dass sie unabhängig von Restriktionen (von Pay-Angeboten einmal abgesehen) auf frei zugängliche, kostenlose oder eben auch bezahlbare Streamingangebote zugreifen können.

Der einfache Zugriff auf Bewegtbildangebote verstärkt die Qual der Wahl und erschwert die Selektion von Inhalten aufgrund einer wachsenden Intransparenz – der Konsument wird überfordert. Der einfache Nutzer sucht nach Auswegen. Diejenigen, die es geschafft haben, sind längst zum eigenen Programmhero und Selektivseher mutiert. Streamingdienste versetzen den Nutzer als Programmplaner in die Lage, sein eigenes Zeitfenster zu füllen. Ob Serien, Filmhighlights, Konzerte, Dokumentationen oder Events – alles ist abrufbar. Die Zeiten, in denen der Spannungsbogen von Serienfolge zur nächsten Folge eine Woche überdauerte, sind vorbei. Mehrere Folgen am Stück können

---

[12]Helmut Thoma: „Bis zum Entstehen der Privatsender war der Fernseher so eine Art Hausaltar, der in der Mitte des Wohnzimmers stand, wo sich die Familie zur Anbetung davor versammelte. Heute ist Fernsehen beiläufiger geworden mit den vielen Kanälen, auf denen man herumsurfen kann", http://www.gutzitiert.de/zitat_autor_helmut_thoma_thema_fernsehen_zitat_1566.html, letzter Zugriff: 14.11.2017.

[13]Samuel Goldwyn (amerikanischer Filmproduzent): „Warum sollten Leute außer Haus gehen und gutes Geld ausgeben, um schlechte Filme zu sehen, wenn sie zu Hause bleiben und schlechte Filme umsonst sehen können"? http://gutezitate.com/zitat/223390, letzter Zugriff: 14.11.2017.

hintereinander abgerufen werden, sofern der User dies möchte. Ein für viele unbezahlbarer Mehrwert, auf den man nicht mehr verzichten möchte.

6.2.2 Crossmediale Nutzung – Internet-TV als echte Alternative?

Der Nutzer steht heute nicht vor der Alternative fernzusehen, Radio zu hören oder Zeitung zu lesen – nein – es ist nicht mehr das Medium, für das er sich entscheidet. Es ist der Content, den er konsumieren will, und erst danach entscheidet er über das Medium, auf dem er den Content abruft bzw. nutzt. Auch wenn über das Internet und seine Onlineangebote alle diese Funktionen der etablierten Medien abrufbar sind, haben nondigitale Formen immer noch ihre Existenzberechtigung. Die Zielsetzung der Sendermarken muss es sein, ihre non-linearen Angebote weiter auszubauen und diese zu promoten. Dabei dürfen sie sich nicht an Netflix und Co. orientieren – sonst besteht die Gefahr, dass sie sich ähnlich positionieren und als Me-too-Produkt wahrgenommen werden. Klassisches Fernsehen kann dagegen viel mehr. Programmmacher und -verantwortliche sollten sich auf die Stärken des Fernsehens besinnen. So könnten sie das soziale Engagement weitaus besser nutzen, um ihre Zielgruppen zu aktivieren, diese über Social Media zu vernetzen und dadurch einen Mehrwert durch interaktive Apps zu bestimmten Themenfeldern zu generieren. Sie könnten auch einen individualisierten Content anbieten und Websites wie Apps gezielt auf die Nutzer ausrichten. Dann und nur dann kann ein erfolgreiches, funktionierendes Plattformangebot die potenziellen Nutzer überzeugen.

Die Entwicklung im TV-Markt zeigt eine eindrucksvolle Dynamik, die durch technologische und strukturelle Veränderungen entstanden ist. Trends und neue Nutzungsszenarien haben diese Prozessveränderungen bereits vor Jahren absehen lassen. Neue Herausforderungen und Geschäftsfelder für Medien und Programmmacher sind eigentlich nicht neu – Letztere müssen sich jedoch täglich neu erfinden. Sie müssen feststellen, dass sich das traditionelle Fernsehen längst überholt hat – Christoph Breunig spricht in diesem Zusammenhang von der „verlorenen Generation"[14] in dem Sinne, dass ein solches Medium alleine nicht mehr in der Lage ist, die Erwartungshaltung der TV-Konsumenten zu befriedigen. Der Content steht im Mittelpunkt und wird entscheidend durch den Nutzer und dessen Feedback determiniert. Crossmediale Konzepte werden immer wichtiger, die Medienkonvergenz schreitet unaufhaltsam voran und mediale Zusammenhänge verschieben sich oder verschmelzen miteinander. Personifizierte Content-Angebote sind die Folge des Trends zur individualisierten Nutzung. Das klassische Fernsehen mit seinen traditionellen Angeboten war konzipiert als One-to-Many-Angebot, wie zum Beispiel in Form von „Wetten dass…?", aber auch von „DSDS", „Let's Dance" und vielen weiteren Unterhaltungsshows. Das jahrzehntelang erfolgreiche One-to-Many-Modell

---

[14]Christoph Breunig: „IPTV und Web-TV im digitalen Fernsehmarkt", in Media Perspektiven, Nr. 10/2007, S. 1.

wird nun zunehmend abgelöst von One-to-One-Modellen. Individualisierte Programmselektion verändert die Sender-Empfänger-Beziehung, das heißt, der Informationstransfer erfolgt zwischen Sender und Nutzer analog bspw. wie bei Video-on-Demand- und Streamingangeboten.

6.2.3 Reichweiten- und Wirkungsverluste – Negative Folgen für die Wertschöpfungskette

Bei einer solchen Entwicklung bleiben die Sender und deren Programmangebote von Reichweitenverlusten und Wirkungsdefiziten nicht verschont. Insbesondere dann, wenn die Medienkonvergenz zu Veränderungen des Mediennutzungsverhaltens führt. Die TV-Reichweiten als relevante Mediawährung stehen zunehmend im (kritischen) Fokus. Vor allem die Nettoreichweiten sinken, weil immer weniger Seher immer länger fernsehen. In Bezug auf die Werbung bedeutet das, dass die breite Masse an Rezipienten durch hohe Kontaktdosen kleinerer Gruppierungen ersetzt wird. Reichweite ist nicht gleich Reichweite – ihr Stellenwert gerät zunehmend unter Beschuss. Auch wenn häufig senderseitig immer noch auf hohe Nettoreichweiten verwiesen wird – und dies auch bei den Digital Natives –, ist es falsch und zu wenig zielführend, diese tatsächlich stattfindenden Entwicklungen zu bagatellisieren. Der Erklärungsversuch, dass sinkende Nettoreichweiten über eine Anpassung im Sinne einer Optimierung der bestehenden Erhebungsmethode (Panel) zu begründen sind, ist sicherlich ein Argument, wird jedoch nicht ausreichen, um diesen Negativtrend vollständig zu erklären. Die Arbeitsgemeinschaft Fernsehforschung (AGF) muss weiter prüfen, ob Veränderungen im Mediennutzungsverhalten – auch zielgruppenspezifisch – valide gemessen und abgebildet werden. Werbungtreibende Kunden hatten die AGF aufgefordert, eine Konvergenzwährung zu entwickeln, um durch eine TV-Online-Währung die Bewegtbildnutzung mit abbilden zu können[15]. Ein valider Ausweis der Reichweiten ist die zentrale Grundlage zur Bewertung von Programmen und werblicher Angebote.

Sind klassische Spots nun Auslaufmodell oder penetranter Störfaktor?
Werbung ist und muss kein Störfaktor sein. TV-Spots müssen nicht zwangsweise langweilig und unspektakulär gestaltet sein. Sie müssen zur Marke passen, crossmedial einsetzbar sein und vor allem aktivieren können. Die Spots sollten sowohl im linearen TV als auch im Internet einsetzbar sein. Online können diese auch länger konzipiert sein, wobei jedoch beachtet werden muss, dass diese nicht vom User als Störfaktor empfunden werden. Wenn dem so ist, sind werbliche Impulse wirkungslos. Wer sich mit innovativen Ansätzen und den technischen Möglichkeiten im Rahmen der Gestaltung auseinandersetzt, wird fündig werden. Virtuelle Werbewelten, innovativ kreative

---

[15]Vgl. dazu Uwe Storch: „Wir wollen eine Währung für mobile Bewegtbildnutzung haben", Horizont 16.09.2015.

animierte Werbekonzepte (z. B. CGI-Werbung mit Computer-generated-Images) oder informative Spots, die persönlich ansprechen und einen Mehrwert bieten, werden das Rennen machen. Die ersten Ansätze von animierter Werbung liegen bereits mehr als zehn Jahre zurück (beispielsweise der Milka-Spot aus dem Jahr 2004 mit einem Murmeltier und einem Bär). Technische Entwicklungen haben dazu geführt, dass heute weitaus einfacher und vor allem preisgünstiger produziert werden kann. Es ist nicht mehr erforderlich, für CGI-Produktionen Spezialisten in den USA zu beauftragen – heute kann man für ein Budget von unter 500.000 EUR auch in Deutschland produzieren lassen.

Die Vorteile dieser werblichen Ansprachen liegen in der Einzigartigkeit und der Möglichkeit, die Zielgruppen durch Storytelling anzusprechen. Auch wenn bei den Animationsfilmen in den letzten Jahren ein Hype entstanden ist, sind die Werbungtreibenden bei der Nachfrage von CGI-Produktionen doch recht zurückhaltend.

Wie passt das Konzept der CGI-Werbung zum bisherigen Markenauftritt – Scheinwelt versus brutale Realität? Diese Entscheidung müssen die Markenverantwortlichen treffen. Nur Mut – der Marke wird es gut tun. Skepsis ist ein bremsender Wegbegleiter, hilft jedoch auch dabei, keine voreiligen Entscheidungen zu treffen. Abzuwarten heißt, seine Chancen zu vertun und anderen Chancen zu eröffnen. Das klassische Werbezeitenerlösmodell erodiert, der sowohl inter- als auch intramediale Wettbewerb verschärft den Verteilungsprozess und die Konditionen – also auf zu neuen Ufern.

6.2.4 Streamingdienste – Add-on oder Sargnagel?

Quoten entscheiden über Erfolg und Misserfolg im TV-Business. Was keine Quote schafft, wird durch andere Programme und Inhalte ersetzt. Die Quotengläubigkeit kennt keine Grenzen – selbst wenn immer wieder an der eigentlichen Messung gezweifelt wird, könnte man den Eindruck gewinnen, dass nur wenige ernsthaftes Interesse haben, die Messmethoden und mögliche Messfehler infrage zu stellen. Allerdings wurde seit Langem mit konvergenten Nutzungsdaten versucht, die fusionierten Bewegtbilddaten zu analysieren. Bei dieser Weiterentwicklung werden die AGF-Nutzungsdaten für TV- und Desktop-Streaming zusammengeführt. Das ist noch längst nicht das Ende – digitale Angebote auf Smart-TVs sollen erfasst werden. Mittels einer Connector App soll die Nutzung auf mobilen Endgeräten den AGF-Fernsehforschungspanels zugeordnet werden. Somit können TV und Online inklusive Tablets, Konsolen und Smartphones auf Basis des Single-Source-Ansatzes kombiniert gemessen werden. Jetzt gilt es, die Auswertungszyklen noch zu verkürzen und den Zeitverzug bis zum Datenausweis zu verringern. Videostreamingangebote[16] wie Netflix, Maxdome, Watchever, SkyGo, Amazon

---

[16]Im sog. Dashboard Videostreaming lassen sich individuelle Auswertungen für die Angebote von ARD, Pro7, Sat.1, ZDF und RTL nach der Soziodemografie (Geschlecht, Alter) für Zielgruppen ausweisen. Die KPIs sind die Anzahl der Videos, Strukturanteile in % und die absolute Nettoreichweite.

u. a. haben den deutschen Markt bereits erfolgreich erobert. Die einzelnen Angebote differieren immer noch nach Angebotsumfang, Verfügbarkeit (Browser) und vor allem im Preis. Der legale Kinospaß aus dem Internet hat bereits einer Vielzahl an Videotheken den Garaus gemacht. Die erschwinglichen Flatrates (teilweise unter 10 EUR pro Monat) lassen manches Cineastenherz höher schlagen – die Nutzung dieser Angebote geht zulasten des TV-Konsums. Warum denn in die traditionelle Röhre schauen, wenn man werbefrei, individuell und zu jeder Zeit stationär oder auf mobilen Endgeräten seine Lieblingsfilme oder Serien anschauen kann? Amazon bringt mit einem neuen TV-Stick noch mehr Flexibilität, und über die Voice-Remote-Funktion ist die Fernbedienung mit einem eingebauten Mikrofon ausgestattet. Damit sind nun auch alle Alexa-Funktionen auf dem Fernseher nutz- und abrufbar.

Streamingdienste werden zum Quotenrückgang beitragen – dies ist keine Frage der Zeit, sondern schon bittere Realität. Die Einschaltquote ist immer noch das Herz oder Filetstück für jeden Programmmacher. Die Quote beinhaltet Quantität – über die Qualität sagt sie aber rein gar nichts aus. Diejenigen, die sich von der Quote breitschlagen lassen, geraten nicht nur in ein Abhängigkeitsverhältnis, sondern mutieren auch zu Quotenknechten. Im TV-Business ist sie das Maß aller Dinge, dokumentiert die Zuschauerzahl und stellt die Basis für die Tarifstruktur für die Werbung dar. Im Grunde ist es relativ einfach: Je höher die Quote, desto mehr kann ein Sender für die Insertion (Spot) an Werbegeldern verlangen. Die Quoten-Junkies in den TV-Sendern erwarten mit Spannung jeden Morgen die aktuellen Zahlen des Vortages. Diese genießen einen extrem hohen Stellenwert, stehen jedoch auch öfter im Kreuzfeuer kritischer Berichterstattungen. Ob als große Quotenlüge[17] oder Halbwahrheiten bezeichnet, die Quote hat trotz aller Kritik immer noch ihre Daseinsberechtigung – auch wenn sie von Helmut Thoma als imaginärer Wert[18] oder als Schätzung bezeichnet wird. Für Programmmacher hat die Quote aber nach wie vor eine bedeutende Relevanz – sie entscheidet über Sein oder Nichtsein!

Warum sonst sollten Programmdirektoren und Programmmacher reichweitenschwächere Sendungen und Dokumentationen auf Zeiten verschieben, die ein normal Sterblicher trotz Interesse gar nicht mehr nutzen kann? Dies ist kein hausgemachtes Phänomen der Privaten, sondern auch gerade bei denjenigen Usus, die eigentlich den Qualitätsanspruch und den Programmauftrag ganz für sich proklamieren. Die Öffentlich-Rechtlichen, das sogenannte „Zwangs-Pay-TV", wie Dr. Georg Kofler einmal sagte, kassiert Gebühren und muss auf Teile der Werbeeinnahmen verzichten. Gerade sie könnten aufgrund dieser Tatsache auch wirklich Programmelemente für Minderheiten, Intellektuelle und Interessierte anbieten, ohne stets immer haarklein auf die Quote achten zu müssen. Aber auch hier hat sich ein Umdenkprozess vollzogen – wie sonst ließe sich

---

[17]Vgl. dazu Claudius Seidl: „Die große Quoten-Lüge", in Frankfurter Allgemeine Feuilleton 16.02.2014.
[18]Helmut Thoma kritisiert Quotenmessung, http://www.bild.de/unterhaltung/tv/helmut-thoma/kristisiert-tv-quotenmessung-30408424.bild.html, 15.05.2013, letzter Zugriff: 14.11.2017.

die Vorabendprogrammierung von ARD und ZDF erklären? Was Quote bringt, bedeutet Werbeeinnahmen. Was schert dann der Programmauftrag? Krimi statt Mimi heißt die Devise. Die Seher werden immer flüchtiger, die extrem hohe Altersstruktur der Öffentlich-Rechtlichen führt dazu, dass immer mehr alte Seher wegbrechen und nicht durch neue, jüngere Seherschaften ersetzt werden können. Verjüngungstendenzen durch neue Programmformate im Vorabendprogramm – der Blick auf die Quote lässt grüßen. Dann bleiben noch die Dauerseher, die eine hohe Nutzung aufweisen, auch wenn diese aus der werberelevanten Zielgruppe meist herausfallen. Solange nur nach Altersbreaks selektiert wird, sind sie immer noch gut genug zur Stärkung der Quote. Alle reden von der Konvergenz der Medien – es ist aber schon längst Realität, dass sich Programmangebote immer stärker annähern. Minderheiten-TV für Anspruchsvolle ringt um die Zeiten und Plätze von teils niveaulosen Mainstreamformaten, die aber eben Quote bringen.

6.2.5 Programmverflachung durch Scripted Reality

TV kämpft nicht nur mit sich selbst und intramedial gegen die vielfältigen TV-Angebote und Formate. YouTube mit Bewegtbild ist nur eines von vielen, das die User in seinen Bann zieht. Unterhaltung oder Entertainment ist gewünscht. Wer nachdenken muss, schaltet ab oder um. Das manifestiert sich im Erfolg von Reality-TV – oder auch schon nicht mehr. Scripted Reality[19] scheint in Zeiten der Programmverflachung die optimale Lösung zu sein. Infotainment, sachlich und fachlich Hochtrabendes, das seriös aufbereitet und gut recherchiert ist, muss Formaten weichen, die den Anschein erwecken, das Publikum vorsätzlich verblöden lassen zu wollen. Selbst die öffentlich-rechtlichen Anstalten haben hier und da den Bezug zur Realität verloren und verfolgen im Quotenwahn neue Strategien, um sich im Reigen der Privaten zu behaupten. Wo bleibt da der Informations- und Bildungsauftrag? Der Verdacht besteht, dass dieser bereits der Vergangenheit angehört und in der Senderschublade versteckt wird.

Scripted Reality – das Genre mit der Realität nach Drehbuch – wird nicht nur von den Landesmedienanstalten und der Kommission für Jugendmedienschutz kritisch beäugt, sondern zunehmend auch von Medienkritikern. Es fehlt hier eindeutig eine klare Kennzeichnung, dass in den Fake-Dokuserien alles frei erfunden ist. Aber: Die inszenierten Geschichten mit teilweise asozialem Verhalten von Pseudodarstellern und Selbstdarstellern bringen Quote. „Was soll's?" werden Budgetverantwortliche sagen – das Mittel führt zum Zweck. Wollen Kunden mit ihrem Produkt werblich im Umfeld dieser frei erfundenen Wirklichkeit platziert sein? Es sind keine Einzelfälle von Sendungen,

---

[19]Darunter versteht man ein Genre, bei dem den Zuschauern eine Pseudo-Realität nach Drehbuch vorgegaukelt wird. Formate aus unterschiedlichen Milieus, dargeboten von Laiendarstellern und stets nicht erkennbar, ob Realität oder Fiktion. Die Kritiker (u. a. Landesmedienanstalten) fordern schon seit Jahren eine Art Kennzeichnungspflicht.

sondern es ist eine breite Palette in Hülle und Fülle mit steigender Tendenz. Der TV-Journalist Friedrich Küppersbusch hat dazu einmal folgerichtig bemerkt: „Jede einzelne dieser Sendungen erfüllt den Tatbestand der ‚Quotenbeschaffungskriminalität'". Alles infrage zu stellen und zu verteufeln wäre zu einfach. Es sind nicht die Medien, die alles verschlimmern, sondern jeder Zuschauer, jeder User kann frei entscheiden, ob er solche Angebote akzeptiert und nutzt. Interessanterweise zeigen Umfrageergebnisse, dass sich kaum jemand dazu bekennt, diese Formate zu nutzen. Die Quoten sprechen allerdings eine andere Sprache.

Durch den Erfolg von Scripted Reality hat sich mittlerweile ein neues Berufsbild etabliert – Dramaturgen der Story und Konflikteure machen das Rennen. Das alles immer mit der Zielsetzung Quote, Quote und nochmals Quote. Lässt diese nach und beginnt zu schwächeln, muss reagiert werden, sonst ist das Format bald tot. Was ist überhaupt noch echt und wo wird bewusst eingegriffen und gesteuert? Geht bei „DSDS" alles mit rechten Dingen zu oder wird der eine oder andere vermarktungsgerechte Kandidat protegiert? Ob in „Bauer sucht Frau" oder „Familien im Brennpunkt" geschwindelt und gelogen wird, ist sekundär für den Rezipienten. Entscheidend ist, dass es ihm gefällt. Dem Sender gefällt es dann, wenn dieser zum richtigen Zeitpunkt das richtige Knöpfchen auf seiner Fernbedienung drückt.

Soaps, Doku-Soaps oder Reality-TV-Formate kommen und gehen. Zu Beginn starten sie fulminant durch, bekommen mit der Zeit Gehschwierigkeiten, beginnen zu lahmen und scheiden dann urplötzlich aus dem Rennen aus. Die gute Nachricht ist, dass sich jedes Format irgendwann zu Tode läuft. Die schlechte Nachricht ist, dass diese dann durch neue, noch schrägere Sendungen ersetzt werden. Jahrelang diente das Fernsehen mit seinen Reality-Soaps für viele exhibitionistisch veranlagte Menschen als willkommene Gelegenheit zur Selbstinszenierung. Diesem Wunsch wurde seitens der Sender gnadenlos entsprochen, und wer sich zum Depp vor allen anderen präsentieren wollte, dem wurde kein Stein in den Weg gelegt. Also warum nicht? Win-win für alle. Mittlerweile scheint es allerdings die Tendenz zu geben, dass das Gros dieser exhibitionistischen Klientel nicht mehr so verfügbar ist wie noch vor Jahren, womit auch das Format vor dem Abgrund stehen dürfte.

Alles, was dem Zuschauer gefällt und ihn amüsiert verspricht Quote, warum also teuer und rechercheaufwendig Sendungen produzieren? Die Authentizität ist sekundär. Der Medien-Ökologe Neil Postman hatte bereits 1985 in seinem Buch „Wir amüsieren uns zu Tode" auf die kulturellen, sozialen und gesellschaftlichen Auswirkungen des Fernsehens verwiesen. Fernsehen ist Selbstzweck – mitdenken ist nicht erforderlich, sondern zuschauen und berieseln lassen reichen aus. Wir erinnern gerne an das Thema Second Screen: die gleichzeitige Nutzung von Endgeräten vermindert die Aufmerksamkeit und die Bedeutung des Mediums selbst. Das Wort ist zweitrangig, Emotionen und Bilder sind entscheidend, denn sie bedürfen keiner großen Erklärung. Zerstreuung und Oberflächlichkeit ersetzen Ernsthaftigkeit und anspruchsvolles Mitdenken.

Wohin führt diese Entwicklung? Postman hatte damals beim Fernsehen auf die totale Enthüllung verwiesen, bei der auch private und intime Bereiche des Lebens offengelegt würden. Dieser Schritt ist längst vollzogen – soziale und moralische Verhaltensregeln werden ignoriert.

Dem Fernsehen alleine diese Schuld aufzubürden ist sicherlich falsch, es trägt jedoch zur Verwischung von Realität und Fiktion entscheidend bei. Müll gibt es nicht nur hier, sondern durch die Digitalisierung und eines Information Overloads wird es immer schwieriger, Wahrheit von Schwindel zu unterscheiden. Dennoch ist eines unverkennbar – „Als gut gilt heute ganz einfach eine Sendung, die hohe Einschaltquoten hat. Schlecht ist eine Sendung mit niedrigen Quoten. Infolgedessen beginnt und endet die Verantwortung eines Fernsehautors bei seiner Fähigkeit, eine Sendung zu fabrizieren, die sich viele Millionen Zuschauer anschauen.", so Postman. Der Zweck heiligt die Mittel, wird sich mancher Programmmacher denken – was bleibt dann noch übrig von der einstigen Authentizität und Glaubwürdigkeit des Fernsehens?

1992 hatte Postman[20] darauf verwiesen, dass die Orientierungslosigkeit der Menschen durch die „Vermüllung" mit Informationen so sehr verstärkt wird, dass die Gesellschaft an „kulturellem Aids" erkrankt. Dabei hatte er sich nicht das Fernsehen zur Medienschelte auserkoren, sondern bereits damals davor gewarnt, dass sich die Kommunikation und auch die gesellschaftlichen Rahmenbedingungen verändern werden. Das Fernsehen leistet dazu einen wesentlichen Beitrag. „Fernsehen wurde nicht für Idioten erschaffen – es erzeugt sie", so Postman. Also: Wo kein Markt und kein User, dort werden auch solche Angebote nicht fruchten.

Scripted Reality und das werbliche Umfeld

Wenn sich ein Volk von Trivialitäten ablenken lässt, wenn das kulturelle Leben durch eine endlose Reihe von Unterhaltungsveranstaltungen und als gigantischer Amüsierbetrieb neu bestimmt wird, wenn der öffentliche Diskurs zum unterschiedslosen Geplapper wird, kurz: Wenn aus Bürgern Zuschauer werden und ihre öffentlichen Angelegenheiten zur Varieté-Nummer herunterkommen, dann ist die Nation in Gefahr. Das Absterben der Kultur wird zur realen Bedrohung.[21] Die einzelnen Formate inszenieren häufig Wirklichkeiten mit Konfliktsituationen, zeigen das Leid anderer, führen zu Neid und Missgunst und beinhalten nicht selten unterirdische Konversationen. Schicksalsschläge und die Freude über die Dummheit anderer, gepaart mit Halbwahrheiten erfreuen sich einer großen Beliebtheit. Ob Eskapismus oder einfach nur das schöne Gefühl, dass es anderen noch schlechter geht, können schon zum Einschalten bewegen. Realitätsverlust und Authentizität sind dabei die Folgen. Harmoniebedürfnis war gestern – Zoff und Konfliktsituationen bringen Quote.

Was den Sendern erfolgreiche Quoten verspricht, bedeutet nicht, dass sich die Sendungen als werbliches Umfeld qualifizieren. Es lohnt sich genau hinzuschauen. Auch wenn diese Formate werberelevante jüngere Zielgruppen versprechen, handelt es sich dabei nicht zwangsläufig um kaufkraftstarke Konsumenten, sondern tendenziell um Zuschauer, die Gefallen am Bloßstellen von anderen haben – auch eine Art von Sozialpornografie unreifer Persönlichkeiten ohne moralische Empfindungen.

---

[20]Neil Postman: „Wir informieren uns zu Tode", Die Zeit, Ausgabe 41/1992.
[21]Neil Postman: „Das Fernsehen bedroht die Demokratie", Der Spiegel, Ausgabe 51/1985.

Dem Werbungtreibenden ist dies häufig egal, solange die Quoten stimmen und das Produkt in Szene gesetzt wird. Zahlreiche Formate mit und ohne Realitätsgehalt vermischen Authentizität und fiktionale Inszenierung. Hauptsache, die Botschaft kommt rüber, die Marke wird zielgruppengerecht in Szene gesetzt und Kaufimpulse werden geweckt. Was will man mehr? …möge man meinen. Ob die werbliche Präsenz in Werbeblöcken dieser Umfelder effektiv und effizient ist, scheint fraglich.

Für die jugendlichen Rezipienten ist es häufig nicht möglich, zwischen Wahrheit und Erfundenem zu differenzieren – für sie hört meist der Realitätsbezug an der Stelle auf, wo Fiktion und Fake anfangen. Ob Castingshow (in der bereits im Vorfeld klar die Rollenverteilung geregelt ist) oder klischeebehaftete, polarisierende Sendung wird häufig von den Marketeers akzeptiert: Die Agentur hat die Umfelder analysiert, selektiert und im Mediaplan verankert. Dann muss es ja auch durchdacht sein – also warum sich dagegen aussprechen? Allerdings gibt es auch diejenigen Werbungtreibenden, die Genres für Dünnbrettbohrer verurteilen, sich bewusst gegen solche Formate entscheiden und im Rahmen crossmedialer Strategien andere Touchpoints bedienen. Für sie steht im Vordergrund, dass Qualität auf die Marke einzahlt. Inszenierte Peinlichkeiten und konfliktäre Familiendramen, dargeboten durch Laiendarsteller auf der einen Seite induzieren Schadenfreude und fördern einen potenziellen Voyeurismus der Rezipienten auf der anderen Seite.

Für die Vermarkter scheint Scripted Reality aber ein einträgliches Geschäft zu sein. Die Quote stimmt, die Kosten der Produktion und die finanziellen Risiken sind überschaubar. Was bleibt dann noch für den Werbungtreibenden übrig? Produktinszenierungen und Werbeversprechen in realitätsfremden Good-Guy-Bad-Guy-Umfeldern, die mit Klischees und häufig Looserdarstellern negative Wertevorstellungen assoziieren. Ist dies ein geeignetes Umfeld zur Markenpositionierung? Eher nicht – Werbeverzicht statt destruktive Werbeimpulse und Stimuli müsste die strategische Konsequenz sein. Auch wenn fälschlicherweise den Werbungtreibenden per se ebenfalls eine effiziente Werbemöglichkeit suggeriert wird – die negativen Effekte auf die Marke können nicht vernachlässigt oder gar negiert werden. Wenn die Nachfrage seitens der Rezipienten nachlässt, wird die Quote sinken und die Attraktivität der Formate für Werbungtreibende nachlassen. Scripted-Reality-Formate mutieren dann von der Cash Cow zum Auslaufmodell auf dem Weg zur Schlachtbank und der Trend wird sich von selbst erledigen. So lange sollten Marketeers nicht abwarten – wer bewusst seinem Markenverständnis und seiner Verantwortung für dieses nachkommt, wird eigenständig entscheiden können, welche Gefahren für alle Beteiligten darin stecken.

Wir wollen an dieser Stelle nicht als Moralapostel fungieren, sondern darauf verweisen, dass diese Art von klischeehaften Sendungen eher ein negatives Image transportiert – auch auf die Werbeumfelder und die darin gezeigten Produkte. Medienkritiker schauen mit Argusaugen auf die weitere Entwicklung dieses Genres. Allerdings wird reine Medienschelte nicht dazu führen, dass in absehbarer Zeit ein Verbot von Scripted Reality kommen wird. Für Sender und Vermarkter ein erfolgreiches

Format – zumindest von der Quote. Aber: Wollen Sie sich, liebe Marketeers, mit Ihren Produkten in diesen Umfeldern platziert sehen?

Entscheiden Sie selbst. Wir meinen: Finger weg von diesen Angeboten. Und halten es mit Amir Kassaei: „Scripted Reality Formate sind langfristig imageschädigend."[22]

6.3 Qualitätsmedien unter Druck durch Gratiskultur

Der Abgesang auf die sogenannten (vielleicht ehemaligen) Qualitätsmedien wird immer lauter. Aber: Was sind eigentlich Qualitätsmedien und wen interessiert das wirklich? Der deutsche Medienwissenschaftler Stephan Ruß-Mohl hatte einmal gesagt: „Qualität im Journalismus definieren zu wollen, gleicht dem Versuch, einen Pudding an die Wand zu nageln."[23] Letztlich ist die Frage nach der Qualität von Medienangeboten nicht pauschal zu beantworten – individuelle Nutzerpräferenzen entscheiden darüber, was genutzt und was nicht genutzt wird. Die einen präferieren Serien, Live-Talks und Magazine, die anderen Blockbuster, sportliche Megaevents, aktuelle Nachrichten, Shows oder einfach nur Berieselung durch Pseudofacts. Jeder Konsument entscheidet eigenständig, was er lesen, schauen oder hören will. Durch die Digitalisierung sind ihm keine Grenzen gesetzt – so scheint es für wirklich alles auch ein Publikum zu geben.

Aber hat der – teure – Qualitätsjournalismus mit seiner differenzierten Berichterstattung in diesen Strukturen überhaupt noch eine Daseinsberechtigung? Warum für Informationen bezahlen, die man an anderer Stelle kostenlos erhält? Zum Beispiel auch in Blogs, auf Special-Interest-Sites, in Foren und natürlich in allen sozialen Netzwerken.

In sozialen Medien tummeln sich zwar Schreiberlinge ohne journalistische Grundkenntnisse, diese sind aber auch nicht zwingend notwendig, solange der Inhalt interessiert. Wahrheit, Glaubwürdigkeit und Sachlichkeit gehen dabei zwar häufiger verloren – aber man fühlt sich dennoch angesprochen.

Die Erkenntnis ist bitter: Die Gratiskultur hat sich mittlerweile etabliert und wird auch unter Androhung von Pay Walls nicht aufgegeben werden. Dennoch bleibt ein Funken Hoffnung, dass es immer noch ein Bedürfnis nach einem glaubwürdigen Qualitätsjournalismus gibt – auch wenn mit abnehmender Tendenz. Die wichtigste Stellschraube: Qualitätsmedien dürfen nicht die Reputation und das Vertrauen ihrer Nutzerschaften aufs Spiel setzen. Die Glaubwürdigkeit hängt ganz entscheidend von den publizierten Inhalten ab. Wer dies negiert und nur auf Quoten und Auflagen schaut, wird bitter bestraft werden. Denn das merken früher oder später auch die Werbekunden.

---

[22]Amir Kassaei: Die besten Zitate vom 6. Deutschen Medienkongress, http://www.horizont.net/medien/nachrichten/Digital-ist-keine-Rocket-Science-Die-besten-Zitate-vom-Medienkongress-118657, 16.01.2014, letzter Zugriff: 14.11.2017.

[23]Stephan Ruß-Mohl, http://www.theeuropean.de/stephan-russ-mohl, letzter Zugriff: 20.11.2017.

6.4 Konvergente Medienwelt oder alles kann alles

Über das Ausmaß der Medienkonvergenz wird immer wieder leidenschaftlich diskutiert. Darunter wird im klassischen Sinne die Vernetzung von unterschiedlichen technischen Geräten verstanden. Eine solche eindimensionale Betrachtung vernachlässigt jedoch die eigentlichen Zusammenhänge. Unter Medienkonvergenz versteht man das Verschmelzen oder auch Zusammenwachsen von Medien durch die Digitalisierung, wobei die ursprünglichen Charakteristika der Medien und Kommunikationskanäle durch technische Parameter weiterentwickelt und zu einer einzigen technologischen Plattform ausgebaut werden können. Über die Inhalte können die medialen Angebote mehrfach über unterschiedliche Kanäle vermarktet werden (bspw. Kinofilm, TV, DVD …). In diesem Zusammenhang wird häufig auch der Begriff „crossmediales Selling" verwendet.

Entscheidend ist dabei, dass es sich bei der Konvergenz von Medien um einen Prozess handelt, der das Verhältnis der Medien untereinander berücksichtigt und je nach dem Grad der Differenziertheit entweder die Komplementarität (als Ergänzung) oder die Substitution (Verdrängung) der Medien berücksichtigt.

In Zeiten der Digitalisierung werden neue, innovative Medien/-formen eingeführt und unterstützt. Dabei sind unterschidliché Entwicklungstendenzen vorstellbar. Im Rahmen der Konvergenztheorie[24] wird ein Medium durch ein anderes ergänzt – im Gegensatz dazu beinhaltet die Extinktionstheorie[25] die Verdrängung eines Mediums durch ein anderes. Komplettiert werden diese Prozesse durch die Evolutionstheorie[26], bei der ein neues Medium weder das eine verdrängt oder ergänzt, sondern beeinflusst und die Nutzungsmöglichkeiten erweitert.

Das Internet ist ein wesentlicher Treiber der Konvergenzentwicklung, da es nicht nur die Mediennutzung revolutioniert, sondern entscheidend zur Zusammenführung unterschiedlicher Medien und Mediengattungen beigetragen hat. In Media und Kommunikation beschränkt sich die Medienkonvergenz nicht nur auf das profane Verbinden oder Vernetzen von zwei oder mehr technischen Geräten oder Medien. Vielmehr geht es um einen dynamischen Prozess der Verschmelzung von unterschiedlichen Kommunikationskanälen (Medien) sowohl auf der technischen, der inhaltlichen als auch der nutzungsorientierten Ebene. Einfacher ausgedrückt, die Medienkonvergenz fördert sogenannte multimediale Alleskönner. Einer davon, das Smartphone, fungiert heute selbstverständlich als Screen zur Wiedergabe von Bewegtbildern, Texten, Sound und ganz nebenbei als nicht wegzudenkendes funktionales Portal ins Internet. Fast hätten

---

[24]Bsp.: Nach Einführung der Musikkassetten wurden die analogen Vinylschallplatten nicht ersetzt oder verdrängt. Man spricht hier von Konvergenz- oder Koexistenz der beiden Medien.

[25]Bsp.: Die Einführung der Compact Disc (CD) hat maßgeblich die analoge Schallplatte verdrängt – auch wenn diese seit Jahren ein Revival erlebt und wieder nachgefragt wird.

[26]Bsp.: Das Internet hat neue Nutzungsmöglichkeiten geschaffen, die andere Technologien unterstützen können und nicht zwingend verdrängen.

wir es vergessen – telefonieren kann man mit diesem Gerät auch. An unterschiedlichen Funktionalitäten kann man es kaum überbieten. Alles wird einfacher, schneller und unkomplizierter – könnte man meinen.

Was bedeutet die Konvergenz nun für Media und Marketing? Crossmediale Ansätze erfordern entsprechendes Know-how. Ohne dies wird es schwierig, professionelle und effektive Konzepte zu entwickeln und umzusetzen. Sowohl bei der strategischen Ausrichtung als auch in der Planung muss eine Vielzahl von Touchpoints berücksichtigt werden, um ein qualifiziertes und integriertes Kommunikationskonzept entwickeln zu können. User-generated Content, unübersichtlich viele soziale Netzwerke, neue Hypes, innovative Techniken, gesammelte Daten – all das macht das Leben für Media und Marketing nicht leichter. Wer sich für all diese Herausforderungen noch nicht gewappnet fühlt, der sollte über die kompetente Unterstützung einer Mediaagentur nachdenken, die die Klaviatur dieser Prozesse beherrscht.

Unser Ausblick

Crossmediale Konzepte werden künftig dominieren und die Vermarktung von Inhalten über mehrere Kanäle forcieren. Inhalte ohne Qualität werden dabei irgendwann auf der Strecke bleiben. Vielfalt ist kein Garant für Erfolg – Relevanz schon eher. Am wichtigsten aber wird das tief gehende Verständnis der Bedürfnisstrukturen der Mediennutzer und Konsumenten. Dabei müssen im Rahmen der Medienkonvergenz die Einsatzmöglichkeiten digitaler Medien ausgeschöpft werden und auch deren Einfluss auf die Gesellschaft, auf Zielgruppen und letztlich jeden Einzelnen abgewogen werden.

7 Falsche Annahmen und neue Entwicklungen – Raus aus der Komfortzone

Quelle: www.istockphoto.com/olm26250

7.1 Effizienz vor Effektivität – Ein fataler Irrtum

„Der Mensch ist ein zielstrebiges Wesen, aber meistens strebt es zu viel und zielt zu wenig."[1] Die beiden Termini Effizienz und Effektivität werden in der Praxis zunehmend, aber fälschlicherweise als synonyme Begriffe verwendet. Deshalb wollen wir an dieser Stelle die elementaren Unterschiede herausarbeiten. Nur so wird es möglich, bei der Überprüfung der Kampagnenperformance die einzelnen Leistungsbeiträge auch klar zuzuordnen. Die Effizienz stellt das Verhältnis von Input zu Output dar – im Mediabereich auch das Verhältnis der erzielten Leistung zu den Kosten (eingesetzten Werbegeldern). Daher wird häufig eine hohe Effizienz (Wirtschaftlichkeit) angestrebt beispielsweise durch hohe Rabattierungen, günstige Konditionen im Sinne eines bestmöglichen Output-Input-Verhältnisses. Wenn mit den eingesetzten Mediainvestitionen mehr Leistung, wie beispielsweise mehr GRP, erzielt werden kann, wird das Verhältnis beider Größen (TKP) niedriger. Daraus wird abgeleitet, dass ein niedriger TKP der Indikator für eine höhere Wirtschaftlichkeit ist.

Das Streben nach immer günstigeren Preisen und die Denke, dass ein höherer Rabatt einer Kampagne automatisch einen Mehrwert schafft, sind ein Trugschluss. Solange man sich in seiner Betrachtung lediglich auf die Effizienz stützt, mag diese Aussage gelten. Der Erfolg einer Kampagne ist jedoch nicht einzig und allein von nur einer Kenngröße wie der Effizienz abhängig. Denn die Effektivität sollte in der Mediawelt eine höhere Bedeutung als die Wirtschaftlichkeit (Effizienz) haben. Unter Effektivität ist das Maß der Zielerreichung zu verstehen, womit das Verhältnis zwischen Angestrebtem und Erreichtem gemeint ist.

Eine effiziente Durchführung falscher Dinge führt also noch lange nicht zum Ziel, sondern kann zu einem ineffizienten Ergebnis und damit zu großer Geldverschwendung führen.

Der erste Schritt muss daher ausgerichtet sein auf: „Das Richtige tun." Damit steht die Effektivität (Wirksamkeit oder Zielerreichung) an erster Stelle des Handelns. Wer ein Ziel anstrebt, stellt sich zuerst die Frage, wie er es erreichen kann. Mögliche Handlungsalternativen werden danach bewertet, ob sie zu dem gewünschten Ziel führen und ob sie im Sinne des gewünschten Ergebnisses wirksam sind. Effektiv ist demnach eine Handlungsalternative, die zu dem gewünschten Ziel führt.

Im zweiten Schritt gilt: „Es richtig tun." Hier gilt es dann, die Effizienz (Aufwandoptimierung) zu optimieren. Wenn klar ist, welche Handlungsalternativen notwendig sind, können diese so gestaltet werden, dass das gewünschte Ergebnis mit dem geringstmöglichen Einsatz erreicht wird. Das Verhältnis von Einsatz und Wirkung wird optimiert. Effizient ist demnach eine Handlung, die mit dem geringstmöglichen Einsatz zu dem gewünschten Ziel führt. Vom ersten über den zweiten Schritt muss immer darauf geachtet

---

[1]Günter Radtke in Senden/Dworschak: Erfolg mit Prozessmanagement – Nicht warten bis die „Gurus" kommen, Haufe 2012.

7.1 Effizienz vor Effektivität – Ein fataler Irrtum

werden, dass auftretende Zielkonflikte beseitigt werden. Nur dann wird sich das angestrebte Ziel realisieren lassen.

Eine zentrale Aufgabenstellung im Unternehmen ist es, die Effizienz von Maßnahmen zu verbessern. Dabei sollten Sie stets darauf achten, dass sich die Effektivität durch die Priorisierung der Effizienz nicht deutlich verschlechtert. Als Analogieschluss zu Media bedeutet dies: Wenn man stets nur bemüht ist, basierend auf einem vordefinierten Werbedruckniveau, so günstig wie möglich (effizient) einzukaufen, wird man schnell feststellen, dass zwar eine hohe Effizienz mit der Kampagne erreicht werden kann, die Kampagne jedoch nicht zwingend effektiv sein muss. Dann hat man günstig eingekauft, aber effektiv wenig an Wirkung erzielt, vermutlich sogar das Kampagnenziel verfehlt (vgl. Abb. 7.1). Wer dies ignoriert und stets nur auf Konditionen und Rabatte optimiert, wird relativ schnell feststellen: Billig kann ganz schön teuer werden. Daher müssen mögliche Zielkonflikte beider Größen bei der Kampagnenplanung berücksichtigt werden – ansonsten geht der Vorteil des einen zulasten des anderen.

> **Wie effizient wollen Sie wirklich sein?**
> Eine hohe Effektivität beinhaltet meist auch eine gute Effizienz – im umgekehrten Fall ist dies nicht immer gegeben. Durch eine konsequent gelebte Kleptokratie im Sinne einer permanenten Preistreiberei wird den Medien die Luft zum Atmen genommen – über kurz oder lang wird diese jedoch für alle dünner. Wenn die Investitionskraft der Medien in Qualität und Content nachlässt, mag vordergründig die Effizienz einer Kampagne vorhanden sein, die Effektivität bleibt dagegen auf der Strecke.

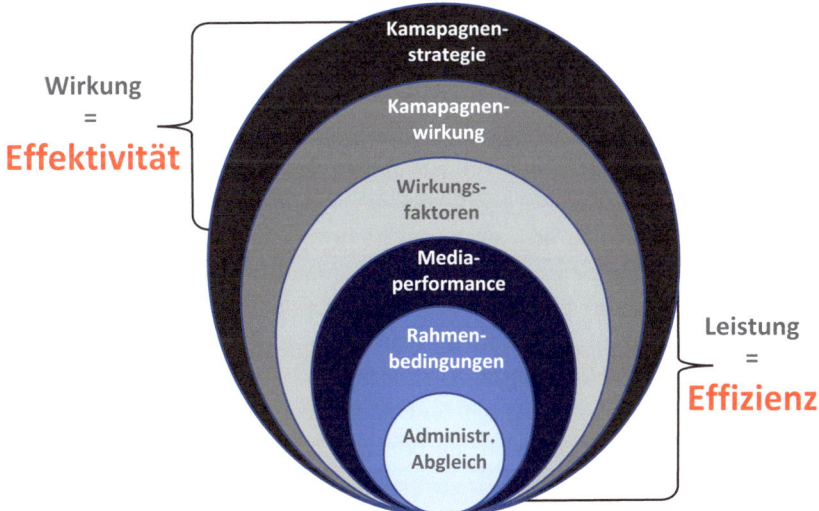

Abb. 7.1 Zusammenhang zwischen Effizienz und Effektivität. (Quelle: eigene Darstellung)

7.2 Big Data – Erkenntnisgewinn oder flott zum Datenschrott?

Ein Ruck geht durch die Branche. Datengewinnung und -verarbeitung versprechen neue Erkenntnisse und neue Herangehensweisen für die Mediaplanung. Big Data soll in Verbindung mit und unter Einbezug von Algorithmen zu neuen Einsichten führen, die die Mediaplanung transparenter, planbarer und damit auch effizienter machen. Ist Big Data wirklich revolutionär oder bieten Daten eher leere Versprechungen? Kann Big Data jeder, der über entsprechende Hard- und Softwarekenntnisse verfügt, oder werden dazu Spezialisten benötigt? Stehen die dazu erforderlichen Kosten in einer vernünftigen Relation zu den Erkenntnissen oder ist es ein Marketingschachzug von Unternehmen (insbesondere Agenturen), der ihnen neue Einkommensquellen ermöglichen soll? Wer profitiert am meisten? Sind es die Werbungtreibenden durch effizientere Kampagnen oder die Vermarkter mit mehr verkauftem Werbeinventar? Oder doch letztlich die Agenturen, die sich durch Big Data ein zusätzliches Income sichern? Ist Big Data wirklich die Wunderwaffe für viele ungelöste Marketingprobleme oder handelt es sich dabei lediglich um ein Zahlenspiel mit hohem Datenvolumen, das durch fragwürdige Algorithmen eher zu Verwirrung als zu neuen Erkenntnissen führt?

Wer hat eigentlich ernsthaftes Interesse, sich in diesem Datendschungel durchzukämpfen? Sind es die Kunden ohne entsprechende Soft-/Hardware, die Medien und Vermarkter, die dadurch befürchten müssen, dass ihre Angebote und Leistungen transparent auf dem Prüfstand stehen? Oder gar die Agenturen, die mit nicht immer nachvollziehbaren Beratungsansätzen versuchen, neue Einkommensquellen zu erschließen?

Die Antworten auf diese Fragen und die Meinungen zu diesem Thema sind sehr unterschiedlich. Während die eine Fraktion in Big Data endlich die Lösung elementarer Problemstellungen sieht, die Media-, Markt- und kundenindividuelle Daten wie Käuferzielgruppen oder Kaufakte in einem Verrechnungsprozess berücksichtigt, sehen die Kritiker von Big-Data-Ansätzen dies grundlegend anders. Zum Beispiel Thomas Koch: „Verbal sind sie darin zwar unübertroffen, doch sie predigen Wein – und liefern lauwarmes Wasser. Sie schalten Herz und Hirn aus und werfen trotzig ihre Tracking- und Real-Time-Bidding-Maschinen an."[2]

Was ist eigentlich erforderlich, um einen Mehrwert aus den Daten zu ziehen? Ex-post-Überprüfungen erfolgten schon immer, allerdings mit der negativen Begleiterscheinung, dass man immer erst hinterher wusste, was vorher verpasst oder an Fehlern gemacht wurde. Prognosen, basierend auf einer überschaubaren Zahl an Ex-post-Variablen, lieferten ex ante bereits Planparameter, die es zu erreichen galt. Dabei wurde allerdings stets nur eine beschränkte Anzahl an Faktoren einbezogen, die dann wiederum zu einem eingeschränkten Erkenntnisgewinn führten. Der Ansatz, Big Data über spezielle

---

[2]Thomas Koch: „Wir schaufeln uns ein Grab", https://www.wuv.de/medien/wir_schaufeln_uns_ein_grab, 10.02.2014, letzter Zugriff: 14.11.2017.

Software zu generieren, ist in Zeiten eines Information Overloads und eines agilen Handels mit Daten also nichts Neues.

Wer es aber schafft, mit Big Data einen Zeit- und Wissensvorsprung zu erzielen, der wird klar im Vorteil sein: „Seit im internationalen Wettbewerb Qualität und Service selbstverständlich sind, erzielen Unternehmen Marktvorteile nur noch durch Zeitvorsprung."[3] Gelingt es nicht, diesen Zeitvorsprung zu erzielen, dann bleiben Unternehmen auf ihren Datenbergen regelrecht sitzen.

Wenn aber alle Daten in den Silos der Unternehmen zu einer Datenbank implementiert würden, könnten Synergien zu einem Mehrwert für das Unternehmen führen. Eine schlüssige Datengenerierung ist also der erste strategische Schritt, die sich auftürmenden Berge an Datenvolumen und ihr kluges Handling ist der zweite. Denn nicht alles, was an Daten produziert und generiert wird, stiftet auch einen Nutzen. Man muss sich stets darüber im Klaren sein, dass mit steigenden Datenvolumina auch der Datenmüll wächst. Eingekaufte Technologien und Software müssen daher unbedingt in der Lage sein, für die Mediaplanung bzw. das Marketing relevante Daten und Datenschrott zu trennen. Unnütze Daten zu eliminieren wird eines der primären Ziele in den nächsten Jahren sein.

Zunehmend warnen Experten davor, unnütze Datenmengen anzuhäufen und nicht den Mut zu haben, Daten zu löschen. Big Data könnte sonst ganz schnell zu Huge Data werden. Die Datenmengen steigen explosionsartig an und stellen an Unternehmen völlig neue Herausforderungen zum Umgang damit. Nur derjenige, der auf Datenqualität statt Datenquantität setzt, wird davon profitieren und nicht nur seine Server durch gigantische Datenvolumen blockieren. Erfolgsentscheidend ist es also, die richtigen, sinnvollen und nützlichen Daten zu sammeln und hier und da mal den Mut aufzubringen, Daten zu löschen.

Big Data hat die Gründung einer ganz neuen Berufsgruppe zur Folge: Neue personelle Einheiten, sogenannte Data Scientist Teams müssen installiert werden, um die Daten zu sichten, zu reinigen und so aufzubereiten, dass sie einen wertvollen Erkenntnisgewinn für das Unternehmen bieten. Denn der gesunde Menschenverstand ist als Regulativ immens wichtig. Reine Zahlengläubigkeit ist die Mediabranche zwar gewohnt, aber es lohnt sich doch, die Zahlen auch einmal kritisch zu hinterfragen. Denn qualitative Kriterien rücken oft ins zweite Glied – mit oder ohne Big Data. Priorisiert werden dagegen quantitative Indikatoren, die analysiert, bewertet, verrechnet und als Metaweisheit dann in die Pläne integriert werden[4]. Es wurden in der Mediabranche schon immer Analysen erstellt, Scheingenauigkeiten ausgewiesen, unterschiedliche Planvarianten miteinander verglichen und seitenlange Excel-Tabellen erstellt, um am Ende des Tages dann die wirtschaftlichste Planvariante zu ermitteln. Dadurch entstanden und entstehen immer noch

---

[3]Klaus Schwab in Bert Forschelen: Kompendium der Zitate für Unternehmer und Führungskräftem, Springer Gabler 2017.
[4]Vgl. Thomas Koch: „Ein Wunder, dass die Werbekunden nicht schreiend davonlaufen", in w&v 28.05.2014.

häufig Tabellen und Charts als Grundlage für Mediaentscheidungen, die unverständliche Zahlen und Termini enthalten, die von den wenigsten Kunden interpretiert werden können und die eigentlich auch keiner wirklich braucht. Geheimnisvolle Zahlen und Datenmengen, geschickt in Analysen und Reportings integriert, schaffen statt Planbarkeit und Sicherheit lediglich eine Form von Intransparenz. Dennoch werden auf Basis dieser Zahlen Jahr für Jahr Mediainvestitionen in Milliardenhöhe getätigt – auch wenn diese gemessenen und erhobenen Daten längst in die Jahre gekommen sind und einer grundlegenden Überholung bedürfen. Die Diskussionen um (teils antiquierte) Reichweitenstudien und Wirkungsnachweise zeigen, dass es nach wie vor sehr viel Überarbeitungsbedarf und Klärungsbedarf gibt – Big Data hin oder her.

Letztlich wird es am Ende immer noch der Faktor Mensch sein, der als Garant für ein erfolgreiches Agieren steht. Auch zu diesem Thema werden Gegenstimmen laut, zum Beispiel Amir Kassaei: „Es gibt derzeit niemanden, der aus Daten Insights generiert, mit denen sich Werte schaffen lassen."[5] Die Mediabranche hält aber an Zahlenspielen und Rechenexempeln in überdimensionalen Exceltabellen, die eher zur totalen Verwirrung und nicht zu geplanten erfolgreichen Strategien und Optimierungen führen, fest.

> **Hinterfragen Sie Daten!**
> Wir sind überzeugt davon: Eine ausschließlich auf Zahlengläubigkeit basierende Mediaplanung ist vielleicht vordergründig effizient, aber in Bezug auf die Kampagnenwirkung der falsche Weg. Die (menschliche) Interpretation und das kritische Hinterfragen der Zahlen sind unumgänglich, und je nach Ergebnis dürfen Mediapläne auch angepasst werden.
>
> Unser Appell: Sprechen Sie mit Ihrer Agentur und bitten Sie sie um genaue Aufklärung zur Herleitung und Interpretation der Zahlen.

Der Medienschaffende, Diplom-Physiker und Ex-Ogilvy-Consultant Vince Ebert sprach auf dem Screenforce Day 2016 u. a. darüber, wie er die heutige Werbelandschaft wahrnimmt und dass in der Onlinewerbung vieles Zufall sei. „Marketing stochert stets im Nebel. Big Data erweckt nun den Eindruck, alles wäre planbar. Früher wusste man, dass das nicht geht. Und auch heute ist das so. Auch wenn der Fokus so sehr auf das Neue gelegt wird – die Grundbedürfnisse bleiben. Warum wohl gibt es eine Retrobewegung? Vinylplatten sind heute begehrt wie selten zuvor und Manufakturbesuche legen beredtes Zeugnis ab für die neuen alten Begehrlichkeiten. Algorithmen konzentrieren sich stets auf die Mitte. Wer die Masse erreichen will, dem können Algorithmen vielleicht helfen. Revolutionen finden aber an den Rändern statt."[6]

---

[5]Amir Kassaei: „Big Data ist wie ein bockiges Kind", in w&v vom 20.03.2014.
[6]„Zufällig erfolgreich", Vortrag Vince Ebert auf dem Screenforce Day am 11. Mai 2016 im Maritim Hotel am Flughafen Düsseldorf.

Und der „Spiegel"-Autor Manfred Dworschak schreibt in der Ausgabe vom 30. April 2016 launig unter dem Titel: „Vorsicht, große Füße!", dass er „den Sammeleifer der Datengläubigen, der vor allem Unsinn zutage bringt", bewundere. Dworschak schwelgt leicht augenzwinkernd: „Die Zahl der Amerikaner, die sich versehentlich mit ihrem Bettlaken strangulieren, steigt und fällt häufig mit dem Pro-Kopf-Verbrauch von Mozzarella. Das ist eine Tatsache, die Statistik lässt da keinen Zweifel. Überhaupt erstaunlich, was so eine Statistik alles hergibt. Zum Beispiel die Liste der Oscar-Preisträger: Je älter der gekürte Hauptdarsteller, desto höher die Scheidungsrate in Alaska – verblüffend ähnlich verlaufen die Kurven über Jahre hinweg. Hoch signifikant würden Experten sagen. Natürlich trotzdem Unsinn. Wer ausreichend viele Daten in einen Topf wirft, wird darin immer auch verräterische Muster und surreale Parallelen finden."[7]

7.3 Algorithmen versus menschlicher Verstand und Intuition

In 2015 wurde von dem dänischen Unternehmen Blackwood Seven ein gravierender Wandel in der bisherigen Mediaplanung und dem Mediaagenturmodell ausgerufen. Blackwood Seven bietet eine Media-Analytics-Plattform an, basierend auf einem Algorithmus, der den Zusammenhang und die Auswirkungen von Mediainvestitionen auf die Saleseffekte ermöglicht. Damit will das Unternehmen Kampagnen in TV und Online optimieren, Kosten einsparen und die Transparenz fördern. Blackwood Seven verspricht seinen Kunden Effektivitätssteigerungen bis zu 30 %. Hierbei fällt auf, dass man nicht von Effizienzsteigerungen spricht, sondern von Effektivitätssteigerungen. Mit diesen vollmundigen Aussagen attackiert Blackwood Seven das bestehende Mediageschäft der Agenturen. Die Frage ist, ob durch dieses Procedere wirklich ein Mehrwert für den Werbungtreibenden generiert werden kann. Transparenz ist das eine, eine datenbasierte, auf die kundenspezifischen KPI-Vorgaben ausgerichtete Planung und Optimierung die andere. Wird das Angebot im Markt zu erfolgreichen Ergebnissen führen, kann die Branche in puncto Planung und Optimierung einen revolutionären Prozess erleben. Traditionelle Mediaagenturen sind zwar aufgeschlossen, sehen jedoch in dieser frühen Phase ihr bisheriges Geschäftsmodell nicht gefährdet[8]. Blackwood Seven hat in Deutschland zwar kräftig akquiriert und auch schon Big Player als Kunden gefunden, jedoch müssen die Ergebnisse erst beweisen, wie erfolgreich dieses neue Instrumentarium[9] tatsächlich ist. Während dieser Ansatz teils heftig kritisiert und von einigen Agenturvertretern müde

---

[7]Manfred Dworschak: „Vorsicht, große Füße!", in Der Spiegel Nr. 18/2016, 30.04.2016.
[8]Vgl. Jürgen Scharrer: „Kann sich der Newcomer Blackwood Seven als Systembrecher etablieren, hat er die Kraft, das Mediabusiness durcheinanderzuwirbeln – oder ist das Ganze eher ein ‚One-Hit-Wonder'"?, in Horizont 15.02.2016.
[9]Auf der Homepage von BW7 heißt es: „Wir revolutionieren die Mediaplanung durch künstliche Intelligenz und maschinelles Lernen."

belächelt wird, scheint es aber doch auf Kundenseite interessierte Entscheider zu geben, die innovativen Prozessen gegenüber aufgeschlossen sind. Sie sind letztlich diejenigen, die zukünftig darüber entscheiden, wer in ihrem Auftrag mit welchem System die Mediabudgets verteilt.

Allerdings gibt es auch einige Mediaagenturen, die sich bereits seit Jahren mit einer vernetzten Mediaplanung beschäftigen und nicht nur mediale Kennziffern und ROI-Vorgaben, sondern auch Verkaufszahlen berücksichtigen. Dazu werden neue Technologien eingesetzt, durch die eine höhere Kampagneneffektivität erzielt werden soll. Dabei beschränken sich die Ergebnisse dann nicht nur auf die Optimierung bzw. Zielerreichung medialer Inputgrößen, sondern auch auf real gemessene Outputgrößen wie Sales, Kontakte bei Käuferzielgruppen und Awareness. Wir sind aber überzeugt davon, dass diese technischen Systeme ohne menschliche Intelligenz nicht funktionieren werden.

„Die Zukunft hat viele Namen. Für die Schwachen ist sie das Unerreichbare. Für die Furchtsamen ist sie das Unbekannte. Für die Tapferen ist sie die Chance."[10] Es bleibt abzuwarten, ob Blackwood Seven als Vorreiter den Weg ebnet oder dieser geradewegs in eine Sackgasse fährt – spannend ist es allemal.

7.4 Der Handel mit Daten – Pures Gold oder redundanter Datenmüll?

Zahlreiche Unternehmen haben längst erkannt, wie wertvoll Daten über Kunden, Konsumenten, Rezipienten oder User sein können. Was erhalten diejenigen, die ihre Daten freiwillig preisgeben, dafür als Gegenleistung? Ist ihnen bekannt, was sie alles offenlegen und was mit ihren Daten passiert? Die Vermutung liegt nahe, dass dies vielen nicht bewusst ist. In Zeiten von Big Data bieten sich für Unternehmen neue Geschäftsmodelle und Möglichkeiten, diese Datenvolumina aufzubereiten und auszuwerten, um die Ergebnisse in bare Münze zu verwandeln. Google, Facebook, Amazon und Co haben bereits erkannt, welche enormen Potenziale in gesammelten Daten stecken und wie man daraus gezielt und strategisch pekuniäre Erfolge erzielen kann.

Wie sieht jedoch die Gegenleistung für diejenigen aus, die ihre Daten mehr oder weniger freiwillig im Netz preisgeben: die User? Bei fast jeder Transaktion werden User nach persönlichen Daten gefragt und müssen lange AGBs akzeptieren, die sie natürlich nicht lesen – unabhängig davon wird ihr Nutzungsverhalten sowieso getrackt. Der gläserne Konsument und Rezipient eröffnet den Unternehmen die Möglichkeit, performanceorientierte Angebote gezielt auf die Präferenzen und Wünsche ihrer Zielgruppen auszurichten. Der Kampf um Marktanteile, Plattformen und Kundendaten hat längst eine neue Form angenommen. Große Unternehmen konkurrieren mit den großen Betreibern der Netzwerke um die Nutzung von Big Data. Welche Strategien werden sich entwickeln

---

[10]Victor Hugo, in: GFG – Exodus (2015).

oder wer wird wie agieren und sich positionieren? Auch wenn das noch relativ undurchsichtig zu sein scheint, zeichnen sich erste Szenarien ab. Immer wieder wird der Kunde zentral in den Mittelpunkt gestellt. Der individuelle Kunden mit all seinen spezifischen Daten – er ist es, um den es wirklich geht und um nichts anderes.

Ihm können auf Basis seiner Daten direkt maßgeschneiderte Angebote von Unternehmen unterbreitet werden – mit einer immer höheren Kaufwahrscheinlichkeit. Allerdings darf nicht vergessen werden, schon bestehende, direkte Kundenbeziehungen zu pflegen und zu intensivieren sowie diese Kunden langfristig zu binden. Erfolgsentscheid wird für Unternehmen auch sein, die Preishoheit für die angebotenen Leistungen und Produkte nicht zu verlieren – hier gilt es, den Added Value seiner Produkte herauszustellen und nicht als kränkelnder Bittsteller aufzutreten, der immer wieder krampfhaft versucht, sich zu rechtfertigen, warum für sein Tun vom User eine Bezahlung erfolgen muss.

7.5 Bruttospendings – Daten ohne Aussagekraft?

Die Brutto-Werbeaufwendungen als Indikator für die Branchenentwicklung sind in Deutschland 2016 gegenüber dem Vorjahr um 5,6 % gestiegen. Lassen Sie sich von dieser Zahl nicht blenden, denn netto dürften die Spendings dagegen wieder rückläufig sein. Der Bruttowert ist eine Überlieferung aus guten alten Zeiten, als Tarife und Preislisten in der Medienbranche noch eine realistische Grundlage oder besser die zutreffende und zuverlässige Aussage für die Medienpreise boten. Das ist lange vorbei – heute dient dieser Wert lediglich als grober Indikator für einen Wettbewerbsvergleich auf rein monetärer Bruttobasis. Als isoliert betrachteter Gesamtwert ist er nur bedingt aussagefähig. Das, was de facto als Gewinn – d. h. nach Abzug aller Rabatte, Vergünstigungen, der AE und eines möglichen Skontos – übrig bleibt, schrumpft von Jahr zu Jahr. Brutto kann eine Steigerung ausgewiesen werden, die netto jedoch rückläufig ist. Ein Bruttovergleich unterschiedlicher Wettbewerber ist zulässig, dokumentiert jedoch nur die halbe Wahrheit. Dabei sollte stets bedacht werden, dass diese Daten für Markt- und Wettbewerbsvergleiche nicht frei und kostenlos zur Verfügung stehen. Je nach Umfang und Datenaktualität variieren diese Preise erheblich.

Die Situation ist verzwickt – trotz tendenziell sinkender Leistungswerte werden künstliche Preissteigerungen vorgenommen, für die es eigentlich keine Rechtfertigung gibt. Wenn die Medienperformance dann im gleichen Umfang steigen würde, stünde einer Preiserhöhung nichts im Weg. Die Performance verbessert sich zwar leider nicht – es gibt aber dennoch gute Gründe, warum sich dieses Geschäftsgebaren in der Praxis um- und durchsetzen lässt. Ein immer härter werdender Wettbewerb aufseiten der Medien und Vermarkter um die Mediabudgets führt dazu, dass zunehmend höhere Rabatte und Vergünstigungen gewährt werden müssen. Agenturen und Werbungtreibende fordern immer höhere Rabattstufen und Nachlässe, die sich dann auch nur absolut rechnen, wenn entweder ein höheres Mediabudget und/oder höhere Rabatte als Basis herangezogen werden können. Da Ersteres in heutigen Zeiten schwierig durchzusetzen ist, bleibt nur die Variante zwei mit höheren Rabattforderungen übrig. Der Kausalzusammenhang zwischen Ursache und Wirkung zeigt eine zunehmende Diskrepanz zwischen Bruttoerlösen und effektiv realisierten Nettoerlösen.

7.6 Refinanzierung von Content – Qualitätsdebatte

Medienkritiker betonen immer wieder, dass das Angebot an qualitativ hohen und relevanten Medien zunehmend kleiner wird. Die einen verwässern ihr Portfolio und werden zum Mainstreamangebot, andere dagegen müssen durch Aufgabe oder Insolvenz den Markt verlassen. Eine kleinere Auswahl an werblich relevanten Angeboten macht die Strategie, Planung und Umsetzung von Kampagnen nicht unbedingt einfacher. Auf der anderen Seite aber kommen auch viele werblich nicht relevante und qualitativ nicht wertvolle Me-too-Angebote hinzu, die den Markt noch unübersichtlicher machen. Masse von Klasse zu unterscheiden ist also eine schwierige Aufgabe von Planern geworden.

Für Werbungtreibende mit anspruchsvollen strategischen Ausrichtungen und hochwertigen Marken nicht unbedingt eine zufriedenstellende Entwicklung. Sie sind diejenigen, die durch ihre Werbeinvestitionen entscheidend bestimmen, wer welche Gelder bekommt und wer am Ende des Tages noch im Rennen ist. Die Medienunternehmen werden auf Basis von KPIs gemessen und deren erbrachte Performance auf Basis eines vorab definierten Zielerreichungsgrades bewertet. Diese Kennziffern sind in der Regel quantitative Parameter – auch hier wird deutlich, dass qualitative Zielvorgaben zwar im Briefing stehen, allerdings häufig nicht gemessen werden und daher am Kampagnenende auch nicht kontrolliert werden können. Also beschränkt man sich auf die Analyse der reinen Medienperformance – und alles, was gut performt, muss auch tendenziell für das beworbene Produkt/die Marke einen Mehrwert generiert haben. Toll, wenn dies so einfach wäre. Mediaplanung und Optimierung könnte dann jeder. Wenn in Strategiemeetings darüber diskutiert wird, dass die Marke auf keinen Fall im Umfeld von Schmuddelsendungen wie gescripteten Castingshows platziert werden darf und zahlreiche weitere Restriktionen definiert werden, ist es immer wieder erheiternd, wenn ein und dieselbe Person, die vorher diese Programme vehement verurteilt, beim zweiten Bier am Tresen jedoch zugibt, diese aus Schadenfreude mit gesteigertem Interesse selbst am Bildschirm zu verfolgen.

Was bleibt den Medien und Vermarktern als Alternativen zu qualitativ nicht wertigen Contents? Die Digitalisierung und die Zunahme an vielfältigen Angeboten machen Teile ihres Portfolios obsolet. Die Userschaften fragmentieren – die Leistungswerte sinken und sofort werden Preisanpassungen von den Auftraggebern gefordert. Die Spirale dreht sich unweigerlich nach unten – Medienangebote realisieren im Zeitablauf nur noch einen Bruchteil dessen, was sie einmal an Refinanzierungsmöglichkeiten gebracht haben. Die Umsätze stagnieren oder sind gar rückläufig, wodurch mittel- bis langfristig erste Sparmaßnahmen eingeleitet werden müssen.

Ökonomische Zwänge wirken sich dann intern aus – sei es durch Personalabbau oder durch Anpassungen des bestehenden Angebots (Content). Bei den TV-Sendern sind dann bspw. teure Eigenproduktionen betroffen, die durch günstigere Fremdeinkäufe ersetzt werden. Serien dominieren als Erfolg versprechende Programmumfelder – alles, was teuer ist und mit erheblichem Aufwand verbunden ist, wird kritisch hinterfragt, ausgedünnt oder gar aus dem Programm genommen. Dies muss nicht immer nur qualitätsorientierte Sendungen betreffen – auffällig ist jedoch, dass das, was danach kommt, nur bedingt dieses Kriterium erfüllt. Für die Agenturen und Werbungtreibenden führt dies zu jeder Menge an austauschbaren Angeboten – echte Highlights werden rarer, die Selektion damit eingeschränkter und auf den Best Places tummeln sich zunehmend mehr Werbespots. Wir erinnern in diesem Zusammenhang nochmals an Scripted-Reality-Formate.

Der USP von Sendern verschwimmt zunehmend – auch wenn sich der eine oder andere mit seinem Markenversprechen abzuheben versucht. Ob durch einen Claim wie bei Pro7 („We love to entertain you") oder bei RTL („Mein RTL – Willkommen zuhause") versuchen die Sender, eine eigene Dachmarkenstrategie zu lancieren. Jeder versucht, so gut er kann, sich ein Plätzchen zu erobern, dieses auszubauen und User an sich zu binden. Sicherlich gibt es noch Stamm-User – allerdings werden diese immer weniger in einer fragmentierenden Medienwelt. Es ist eigentlich egal, auf welchem Programmplatz und Sender eine interessante Sendung läuft, vorausgesetzt man kann diesen technisch empfangen. Analog zum Zapping zwecks Vermeidung von Werbeunterbrechungen findet das Channel-Hopping bereits seit Jahren mit zunehmender Tendenz statt. Der User, das unbekannte Wesen – er entscheidet, was zukünftig Erfolg hat. Der Kampf um die Gunst der Zuschauer, um Marktanteile und letztlich um ein großes Stück vom Werbekuchen wird immer härter – dabei kann die Qualität schon mal leiden. Die Ziele sind klar definiert – der Weg zur Zielerreichung hat sich geändert. Nicht jeder hat dies erkannt und manche haben dies bewusst verdrängt und anderen den Vortritt gelassen. Diese Einstellung erinnert an die Worte von Mark Twain, der sagte: „Nachdem wir das Ziel endgültig aus den Augen verloren hatten, verdoppelten wir unsere Anstrengungen."[11]

Gibt es eigentlich noch Qualitätsmedien? Wie sehen diese aus und welche Chancen haben sie, sich zu behaupten? Suchen die Rezipienten qualitativ hochwertige Inhalte oder meist nur Angebote und Formen der seichten Unterhaltung im Mainstream? Verzichten die Medien und Vermarkter zunehmend auf Qualität und richten ihr Augenmerk nur noch gezielt auf Reichweiten generierenden Content? Was bleibt ihnen auch anderes übrig – die Kosten für eine Qualitätsproduktion müssen refinanzierbar sein. Ist dies nicht der Fall, wird auch das hochwertigste Programm zum defizitären Produkt. Dies ist medienunabhängig und gilt für alles, was nicht finanzierbar ist. Können die Zeitungsverlage durch Qualitätsjournalismus ihre Leser dazu bewegen, einen monetären Beitrag zu leisten? Pay Walls scheinen hier die Lösung zu sein. Wir sehen jedoch auch hier: Nicht jeder Rezipient ist bereit, für Qualität zu bezahlen. Wir befinden uns momentan in einer Experimentierphase – Ergebnis offen.

---

[11] https://www.aphorismen.de/zitat/11053, letzter Zugriff: 14.11.2017.

7.7 Preislistentreue und Rabattierungswahnsinn

Schon vor Jahren waren die elektronischen Medien besonders erfinderisch, um das Rabattrad zu drehen: Neukundenrabatt, Wiederholungsrabatt, Steigerungsrabatt, Saisonalrabatt, Frühbucherrabatt, Last-minute-Rabatt, Exclusiv- oder Packagerabatt und zahlreiche weitere Varianten wurden kreiert. Der Kreativität waren dabei keine Grenzen gesetzt. Ein verstärkter Druck auf die Medien und Vermarkter seitens Kunden und Agenturen hat dazu geführt. Nur wer fordert, bekommt etwas on top.

Ob Goody, Naturalien oder Platzierungsspecials – alles ist möglich, hängt jedoch vom Verhandlungsgeschick ab und der Not des betreffenden Mediums. Sind dessen Angebote durch einen Wettbewerber austauschbar, wird die eigene Verhandlungsposition geschwächt und man kann entweder den Forderungen der Kunden nachgeben oder ist aus dem Rennen. Penetranz und Beharrlichkeit generieren Rabatte, garantieren jedoch keinen Kampagnenerfolg – auch das sollten Werbungtreibende bemerkt haben. Daher sollten sie eines nicht vergessen: Was nicht passt, wird per se passend gemacht – wenn es jedoch gar nicht passt, wird es durch eine hohe Rabattierung auch nicht passender. Wer nicht aufpasst, verpasst, dass er dabei selbst über den Tisch gezogen wird und dabei die Kampagnenwirkung opfert.

Heute sind Preislisten für die Werbepreise von Medien längst nicht mehr verbindlich. Sie sind eigentlich nur noch Makulatur und bilden, wenn überhaupt noch, die weiche Grundlage für Verhandlungen und Preisvergleiche auf der Bruttoebene. Ob klein, ob groß – verhandelt wird immer wie auf dem Basar. Dabei gibt es nicht immer einen Gewinner, auch ein Superdeal kann sich als minderwertiger Second-best-Deal entpuppen. Leider kommt die Erkenntnis meist zu spät und erst dann, wenn bereits alles gelaufen ist.

Wer nicht aufpasst, verliert. Nicht nur an Effizienz, sondern auch an Effektivität. Immer häufiger werden Packages angeboten, die einen hohen Rabatt versprechen. Nicht selten tappen unbedarfte Kunden in die Falle. Man erhält ein Paket extrem günstig, allerdings zahlt man dann auch für das Package einen Teil, den man überhaupt nicht benötigt und der selbst den hoch rabattierten Preis nicht rechtfertigt. Für die Agentur bieten sich so hervorragende Möglichkeiten zur Generierung von zusätzlichem Agenturincome. Income o.k. – Wirkung passé, solange die Rendite stimmt, geht alles seinen normalen Weg. Die Leidtragenden sind die Vermarkter/Medien und erst dann die Werbungtreibenden mit ihren Marken. Im Endeffekt dreht sich doch alles nur um eine Frage: Was bekommt man an zusätzlichen Rabatten? Im Gegensatz dazu interessiert das Medium nur eines: Wie viel vom Brutto bleibt am Ende übrig?

Blick in die Werkzeugkiste   8

Quelle: www.istockphoto.com/EtiAmmos

In diesem Kapitel möchten wir Ihnen einige mediale Fallstricke vorstellen, deren Kenntnis bei Ihnen an der einen oder anderen Stelle im daily Mediabusiness für Transparenz und Klarheit sorgen kann. Auch wenn Sie meinen, Sie wüssten schon alles … Sie werden überrascht sein, dass vielleicht doch noch etwas dabei ist, was Ihnen bis dato verborgen blieb. Dies bezieht sich nicht nur auf Konditionen und Rabattierungen, sondern auch auf nicht direkt offensichtliche Berechnungen und Sachverhalte, die häufig vernachlässigt werden.

Täuschen, tarnen und vernebeln

In einer schnelllebigen Branche könnte man den Eindruck gewinnen, was gestern noch galt, ist heute schon Vergangenheit und morgen etwas, an das man sich schon gar nicht mehr erinnern kann. Wir werden Ihnen Beispiele aus dem Leben und Wirken von Mediastrategen und Zahlenknechten aufzeigen und darzustellen versuchen, dass Media(planung) keinen grundlegenden mathematischen Gesetzmäßigkeiten unterliegt. 2 und 2 sind daher nicht zwangsläufig 4, sondern beinhalten meist noch Interpretationsspielraum für Erklärungsversuche medialer Gesetzmäßigkeiten. Passen Sie auf und lassen Sie sich keine Zahlen schönrechnen. Kontrollieren Sie selbst oder beauftragen Sie eine interne oder externe Instanz. Wehret den Anfängen und wehret den Anfängern! Im ersten Fall soll im Vorfeld unterbunden werden, dass Ihnen Sachverhalte ohne nennenswerte Inhalte aufoktroyiert werden, und im zweiten Fall, dass Sie nicht von Halbwissenden im Mediabusiness betreut werden.

Es geht weniger darum, das Aufgabenspektrum eines Mediaexperten zu kritisieren, als vielmehr darum, Ergebnisse und Analysen kritisch zu hinterfragen und zu prüfen, ob Sinnhaftigkeit und Aussagenrelevanz valide und vor allem nachvollziehbar sind. Dass dabei auch immer wieder Honorare und monetäre Größen im Fokus stehen, versteht sich von selbst. Gerade vor dem Hintergrund, dass nun die digitale Klaviatur das Berufsbild, das Anforderungsprofil und die Komplexität der Aufgabenstellungen maßgeblich verändert hat, sind Überprüfungen und neue strategische Überlegungen unabdingbar.

Vielmehr geht es um Zusammenhänge der Agentur-Geschäftsmodelle, um KPIs, um Benchmarks und um einen unerschöpflichen Ideenreichtum in einer Branche, die sich ständig neu erfindet. Sich im Mediadschungel selbst durchzukämpfen ist nicht immer ganz einfach – neue Gefahren lauern, an allen Stellen scheint es aufgrund des Wildwuchses kein Durchkommen zu geben, und auch saisonal bedingt kann die Regenzeit einen ganz schön alt aussehen lassen. Um dies zu vermeiden, möchten wir Sie sensibilisieren, ein wachsames Auge in die Werkzeugkiste Media zu werfen. Sie werden feststellen: Es ist nicht alles Gold, was glänzt, und das, was Ihnen als Mehrwert offeriert wurde, muss sich im Nachhinein nicht als solcher einstellen.

8.1 Ohne Zahlenverständnis geht nichts

Im Mediabereich wird tagein, tagaus mit einer Unmenge an Daten und Zahlen agiert und operiert. Man könnte hinter vielen dieser Zahlenfriedhöfe pure Absicht unterstellen – transparente und ergebnisorientierte Reportings mit umsetzbaren Recommendations wären die weitaus bessere Alternative. Auch diese gibt es – allerdings hängt deren Aussagekraft entscheidend davon ab, was vom Kunden als relevante Information von der Agentur gefordert wird. Masse statt Klasse ist auch keine Lösung – definieren Sie Ihr Relevant Set an KPIs und Benchmarkgrößen, die in ein kurzes, präzises und effizientes Berichtswesen integriert werden müssen. Setzen Sie Ihrer Agentur ein verbindliches Timing zur Aufbereitung – entweder als kontinuierliches Reporting oder zu einzelnen

Jour-fixe-Terminen. Dann haben Sie entsprechende Steuerungsinstrumente und valide Erkenntnisse als Entscheidungsgrundlage für zukünftige Planungen, Optimierungen und Umsetzungen. Dadurch sind Sie stets auf Ballhöhe, Sie kennen den aktuellen Kampagnenstatus und sind für fast alle Unwägbarkeiten gewappnet.

Halten Sie sich als Kunde zudem immer vor Augen: Ohne jegliches Zahlenverständnis können Sie in diesem Job nicht glaubwürdig und erfolgreich sein. Daran hapert es leider öfter. „Ich glaube keiner Statistik, die ich nicht selbst gefälscht habe" – so wird häufig Sir Winston Churchill zitiert. Wer hier keine Analogien sieht, hat das Mediabusiness noch nicht ganz verstanden. Auch wenn es weiterer Kompetenzen wie strategischer Denke und vielleicht manchmal des richtigen Bauchgefühls bedarf: Mediaplanung ist an manchen Stellen reine Mathematik.

Im Rahmen einer professionellen Mediaplanung und deren Operationalisierung werden hohe Investitionen für werbliche Maßnahmen realisiert, die unterschiedliche Zielvorgaben wie bspw. Absatzsteigerung, Erhöhung der Markenbekanntheit oder Imagetransfer erfüllen sollen. Das Spektrum ist umfangreich und erfordert einen kompetenten Umgang mit den Zahlen, die als Leistungsnachweis und Effizienzparameter herangezogen werden. Einen einheitlichen Standard gibt es zwar durch existente und anerkannte Währungen – deren Verrechnung basierend auf Benchmarkgrößen öffnet jedoch Tür und Tor für individuelle Feinheiten. Jeder ist natürlich bestrebt, sich so gut wie möglich ins Rampenlicht zu setzen und seine Performance so effizient und effektiv wie möglich darstellen zu können. Vor allem dann, wenn diese Zahlen als Grundlage für monetäre Erfolgsbeteiligungen herangezogen werden. Dann wird das ganze Rechengeflecht immer undurchsichtiger und hinsichtlich einer nachvollziehbaren Prüfung schwieriger. Häufig stellt sich dann die Frage: Warum eigentlich so und nicht anders? Weil es keine zwingenden standardisierten und verbindlichen Vorgaben gibt oder einfach nur, weil schon immer so gehandelt wurde, lautet meist die profane Antwort eines Agenturvertreters. Und wenn sich etwas bewährt hat (auch wenn häufig nur für eine Seite) – warum daran etwas ändern?

Nicht jeder Auftraggeber hat auch wirklich Interesse, bis aufs kleinste Detail in das Zahlenwerk einzusteigen – es sei denn, es geht um das eigene (persönliche) Geld. Dann werden weder Mühen noch Kosten gescheut, um die Ergebnisse kritisch zu überprüfen und sachkritisch zu reflektieren. Inhabergeführte Unternehmen sind an diesem Punkt meist kostenbewusster!

Solange es dabei lediglich um das Geld von anderen geht – also des Unternehmens –, wird so mancher Entscheider sich dabei ertappen, sich häufig nur bedingt aktiv den Problemfeldern gewidmet zu haben. Wer Transparenz fordert, muss sie auch nutzen. Zeitmangel, Kosten oder andere Ausreden sind hier fehl am Platze. Es gibt zahlreiche Beispiele aus der Praxis, die zeigen, wie ein und derselbe Sachverhalt durch die Verwendung unterschiedlicher Verrechnungsbasen oder weitläufiger Interpretationsspielräume zu vollkommen unterschiedlichen Ergebnissen führt und damit zwangsläufig Fehlentscheidungen induzieren kann.

Wir werden an dieser Stelle versuchen, die eine oder andere Augenklappe etwas zu lüften, um die volle Tragweite mancher Analysen und Reportings für Sie sichtbar zu machen. Lassen Sie sich inspirieren, an der einen oder anderen Stelle sensibilisieren und vor allem vergessen Sie nicht den Spaßfaktor beim Durchstöbern der Beispiele.

8.2 Mogelpackung oder Mehrwert?

8.2.1 Direktkundengeschäftsbeziehung – Vermeintliche Schnäppchen für kostenbewusste Kunden

Ein TV-Vermarkter bietet einem Kunden direkt und ohne zwischengeschaltete Agentur ein sensationelles Special Offer an – das passiert zwar selten, kommt aber vor.

Der Superdeal lautet: Für ein Brutto-Budgetvolumen von zusätzlich 500TEuro (on top oder durch Umshiftung) gewährt der Vermarkter einen Cashrabatt in Höhe von 35 %.

Der Mediawert beträgt also brutto 500TEuro, effektiv werden dann aber nur 325TEuro vom Kunden bezahlt. Der Vermarkter versichert dem Kunden, sich bei der Zuteilung an die ursprünglichen Zielvorgaben aus dem Briefing (Zielgruppe, Sendershares, Zeitzonenmix etc.) zu orientieren, behält sich jedoch – und das ist der Clou – ein Schieberecht[1] vor. Per se schon eine Variante, bei der klar sein müsste, dass es sich um ein Zusatzgeschäft als Mogelpackung handelt und bei der nur einer profitiert – nämlich der Vermarkter selbst. In Zeiten des Rabattwahnsinns locken die Vermarkter die Kunden direkt mit hohen Rabattsätzen und finden immer wieder Unwissende, die sich darauf einlassen. Statt diese Angebote kritisch zu hinterfragen und sich die Expertise ihrer Agentur oder eines unabhängigen Dritten einzuholen, werden immer häufiger Schnellschüsse und Zusagen getätigt, die das Unternehmen und die Marke teuer zu stehen kommen können.

Denn: Für die Vermarkter ist es ein lohnendes, lukratives Geschäft, auf diesem Wege ihre 1b-Ware oder ungebuchte, brachliegende Kontingente noch monetär umzusetzen. Auf Kundenseite wird dabei leider vergessen, dass es sich bei diesen Angeboten nicht um 1a-Inventar handelt, sondern eher um schwer verkäufliche, nachfrageschwache Zeiten, die immer noch zu teuer angeboten werden. Das Credo der Vermarkter lautet: Lieber hohe Rabattierungen gewähren, als diese Zeiten ungenutzt liegen lassen. Geblendet von günstigen TKP-Versprechen und Schnäppchenkonditionen laufen die Werbungtreibenden im GRP-Wahn in die Falle. Die Erkenntnis, dass diese Mogelpackung nach Kampagnenende nicht effektiv die Zielgruppe erreicht hat, kommt dann allerdings zu spät. Wer sich nur an Rabatten orientiert, verliert schnell die eigentliche Zielsetzung aus den Augen, verschlechtert seine Marktpositionierung und verbrennt damit Geld.

---

[1]Diese sind in den AGBs der Vermarkter geregelt. Ein TV-Sender behält sich im Einzelfall eine Veränderung der Ausstrahlungstermine des Spots unter Beibehaltung der vereinbarten Bruttomedialeistung und unter Berücksichtigung der Interessen des Vertragspartners vor.

Deal or No Deal – das ist hier die Frage. Wer als direkt buchender Kunde in seiner Euphorie an der Agentur vorbei geht, trägt selbst die Verantwortung. Wurden 325 TEuro fehlinvestiert oder gar zum Fenster hinausgeworfen? Eines dürfte jedoch klar sein – Schieberechte seitens der Vermarkter gepaart mit plötzlich auftretenden Verfügungsengpässen lassen die ursprünglichen Vorgaben und Versprechungen häufig in weite Ferne rücken – selbst dann, wenn die vereinbarte Bruttomedialeistung (GRP) trotz veränderter Platzierungen (Ausstrahlungstermine) garantiert wird. Entscheidend ist nicht der Werbedruck. Entscheidend sind die tatsächlichen Umfelder mit ihrer Performance. Leider wird immer wieder verkannt, dass bspw. 30 GRP aus fünf reichweitenstarken oder aus zehn mittelmäßigen oder gar aus 30 ineffektiven Umfeldplatzierungen bestehen können.

Schalttermine in Randzeiten mit Zielgruppenquoten unterhalb der Grasnarbe sind dann das fatale Ergebnis. Wenn in gewohnter Buchungszuteilung ein Großteil der Spots immer wieder in der gleichen Serie erfolgt, werden verstärkt die gleichen Serienjunkies kontaktiert mit der Folge, dass die Nettoreichweiten unterirdisch und Mehrfachkontakte bei gleichen Personen die Folge sind. Wo bleibt denn da die Wirkung, wird sich der Budgetverantwortliche fragen – vermutlich auf der Strecke. Im Worst Case kann es sogar so weit gehen, dass durch die Häufung einer zu starken werblichen Ansprache derselben Personen ein Wear-out-Effekt entsteht, der sogar Negativwirkungen auf das beworbene Produkt und die Marke induziert. Und ganz nebenbei sind auch noch die Gelder fehlinvestiert worden.

Um beurteilen zu können, ob es sich um einen guten Deal oder Geldverschwendung handelt, muss nach Kampagnenende überprüft werden, was tatsächlich an Leistung und Wirkung realisiert wurde. Denken Sie dabei stets an „UKW": Umfeld, Kontakt und Wirkung. Das Umfeld ist entscheidend für die Kontaktqualität und Reichweite – diese determinieren dann die Wirkung. Frei übersetzt: Umfeld und Kontakte sind nicht alles – aber ohne sie ist alles nichts, wenn es an Wirkung fehlt.

> **Daran sollten Sie ab jetzt immer denken**
> Hinterfragen Sie stets, ob es sich wirklich für Sie lohnt, in ein solches Schnäppchenangebot zu investieren. Nutzen Sie ggf. dazu die Expertise eines unabhängigen, neutralen Dritten. Auch wenn der Agentur dieses Procedere nicht gefallen wird, prüfen Sie trotzdem, ob sich für Sie und Ihre Marke ein Mehrwert ergibt.
>
> Zur Beurteilung angebotener Deals sind grundsätzlich ex ante eine sorgfältige Prüfung und Bewertung erforderlich. Berücksichtigen Sie dabei immer, dass durch eine mögliche Umshiftung von Mediabudgetteilen keine Commitments gefährdet werden, die Sie dann am Jahresende bei Nichterreichung teuer durch Rabattnachbelastungen bezahlen müssen. Nicht jeder scheinbar monetäre Vorteil erweist sich dann als wirklicher Mehrwert.

8.2.2 Der GRP-Trugschluss – Werbedruck ja, Werbewirkung nein

Wer sich bei der Beurteilung seiner Kampagne bspw. nur auf die Zielgröße des Gross Rating Point (GRP) beschränkt, kann diesen zwar absolut erreichen und dennoch deutlich am Ziel vorbeigeschossen haben. Ein Beispiel mag dies eindrucksvoll verdeutlichen:

Im Briefing stand als Zielvorgabe ein angestrebter Werbedruck (495 GRP) in der Zielgruppe Erwachsene 14–49 Jahre im Zeitraum Q2/2017 bei wirksamen Durchschnittskontakten von 7,5 OTS. Die Nettoreichweite war mit 66 % prognostiziert und sollte nicht unterschritten werden. Soweit zur Zielvorgabe für Planung und Einkauf. Tatsächlich wurden am Kampagnenende 507 GRP erzielt. Somit könnte man meinen, die Zielvorgabe wäre realisiert worden – auf den ersten Blick eine erfolgreiche Kampagnenumsetzung. Allerdings: Aus Vertriebssicht war die Kampagne überhaupt nicht wirksam. Worauf sind die schlechten Sales-Zahlen zurückzuführen?

Nun heißt es Ursachenforschung betreiben. Am Produkt liegt es sicherlich nicht – dies ist bereits mehrfach vorab überprüft worden. Somit kann es nur an Media oder Kreation liegen. Fehlende Wirkung? Zu geringer Werbedruck? Kreative Defizite? Man könnte die offene Fragenbatterie noch beliebig erweitern. Steigen wir ein in medias res.

Die Mediaagentur hat bestätigt, dass die Kampagnenzielvorgaben realisiert wurden. Mit dem vorgegebenen Budget konnte der geplante Werbedruck (495 GRP) nicht nur erreicht, sondern sogar übertroffen (507 GRP) werden – an mangelndem Werbedruck kann es somit nicht gelegen haben. Meist wird an dieser Stelle nicht tiefer gehend analysiert – die Sendershares, Belegungsstrategie und der Zeitzonenmix könnten wertvolle Informationen liefern, bleiben jedoch in den Niederungen unberücksichtigt. Da die mediale Umsetzung bereits als Fehlerquelle ausgeschlossen wurde – warum dann noch tiefer einsteigen? Die Ursache für den vertrieblichen Misserfolg muss woanders liegen. Aber wo?

Im Zweifelsfall war der Konkurrenzdruck so stark, dass man sich mit seiner Message nicht durchsetzen konnte. Wir meinen: Lediglich die Überprüfung der Schalttermine und ein überschaubares Zeitfenster werden für eine Erklärung benötigt.

Der Kausalzusammenhang von Nettoreichweite (NRW) und den erzielten Durchschnittskontakten (OTS) hilft uns an dieser Stelle entscheidend weiter (vgl. Abb. 8.1). Die kumulierten Reichweiten in der Zielgruppe liefern uns die Bruttoreichweite oder prozentuiert auf die Zielgruppenpotenziale dann den GRP. Dieser lässt sich ebenfalls aus den Indikatoren der Nettoreichweite multipliziert mit den Durchschnittskontakten (OTS) berechnen.

Erst die Differenzierung verdeutlicht die Unterschiede – denn in der geplanten Variante waren 66 % an Nettoreichweite in der Zielgruppe mit 7,5 Durchschnittskontakten

	Werbedruck (GRP)	Nettoreichweite %	Durchschnittskontakte (OTS)
geplant	495	66	7,5
realisiert	507	45	11,3

Abb. 8.1 Kampagnenergebnis – Zusammenhang GRP, OTS und NRW. (Quelle: eigene Darstellung)

8.2 Mogelpackung oder Mehrwert?

angestrebt. Effektiv realisiert wurde ein leicht höherer Werbedruck (507 GRP), was auf den ersten Blick positiv scheint. Der entscheidende Unterschied liegt jedoch darin, dass effektiv eine viel niedrigere Nettoreichweite mit nur 45 % generiert wurde – diese ist nicht nur deutlich niedriger wie im Plansoll, sondern hat bei annähernd gleichem Werbedruck viel höhere Durchschnittskontakte (11,3) erzielt. Mit anderen Worten: 55 % der Zielgruppe hatten keinen Kontakt mit der Kampagne, 45 % der Zielgruppe wurden erreicht, allerdings mit einer viel zu hohen Kontaktintensität (11,3).

Laut Plan hätten weitaus weniger Durchschnittskontakte ausgereicht. Gut gezielt, jedoch schlecht getroffen – lautet das Fazit. Insgesamt ein unzureichendes, ineffektives Kampagnenergebnis. Wenn durch dieses zu hohe Kontaktniveau dann noch Wear-out-Effekte bei der Zielgruppe induziert wurden, ist dies nicht nur kontraproduktiv, sondern Geldverschwendung. Solche Ergebnisse sind keine Seltenheit – wenn bspw. immer wieder die gleichen Sender und Umfelder (Serien) belegt werden, kontaktiert man zunehmend die gleichen Seherschaften. Gleiches gilt bei der Belegung von Restplatzkontingenten in Tradingvolumina, die häufig austauschbare Randzeiten und Platzierungen beinhalten.

> **Daran sollten Sie ab jetzt immer denken**
>
> Lassen Sie sich nicht täuschen – hinterfragen Sie unbedingt die Kampagnenergebnisse. Vor allem, wenn es den Anschein hat, dass die Kampagne trotz eines ausgewiesenen hohen Werbedrucks nicht effizient und effektiv gewesen ist. Verlangen Sie Transparenz der tatsächlichen Performance und vor allem die Beantwortung offener Fragen. Ohne Kenntnis des Leistungsniveaus und des Wirkungszusammenhangs durch den Ausweis valider Kennziffern ist eine Kampagnenbeurteilung nicht möglich.
>
> „Genauigkeit ist noch lange nicht die Wahrheit"[2] – dies ist sicherlich richtig. Jedoch lieber nah dran an der Wahrheit, als blindlings Zahlen vertrauen, die Sachverhalte verschleiern, die Realisierung von Zielvorgaben suggerieren oder schlichtweg nur einen unzureichenden Erkenntnisgewinn liefern. Fordern Sie die Agentur hartnäckig auf, Ihnen die Zusammenhänge transparent und nachvollziehbar offenzulegen.

8.2.3 GRP-Steigerung – Für wen ist mehr wirklich mehr?

Wir wollen die Kennziffer GRP erneut aufgreifen und zeigen, dass mehr nicht gleich mehr bedeuten muss. Der Werbedruck als Zielvorgabe wurde mit 560 GRP vorgegeben, die dazu entsprechende Nettoreichweite mit 70 % und die daraus resultierenden Durchschnittskontakte liegen bei 8. Soweit die noch einfache Rechnung. Die Kampagnenergebnisse nach Abschluss zeigen dann folgendes Bild: Insgesamt dokumentiert die

---

[2] Henri Matisse, in: Alexander Wider – Am Abgrund der Bücher: Anmerkungen zur mir bekannten Welt (2005).

Agentur voller Stolz, dass sie mit dem vorgegebenen Mediabudget durch Verhandlungsgeschick und eine perfekte Optimierung sogar insgesamt 644 GRP generiert hat – ein deutliches Mehr absolut gesehen von 84 GRP oder eine zusätzliche prozentuale Steigerung in Höhe von +15 %. Das klingt doch sehr erfreulich für den Kunden – die Agentur hat sich mächtig ins Zeug gelegt und überdurchschnittlich performt.

Alles scheint perfekt gelaufen zu sein – doch der Schein trügt. Betrachten wir die Abb. 8.2.

Wenn ursprünglich in der Zielgruppe 560 GRP geplant waren, warum hat die Agentur dann 644 GRP realisiert? Ist dies wirklich ein Mehrwert? Oder hätte die Agentur nicht nach den geplanten und dann erreichten 560 GRP alle weiteren werblichen Maßnahmen canceln müssen? Dann hätte der Kunde weniger investieren müssen. Möglicherweise hätte er dann bei der Nettoreichweite unterdurchschnittlich gelegen – in diesem Beispiel ist dies auch der Fall. Warum dann also die Mehrausgaben?

Die Antwort ist relativ einfach. Oberste Zielsetzung der Agentur ist die vollständige Verausgabung des freigegebenen Mediabudgets – würde dies nur zum Teil ausgegeben, könnte die Agentur ihr Honorar nur auf den tatsächlich realisierten Betrag berechnen. Sie würde daher ihr Income schmälern und selbst das Honorar kürzen.

Wenn die Agentur eine vertraglich zugesicherte Erfolgshonorierung vereinbart hat, wird ein solcher zusätzlich erzielter Werbedruck (+84 GRP) als monetäre Größe umgerechnet. Konkret in unserem Case ergibt sich aus der GRP-Kapitalisierung ein Betrag in Höhe von 675 TEuro. Je nach verhandelter Aufteilung (jede Aufteilung ist möglich – sie muss jedoch vertraglich fixiert werden), bspw. 70 % für den Kunden und 30 % für die Agentur, ergibt sich für Letztere ein lukratives Zusatzincome von 202,5 TEuro. Warum daher diese Zusatzeinnahme selbst torpedieren, auch wenn der Kunde dadurch einen Mehrwert hätte?

Die Agentureigeninteressen zielen primär auf eine Renditemaximierung und nicht auf kontraproduktive Maßnahmen ab, die das Agenturincome reduzieren und dem Kunden Kosten einsparen. Der Kunde wird dann zur Kasse gebeten – d. h., er muss noch über 200 TEuro als Erfolgshonorierung an die Agentur bezahlen – diese sind nicht aus dem bereits verausgabten Mediabudget finanzierbar. Da bleibt nur zu hoffen, dass der Marketingtopf noch nicht ausgeschöpft ist. Ist durch den zusätzlichen Werbedruck ein realer Mehrwert für den Kunden entstanden? Eher nein – manchmal ist weniger mehr! Der zusätzliche Werbedruck ist teuer erkauft und nicht zwingend erforderlich gewesen, sonst wäre die Ursprungsplanung falsch. Wenn dieser dann bspw. durch verhandelte Freespots

Zielgruppe: X	Mediabudget (in T Euro)	Werbedruck (GRP)	Nettoreichweite %	Durchschnittskontakte (OTS)
geplant	4.500	560	70,0	8,0
realisiert	4.500	644	62,5	10,3
Differenz	0	84	-7,5	2,3

Abb. 8.2 Soll-Ist-Vergleich nach Kampagnenende. (Quelle: eigene Darstellung)

8.2 Mogelpackung oder Mehrwert?

oder gar durch eine Kapitalisierung von Freespacevolumen von der Agentur on top eingesetzt wurde, wird schnell klar, dass es sich um eine kostenintensive Luftnummer handelt. Solange niemand näher hinschaut und das eigentliche Dilemma feststellt, sehen sich alle als Gewinner. Der GRP als mediale Kennziffer ist nichts anderes als ein grobes Maß zur Beurteilung einer Kampagne oder für den Vergleich unterschiedlicher Kampagnen.

Dabei darf nicht vergessen werden: Beim Leistungsvergleich von Mediaplänen mit identischen Mediabudgets und gleicher Zielgruppe ist derjenige mit dem höchsten Werbedruck (GRP) zwar der effizienteste, jedoch nicht daraus schlussfolgernd auch der effektivste Plan. Zur Beurteilung der Effektivität und Bewertung der Kampagnen bedarf es dann der Überprüfung weiterer wichtiger Kennziffern wie Nettoreichweite, Durchschnittskontakte, Kontaktklassenverteilung, Platzierungs- und Belegungsstrategie, Senderkombinationen und Shares oder Commitments, ohne die keine qualifizierte und valide Aussage möglich ist.

> **Daran sollten Sie ab jetzt immer denken**
>
> GRP ist nicht gleich GRP – warum denn mehr GRPs generieren, wenn (auch) weniger zur Zielerreichung ausreichend bzw. erforderlich sind? Ein definiertes GRP-Level muss erreicht werden. Alles, was darüber hinaus mit gleichem Budget erreicht wird, kann ein Indikator für eine gezielte Optimierung sein – muss aber nicht zwingend einen Mehrwert darstellen. Weniger ist häufig mehr – vor allem dann, wenn durch einen geringeren Mitteleinsatz (Mediainvestition) die im Briefing vorgegebenen Zielvorgaben und Benchmarks realisiert werden können. Warum für einen zusätzlichen Werbedruck Gelder investieren, die nicht erforderlich sind?
>
> Monetäre Einsparungen könnten dann von Ihnen zu einem späteren Zeitpunkt in einem späteren weiteren Flight eingesetzt werden – gerade für den Fall, dass Sie zusätzliche Investitionen tätigen müssen, die Ihr Marketingbudget nicht zulässt.

8.2.4 Pay-Faktor – Sicherheitsgarantie oder trickreicher Erlösgenerator?

Der Pay-Faktor beschreibt das Verhältnis von Media-Netto 3 (im Mediafachjargon auch als Agenturnetto bezeichnete Größe) zum Media-Brutto 3 (d. h. die tatsächlich ausgelieferte Gesamtwerbefläche). Auch wenn wie in unseren folgenden Ausführungen der Eindruck entstehen könnte, dass es sich bei dem Pay-Faktor um einen hausgemachten Indikator der Gattung TV handelt, ist dem nicht so. Für andere Gattungen werden ebenfalls Pay-Faktoren garantiert, die stets alle kritisch zu hinterfragen und zu analysieren sind.

Für TV gilt: Darin enthalten sind neben den bezahlten Spots auch alle Freespotkontingente als Naturalrabatte. Vereinfacht ausgedrückt: das tatsächlich bezahlte Werbevolumen nach Abzug aller Rabatte, der AE und Skonto im Verhältnis zum tatsächlich geschalteten Brutto-Werbevolumen auf Basis der Tariflisten. Der Pay-Faktor dokumentiert, wie viel Prozent des Gesamtvolumens tatsächlich bezahlt wurde, oder im Umkehrschluss als Residualgröße, wie viel Rabatt dem Kunden gewährt wurde. Die seitens der Agentur garantierten Pay-Faktoren sind in der Regel an Bedingungen geknüpft, deren Einhaltung seitens des Werbungtreibenden die grundlegende Voraussetzung für die Kalkulation und für die Garantie der Pay-Faktoren ist. Werden diese nicht erfüllt, ist ein garantierter Pay-Faktor für die Agentur nicht verbindlich. Für den Fall, dass die Agentur den garantierten Pay-Faktor nicht erreicht, verpflichtet sie sich, so lange eine Kompensation in Form von Freivolumen vorzunehmen, bis dieser Pay-Faktor erreicht ist. Soweit zur Theorie.

Die Frage nach der Sinnhaftigkeit eines Pay-Faktors steht für alle Gattungen immer wieder im Mittelpunkt mancher Diskussionsrunden. Die Befürworter sehen darin eine Art garantierte Preis-Leistungs-Relation, die per se dem Kunden Sicherheit geben und die Vermarkter in die Pflicht nehmen soll, ihren Leistungsversprechen nachzukommen. Die Agenturen wiederum garantieren dem Kunden einen Pay-Faktor, der an klar vordefinierte einzuhaltende Parameter geknüpft ist. Eigentlich ein genialer Schachzug der Agenturen – sie versprechen, was andere halten müssen, und kassieren dafür einen Bonus. Eine Rollenverteilung, die denjenigen protegiert, der angeblich ein Risiko trägt, dieses jedoch auf einen Dritten überträgt und trotzdem dafür belohnt wird. Ist dies tatsächlich so oder wird an dieser Stelle ein Sachverhalt beschönigt, der die realen Gegebenheiten nur unzureichend widerspiegelt?

Nochmals einen Schritt zurück. Die Kalkulation dieser Pay-Faktoren-Garantien bezieht sich auf konkrete, vorab fixierte Zielvorgaben. Dazu zählt ein Kunden-Commitment des Mediabudgets (MN3), in dem ggf. auch Sonderkontingente wie Trading integriert sein können. Achtung: Auch dabei besonders aufpassen, in welcher Höhe oder welchem Prozentsatz die Agentur diese Volumina mit integrieren darf. Trading wird dabei gerne eingesetzt, da dieses meist hoch rabattiert ist und dadurch der garantierte Pay-Faktor reduziert werden kann.

Häufig werden in den sog. Buying Templates vorab Vermarkter-/Sendershares mit dem Kunden vereinbart, die einzuhalten sind. Je nach Agenturvertrag können noch weitere Parameter (Terminierung von Budget, Freigabezyklen, Einhaltung der Zahlungsbedingungen u. a.) berücksichtigt werden – dies ist nicht ungewöhnlich, da sich die Agentur für den Fall von gravierenden Planabweichungen selbst auch absichern will und muss.

Grundsätzlich bedeutet dies, dass Änderungen der ex ante fixierten Parameter zu einer Modifikation des garantierten Pay-Faktors führen (können). Die Planungssicherheit für die Agenturen stellt eine zentrale Voraussetzung dar, ohne diese ist eine valide Pay-Faktoren-Garantie nicht möglich. Aus diesem Grund wird häufig seitens der Agenturen eine Budgetübersicht erstellt, aus der bei möglichen Budgetschwankungen die sich daraus ergebenden Pay-Faktor-Anpassungen ersichtlich sind (vgl. Abb. 8.3).

Warum setzen sich die Agenturen durch ein solches Angebot selbst unter Druck? Liegt es daran, dass sie dem Kunden nur dadurch ein kompetitives und Erfolg versprechendes Angebot offerieren können und nur so gegenüber potenziellen Konkurrenzangeboten anderer Agenturen bestehen können?

8.2 Mogelpackung oder Mehrwert?

	Budget in T Euro (MN3)	Index	Pay-Faktor % Brutto-Netto-Index	Index
20%	9.600	120	50,0	96
10%	8.800	110	51,6	99
Basis	8.000	100	52,1	100
-10%	7.200	90	53,1	102
-20%	6.400	80	54,7	105
-50%	4.000	50	57,3	110

Abb. 8.3 Beispiel für die Zielvorgaben eines Pay-Faktors. (Quelle: eigene Darstellung)

Weit gefehlt – zumal sich die Rabattstrukturen in der Höhe und Verteilung von kunden- und agenturbezogenen Rabatten im Zeitverlauf ändern können. Gleiches gilt für die Cash- und Naturalrabatte sowie für die von Sendern und Vermarktern gewährten Pay-Faktoren. Viele Unsicherheitsfaktoren für beide Seiten! Einerseits werden vorab Regularien für unvorhersehbare Änderungen getroffen, damit alle von unliebsamen Überraschungen verschont bleiben. Andererseits nutzt die Agentur dieses Geschäftsmodell, um zusätzliches Agenturincome zu generieren. Häufig sieht dieses wie folgt aus:

Wenn die Agentur nach Kampagnenschluss den vorgegebenen Pay-Faktor (over all) erreicht, partizipiert sie mit einem fest definierten, auf das MN3-Budget bezogenen Prozentsatz. Bei Nichterreichung des Pay-Faktors dagegen würde dies entfallen – ansonsten muss die Agentur eine Kompensation in Form von Freivolumina bereitstellen, bis dieser Pay-Faktor erreicht wird – erst dann gelangt sie in den Genuss eines vereinbarten Bonus (vgl. Abb. 8.4).

Ein Pay-Faktor in Höhe von 52,1 % bedeutet somit, dass insgesamt ein Rabatt in Höhe von 47,9 % realisiert wurde. Vom Grundsatz her per se eine Art Absicherung für den Kunden. Allerdings darf dabei eines nicht außer Acht gelassen werden: Wenn diese Pay-Faktoren, die gerne auch in Pitchsituationen als Effizienzmaßstab zum Vergleich unterschiedlicher Agenturangebote herangezogen werden, nicht auf einer einheitlichen Briefingzielvorgabe basieren, ist ein fairer Vergleich nicht möglich. Unterschiedliche Strategien beinhalten in der Regel auch unterschiedliche Belegungen, Budgetverteilungen und Medienbelegungen. Daher sollte nicht voreilig rein auf Basis von Pay-Faktoren auf die Effizienz und Qualität der von der Agentur geplanten Kampagne geschlossen werden.

Wenn Sie sich als Budgetverantwortlicher das Buying Template der Agentur mit allen Einzelheiten anschauen, können Sie darin die Budgetverteilung und die realisierten kunden- sowie agenturbezogenen Rabatte (Cash oder als Naturalien) ersehen. Ein Brutto-Netto-Vergleich auf Indexbasis zeigt Ihnen dann, ob der Pay-Faktor über alle Sender hinweg generiert wurde oder nicht. Sie können sich sicherlich vorstellen, dass eine Agentur alles daran setzen wird, diese Vorgabe zu erreichen.

	Budget in T Euro (MN3)	Sender-shares in %	Budget in T Euro (MB3)	Brutto-Netto Index (PF)
Sender 1	1.300	16	2.207,1	0,589
Sender 2	450	6	702,0	0,641
Sender 3	100	1	219,8	0,455
Gruppe 1	1.850	23	3.128,9	
Sender 4	2.900	36	5.765,4	0,503
Sender 5	825	10	1.511,0	0,546
Sender 6	750	9	1.533,7	0,489
Sender 7	125	2	324,7	0,385
Gruppe 2	4.600	58	9.134,8	
Sender 8	125	2	311,7	0,401
Sender 9	100	1	243,9	0,410
Sender 10	100	1	165,8	0,603
Sender 11	150	2	387,6	0,387
Sender 12	875	11	1.513,8	0,578
Sender 13	200	3	464,0	0,431
Sender 14	0	0	0,0	0,000
Sender 15	0	0	0,0	0,000
Total p.a.	8.000	100	15.355	0,521

Abb. 8.4 Einzeldarstellung und kumulierter Pay-Faktor. (Quelle: eigene Darstellung)

Nur dann kann sie im Falle einer vertraglich fixierten Erfolgsprovision diese auch geltend machen. Daher aufgepasst: Eine willkommene Gelegenheit für Agenturen ist es, die Kompensation von Freivolumen überwiegend bei kleineren Sendern vorzunehmen – dort gibt es häufig ungenutzte Werbeflächen, die sich schwer verkaufen lassen und i. d. R. hoch rabattiert sind. Ebenso eignet sich der Einsatz von bestehenden Freespot-Kontingenten der Agentur, die sich auf diesem Wege noch kapitalisieren lassen.

Auch wenn diese meist nur Marginalreichweiten und häufig hohe Stammseheranteile aufweisen, ist die Implementierung solcher Sender eine willkommene Gelegenheit für Agenturen, ihre Free-Kontingente abzubauen und zu kapitalisieren. Dieses vorhandene Free-Volumen ist wie eine Art Spielmasse, die im Bedarfsfall in die Pläne eingebaut werden kann. Die Zielsetzung ist dabei klar: Der Pay-Faktor muss auf ein niedrigeres Niveau gedrückt werden. Die Kampagneneffizienz mag dann stimmen – meist wird dadurch jedoch die Kampagneneffektivität (Wirkung) geschmälert.

Allein die Betrachtung der senderbezogenen Programmumfelder, der eingesetzten Spotanzahl pro Sender und die im MB3 kumulierten Senderbudgets verdeutlichen das Dilemma. Wo bleiben die Qualität und die ursprüngliche Strategie, wenn sich alles nur noch um Konditionen oder konkret um die Realisierung eines niedrigen vordefinierten Pay-Faktors dreht? Wofür wird eine qualifizierte Planung benötigt, wenn der effizienzgesteuerte Einkauf dominiert?

8.2 Mogelpackung oder Mehrwert?

Das, was Sie sich als Werbungtreibender durch ein solches Geschäftsmodell an Savings erhoffen, erweist sich später als Luftblase. Wenn sie zerplatzt, werden Sie bemerken, dass Sie keinerlei Mehrwert oder Nutzen hatten. Sie werden schmerzlich feststellen, dass sich auch dieses Mal wieder bewahrheitet: Billig kann auch ganz schön teuer werden.

Für Sie ist es schlichtweg eine Grenzkostenrechnung – dabei ist zunächst einmal die qualitative Komponente unberücksichtigt. Konstruieren wir ein Erfolgshonorar für die Agentur, wenn der Pay-Faktor über alle Sender hinweg erreicht wird. In unserem fiktiven Beispiel haben wir uns auf eine Monokampagne in TV beschränkt mit einem garantierten Pay-Faktor Höhe von 52,1 %.

Wenn bspw. ein Zielkorridor definiert wurde, könnte die Agentur je nach Grad der Pay-Faktor-Realisierung in Form eines variablen Erfolgshonorars zusätzliches Income generieren.

Bei Überschreiten der Pay-Faktor-Garantie um mehr als 10 % entfällt der Bonus – daher wird die Agentur stets bestrebt sein, diese Zielvorgabe mit Index 100 zu realisieren. Dies kann sie durch Kompensationsvolumen erreichen – d. h., sie integriert Freivolumen, bis der Ziel-Pay-Faktor erreicht wird. Wenn dies durch die Aufstockung mit minderwertigen und/oder reichweitenschwachen Spots der kleineren TV-Sender erfolgt, wird zwar das Brutto-Mediabudget ohne zusätzliche Mediaspendings erhöht. Allerdings: Wer sich nur blindlings auf den Netto-Brutto-Index (MN3/MB3) resp. den Pay-Faktor verlässt, kann nicht beurteilen, ob und welcher tatsächliche Mehrwert für die Kampagne entstanden ist. Ein Anstieg der GRP oder besser gesagt des nicht bezahlten Bruttovolumens durch die Freispots sagt nichts über die Kampagneneffektivität aus. Wenn lediglich der Pay-Faktor geschönt wird, erweist sich die Zahlung eines Erfolgshonorars im Nachhinein als Wasted Money.

Exkurs: Kurze Historie der Erfolgshonorierung
Vor Jahren wurde der TKP-Vergleich als Maßstab und Basis für eine Erfolgshonorierung herangezogen. Dies hatte zumindest den Vorteil, dass neben den Kosten stets auch die Leistungskennziffern (Reichweiten, GRP) berücksichtigt wurden. Auch damals wurden die Berechnungen kritisiert, da die jeweiligen monetären Erfolgsausweise auf unterschiedlichen Benchmarks beruhten. Während bei der Reichweitenverrechnung die einen mit Senderdurchschnitten, andere mit Marktdurchschnitten und wieder andere mit den Zeitzonenschnitten pro Sender operierten, wurden die Buying Efficiencies teils schöngerechnet. Damit nicht genug – nun heißt die zu realisierende Benchmark Pay-Rate oder Pay-Faktor. Schauen Sie genau hin, was sich hinter diesen Versprechungen verbirgt: Mehrwert oder Geldverschwendung?

> **Daran sollten Sie ab jetzt immer denken**
>
> Ein garantierter Pay-Faktor muss realistisch sein und darf nicht als Effizienzindikator fungieren, wie häufig in Pitchsituationen kommuniziert. Wenn zu seiner Realisierung von der Agentur Freekontingente eingesetzt werden, wird der Pay-Faktor künstlich reduziert, und für den Fall, dass es sich dabei um minderwertiges, reichweitenschwaches Inventar handelt, sind diese kostenlosen zusätzlichen Reichweiten zum „Schönrechnen" eingesetzt und eigentlich nichts wert. Tappen Sie nicht in die Falle und versichern Sie sich, dass Sie nur für die Leistungen bezahlen, die tatsächlich gefordert und auch realisiert wurden. Nur dann ist ein Mehr auch wirklich mehr und nicht ein vorgetäuschter Indikator, für den Sie auch noch ein Erfolgshonorar bezahlen müssen – sofern dies vertraglich fixiert wurde.

8.2.5 Freespace-Volumen – Chance zur Kapitalisierung von brachliegendem Werbeinventar

Cashrabatte – der Agenturen liebstes Kind. Direkt danach kommen die Naturalrabatte, die von der Agentur (partiell) weitergeleitet oder selbst eingesetzt werden. Unabhängig von der Frage, wem diese Naturalrabatte rechtlich zustehen, entsteht ein ganz anderes Problem, wenn dieses eigentlich unentgeltlich gewährte Werbeinventar brachliegt und nicht eingesetzt wird.

Die Integration von Teilen dieser Naturalien in einen bestehenden Mediaplan ist für eine Agentur eine willkommene Chance zur Kapitalisierung dieser Volumina. Selbst dann, wenn sie dem Kunden einen hohen Rabatt gewährt, bleibt es unterm Strich immer noch ein rentables Agenturgeschäft.

Kurzer Exkurs zu dieser Art von Naturalvolumina: Dabei handelt es sich meist um Werbevolumen, das bei den Medien und Vermarktern auf Halde liegt und schwer oder gar nicht mehr zu veräußern ist. Die Vermutung liegt nahe, dass darin eher Werbeflächen aus minderwertigen, reichweitenschwachen und tendenziell ineffizienten Umfeldern enthalten sind.

Diese Volumina werden daher als Incentive, Goody oder wie auch immer deklariert und dem Kunden und/oder der Agentur gewährt. Für die Medien hat dies mehrere Vorteile. Anstelle von Cash wird in diesen Fällen in Naturalien verrechnet, bei einem Einsatz werden Kampagnen „künstlich gefüllt", die Kampagnenperformance erhöht und eine bessere Effizienz ausgewiesen. Die Medien gewähren in diesem Modell Teile ihres Werbeinventars als Natural-Goodys für die Agenturen, die diese dann eigenständig einsetzen (bspw. als Akquiseinstrumentarium zur Realisierung von Pay-Rate-Garantien) und vermarkten können.

> **Daran sollten Sie ab jetzt immer denken**
> Kontrollieren Sie die belegten Werbemittel, es wird sich lohnen. Auch hier gilt der Grundsatz: Was unter normalen Selektionskriterien durchs Raster fällt und nicht in den Mediaplan passt, wird auch durch einen noch so günstigen Preis nicht besser. Leider wird häufig vergessen, dass Naturalien per se nichts kosten, dennoch aber einen fiktiven monetären Wert haben. Passen Sie auf, dass Ihnen in Ihrem Mediaplan keine Freespacekontingente integriert und auf diesem Wege kapitalisiert werden. Im Zweifel wird dies Ihre Performance deutlich schmälern.

8.2.6 Trading als Geschäftsmodell – Nur mit Freigabe

Wir haben bereits Trading in Abschn. 4.7 „Vom Broker zum Trader" behandelt. An dieser Stelle zeigen wir auf Basis eines fiktiven Beispiels auf, was sich hinter diesem Geschäftsmodell verbirgt und welche Erlöse in welchen Dimensionen erzielbar sind. Ob Trading-Irrsinn oder Wahnsinn ist dabei nicht die Frage – hier geht es einzig und allein um die Gewinnhöhe in diesem äußerst lukrativen Geschäftsmodell. Wer partizipiert in welchem Umfang und welcher Spagat ist erforderlich? Auch mehrere Warnungen und das Aufzeigen möglicher Fehlinvestitionen halten meist kaum einen Kunden davon ab, in der Rabattschlacht um günstigen Medieneinkauf mitmischen zu wollen. Man könnte meinen: „In einer irrsinnigen Welt vernünftig sein zu wollen, ist schon wieder ein Irrsinn für sich."[3] Mag sein, dass in Zeiten des Rabattwahnsinns zunehmend die Qualität verloren geht – wer dies als Werbungtreibender akzeptiert und primär sein Handeln (Dienstleistungen, Werbeinventar u. a.) nur noch preisdifferenziert betrachtet, verliert nicht nur schnell den Überblick, sondern auch an Wirkung.

Warum spielen die Medien bei diesem für sie ausweglosen Spiel überhaupt mit? Irrsinn, Dummheit, Angst, letzter Ausweg oder fehlende Alternativen? Die Liste lässt sich noch beliebig erweitern. Es steht extrem viel für die Medien auf dem Spiel. Sie signalisieren, dass das Portfolio, das sie anbieten, nichts mehr wert ist. Funktioniert die Vermarktung der Werbeflächen aber wirklich nur noch über den Preis? Bei bestehendem Marktgleichgewicht regeln eigentlich Angebot und Nachfrage den Preis – das Gleichgewicht hat sich jedoch längst zum Ungleichgewicht entwickelt, zugunsten der Agenturen. Es ist unbestritten, dass Trading für sie die Cash-Cow-Variante schlechthin ist. Sind sie die eigentlichen Übeltäter, wenn sie gegenüber den Medien äußern, dass ohne entsprechende Bereitstellung von Tradingvolumina die Erlöse aus Buchungen im Rahmen des normalen Kerngeschäfts ausbleiben?

---

[3]Voltaire: https://www.aphorismen.de/zitat/10754, letzter Zugriff: 14.11.2017.

Zurück zu unserem fiktiven Tradingangebot einer TV-Kampagne – vertraglich sind folgende Parameter fixiert:

1. Das Tradingvolumen darf maximal einen Prozentsatz X bezogen auf das Schaltvolumen/Mediabudget nicht überschreiten.
2. Die Agentur muss den Kunden auf die absolute Höhe des Tradingvolumens hinweisen.
3. Die darin enthaltenen Sender, Zeitzonen und Schalttermine mit Umfeldern sowie mögliche Restriktionen (Schieberechte etc.) sind zu nennen – dies inkludiert auch das Aufzeigen von Nachteilen und Schwachstellen bezogen auf den Gesamtplan.
4. Der Einsatz von Trading bedarf der ausdrücklichen Zustimmung/Freigabe des Kunden.

Soweit – so gut. In unserem Beispiel gehen wir von einem fiktiven Volumen in Höhe von 1 Mio. EUR aus. Eine Größenordnung, die durchaus realistisch ist. Die Agentur tritt als eigenständige Wirtschaftsstufe auf und kauft dieses Tradingvolumen bei einer TV-Sendergruppe auf eigenes Risiko ein. Letzteres wird immer gerne zur Rechtfertigung seitens der Agenturen aufgeführt. Sie sind diejenigen, die das volle Risiko tragen – eigentlich nur dann, wenn sie nicht in der Lage sind, diese Volumina förmlich an den Mann zu bringen.

Das Medium respektive der Vermarkter veräußert dieses Volumen in Höhe von 1 Mio. EUR mit einer Rabattierung von 80 %. Dies ist und bleibt dem potenziellen Kunden unbekannt – er wird auch zu einem späteren Zeitpunkt keine rechtlichen Grundlagen haben, um davon Kenntnis zu erlangen. Nun kommt die Aufgabe der Mediaagentur, dieses Tradingvolumen ihren Kunden schmackhaft zu machen. Ein attraktiver Rabatt muss her, der im Vergleich zur Normalbuchung deutlich höher liegt. Großzügigerweise offeriert sie dem Kunden (es können auch mehrere sein) ein Package mit einem Preisnachlass von 40 %. Gleichzeitig verweist sie darauf, dass diese Rabattierung einen außerordentlichen Schnäppchendeal bedeutet, der ansonsten niemals realisiert werden würde. Voller Euphorie und mit strahlenden Augen erteilt der Kunde seine Freigabe und alles geht seinen gewohnten Gang, könnte man meinen. Wenn sich da nicht doch noch die eine oder andere Unwägbarkeit einschleichen würde. Sendeplatzverschiebungen aufgrund von Verfügbarkeitsengpässen oder durch dann doch noch zu Normalpreis veräußertem Volumen bis hin zur Umverteilung von Sendershares[4]. Müssen durch Budgetumshiftungen zusätzliche kleinere Sender belegt werden, die normalerweise nicht berücksichtigt würden, beinhaltet der Mediaplan eine Reihe unerwünschter, ineffektiver Schalttermine. Ein fiktives Beispiel für Agenturerlöse aus Trading finden Sie in Abb. 8.5.

---

[4]Diese werden dem Kunden nicht immer aufgezeigt, es ist wichtiger, die geplanten GRP zu erreichen. Umverteilungen sind dann auch auf andere Sender einer Sendergruppe möglich, auch wenn die Kampagnenwirkung darunter leidet.

8.2 Mogelpackung oder Mehrwert?

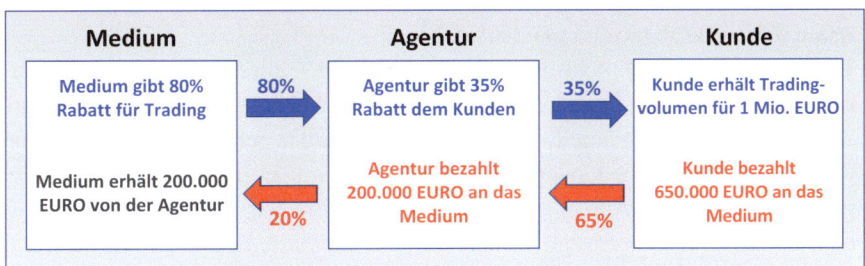

Bei einem Tradingvolumen in Höhe von 1 Mio. EURO erzielt die Agentur als Wirtschaftsstufe durch die Veräußerung des Tradinginventars einen Zusatzerlös von 450.000 EURO.

Abb. 8.5 Fiktives Beispiel der Agenturerlöse aus Tradingvolumen. (Quelle: eigene Darstellung)

Halb so wild – Hauptsache der Preis stimmt. Kommen wir nun zu diesem und der Berechnung dessen, was die einzelnen am Tradingprozess Beteiligten bekommen. Am Ende der Kette sitzt das Medium, das seine Werbezeiten mit einem Nachlass von 80 % verramscht hat. Der Kunde erhält eine Rabattierung von 40 %, die er sonst nicht bekommen hätte. Per se eine Win-win-Situation in Perfektion – allerdings nur auf dem Papier.

Was ist nun mit der Agentur? Sie bekommt vom Kunden 600TEuro für das Trading-Schaltvolumen und zahlt im Gegenzug an das Medium einen Betrag von 200TEuro. Die Differenz als Residualgröße in Höhe von 400TEuro stellt das Agenturincome dar. Ein äußerst lukratives Geschäft für die Agentur, selbst bei einem für sie jederzeit überschaubaren Risiko.

Gibt es wirklich eine Win-win-win-Situation, wie sie häufig apostrophiert wird? Wir meinen: eindeutig nein. Lediglich für die Agenturen rechnet sich das Trading.

Die Werbungtreibenden bekommen höhere Rabatte, verlieren jedoch zunehmend an Kampagnenwirkung. Restplatz bleibt B- und C-Ware. Wenn für Werbungtreibende dann der Kampagnenerfolg ausbleibt, dürften sie dieses Vorgehen nicht ignorieren. Sie müssen an jeder Stelle der Geschäftsbeziehung auf Transparenz pochen.

Die Preiserosion bei den Medien wird zudem weiter verstärkt und es wird immer schwieriger für sie, in die Normalspur zurückzukehren. Sie brauchen Durchhaltevermögen und die Hoffnung, dass es doch noch mal bessere Zeiten gibt und sie als verlässlicher Partner wieder auf Augenhöhe wahrgenommen werden.

Unser Fazit: Wenn Trading weiter ausufert, wird es in absehbarer Zeit zum Mega-GAU kommen. Wenn einer gewinnt (Mediaagenturen), ein weiterer partiell meint, zu den Gewinnern zu gehören (Werbungtreibende), und ein weiterer verliert (Medien), ist der Weg vorgezeichnet: Die Medien werden als Cash Cow sukzessive durch immer neue Forderungen totgemolken. Die Kunden bekommen für ihre Investitionen einen nicht existenten Mehrwert versprochen und die Agenturen partizipieren an den monetären Verhandlungserfolgen. Sobald jedoch die Medien und die Vermarkter nicht mehr in der Lage sind, als kompetitiver Anbieter zu operieren (und außerdem qualitativ hochwertigen und teuren Journalismus anzubieten), wird es nicht lange dauern, bis sich der Medienmarkt stark lichtet, was wiederum die Meinungsvielfalt beeinträchtigt.

Daran sollten Sie ab jetzt immer denken
Tradingangebote sind nicht grundsätzlich schlecht – allerdings erweist sich so manches Tradingvolumen im Nachhinein als teures Schnäppchen, das an der eigentlichen Zielsetzung vorbeischrammt. Fordern Sie Transparenz schon vor einer Entscheidung für Trading. Stellen Sie eindeutig bereits im Vertrag klar, dass Trading ohne Ihre Freigabe von der Agentur nicht eingesetzt werden darf. Nur wenn Sie wissen, was sich hinter dem Volumen verbirgt, können Sie eine fundierte Entscheidung treffen, ob die zu erwartende Performance ein solches finanzielles Engagement rechtfertigt. Legen Sie eine Maximalhöhe (entweder prozentual oder als absolute Größe) fest, die nicht überschritten werden darf. Denken Sie stets daran, sich nicht durch attraktiv erscheinende Rabattierungen blenden zu lassen.

8.2.7 TV-Spot-Platzierung – Werbeblöcke überprüfen

Wenn Mediaagenturen auf Basis der Zielgruppe planen und selektieren, werden bei TV häufig immer die gleichen Werbeblöcke selektiert. Bei der Planung von identischen Zielgruppen für unterschiedliche Produkte oder auch bei Produkten einer Warengruppe ist dann die logische Konsequenz, dass auch die gleichen Blöcke gebucht werden. Nicht selten sind extrem viele Spots aus einer Warengruppe (bspw. Bier, Auto, Reisen, FMCG, Finanzen u. a.) in einen Werbeblock integriert. Die Folge ist dann, dass Wettbewerber mit ihren Produkten in ein und demselben Werbeblock platziert sind.

Ein Beispiel (in Abb. 8.6 dargestellt) mag diesen Zusammenhang verdeutlichen. Dazu wurde als Programmumfeld das Fußball-WM-Qualifikationsspiel zwischen Aserbaidschan und Deutschland am 26. März 2017 auf RTL analysiert. Der Werbeblock 2435/18/02 begann um 18:48:24 Uhr direkt nach der Berichterstattung der Übertragung der 1. Spielhälfte und dauerte insgesamt 288 s. Danach folgte die Halbzeitanalyse der Spielpaarung.

Programmablauf
Zeitraum : 26.03.2017
Sender : RTL
Programmumfeld: Fussball WM Qualifikation
Zielgruppe : E 14+

Anfang	Sek.	Ende	Sendung, Block	Durchschn. Reichweite
17:53:27	339	17:59:06	RTL FUSSBALL: ASERBAIDSCHAN - DEUTSCHLAND, VOR DEM SPIEL	3.675.831
18:00:21	2.788	18:46:49	RTL FUSSBALL: ASERBAIDSCHAN - DEUTSCHLAND, 1. HÄLFTE	6.786.185
18:48:14	288	18:53:02	2435\18\02	5.821.320
18:53:05	78	18:54:23	RTL FUSSBALL: ASERBAIDSCHAN - DEUTSCHLAND, HALBZEITANALYSE	5.609.611
18:54:25	20	18:54:45	3335\18\03	5.576.619
18:54:45	292	18:59:37	2435\18\03	5.572.806
19:00:21	19	19:00:40	3535\18\03	6.065.355
19:01:00	2.933	19:49:53	RTL FUSSBALL: ASERBAIDSCHAN - DEUTSCHLAND, 2. HÄLFTE	8.674.371

Abb. 8.6 Werbeblock und Programmumfelder. (Quelle: eigene Darstellung / Basis: AGF-Fernsehforschung)

8.2 Mogelpackung oder Mehrwert?

Die durchschnittliche Reichweite für die Zielgruppe Erwachsene ab 14 Jahren betrug 5,821 Mio. Seher. Erst die Analyse des Werbeblocks nach Produkten/Marken verdeutlicht, dass eine Warengruppe extrem stark platziert war. Von den insgesamt elf Spots des Werbeblocks 2435/18/02 waren sechs aus dem Segment Pkw (vgl. dazu Abb. 8.7).

Diese kannibalisieren und neutralisieren sich gegenseitig. Die hohe Reichweite ist dann sekundär, da die Wirkung der Botschaft meist nicht mehr in vollem Umfang wahrgenommen wird. Auch wenn diese durch andere Spots mithilfe von sogenannten Werbeblockdramaturgen voneinander getrennt werden, ist die Wahrnehmung der einzelnen Marken durch die Rezipienten meist nicht mehr gegeben. Wenn auf nahezu identischen Zielgruppen geplant wird, werden meist die gleichen Blöcke und Umfelder eingekauft. Lassen Sie auch hier nicht locker – die Fokussierung auf Einkaufskonditionen und Rabatte ist nur ein kleiner Teil dessen, was die Wirkung Ihrer Kampagne ausmacht.

Unsere Empfehlung lautet daher: Überprüfen Sie nachträglich, in welchen Umfeldern und Werbeblöcken Ihre Produkte platziert waren, und schauen Sie insbesondere auf mögliche Konkurrenzmarken, die ebenfalls darin geschaltet wurden. Die daraus gewonnenen Erkenntnisse können Sie dann für Folgekampagnen nutzen – durch eine gezielte, strategische Ausweichstrategie in andere Werbeblöcke oder auf alternative Werbeträger.

Sollte Ihnen ein Fair-Share-Anteil garantiert worden sein, ist eine Ex-post-Analyse der Spotplatzierungen ebenfalls wichtig. Nur dann können Sie feststellen, ob dieser eingehalten wurde oder nicht. Erst- und Letztplatzierungen innerhalb der Werbeblöcke versprechen immer höhere Reichweiten als Platzierungen in der Blockmitte. Es lohnt sich – Optimierung einer Kampagne beginnt bereits bei der Analyse der Ex-post-Ergebnisse.

Lassen Sie sich im Reporting die gebuchten Werbeblöcke auch nach ihrer Länge ausweisen. Sind diese überproportional lang und mit extrem vielen Spots bestückt, werden die Wahrnehmung und Werbeerinnerung beeinträchtigt. Denken Sie daran, dass Ihre Marke sich auch gegenüber allen anderen nicht direkten Konkurrenten durchsetzen

Analyse Werbeblock 2435\18\02 am 26.03.2017 in RTL

Tag: So 26.03.2017   Zeit: 18:48:24 -18:52:06
Umfeld: Fussball-WM-Qualifikation
Umfeld vor: Aserbaidschan - Deutschland 1 Hälfte   Umfeld nach: Aserbaidschan - Deutschland Halbzeitanalyse

Gruppe	Firma	Produkt	Anfang Spot	Spot-länge	WB-länge	Werbeblock
FILM	PARAMOUNT PICTURES, UNTERFOEHRING	GHOST IN THE SHELL (DT.)	18:48:24	10	288	2435\18\02
PKW	VOLVO CAR GERMANY, KOELN	VOLVO PKW-PROGRAMM	18:48:34	30	288	2435\18\02
GARTENGERAETE	STIHL VERTRIEBSZENTRALE, DIEBURG	STIHL HSA 56 HECKENSCHERE	18:49:04	22	288	2435\18\02
PKW	CITROEN DT., KOELN	CITROEN C4 CACTUS GEL-WAG	18:49:26	15	288	2435\18\02
PKW	CITROEN DT., KOELN	CITROEN C3 PKW	18:49:26	15	288	2435\18\02
RASIERER + ZUBEHOER	PROCTER+GAMBLE, SCHWALBACH	GILLETTE FUSION NASSRASIERER/FC BAYERN	18:49:56	20	288	2435\18\02
PKW	OPEL ADAM, RUESSELSHEIM	OPEL ASTRA PKW	18:50:16	20	288	2435\18\02
PKW	RENAULT DT., BRUEHL	RENAULT MEGANE GRANDTOUR KOMBI PKW	18:50:36	30	288	2435\18\02
LEBENSMITTELEINZELHANDEL	LIDL DIENSTLEISTUNG, NECKARSULM	LIDL DISCOUNT/HM DELUXE	18:51:06	30	288	2435\18\02
PKW	AUDI AG, INGOLSTADT	AUDI A5 PKW-VERSIONEN	18:51:36	30	288	2435\18\02
AUDIO-GERAETE	APPLE DT., MUC	APPLE AIRPODS KOPFHOERER	18:52:06	60	288	2435\18\02

Abb. 8.7 Marken innerhalb eines Werbeblocks. (Quelle: eigene Darstellung / Basis: AGF-Fernsehforschung)

muss. Wenn weniger beworbene Marken in kürzeren Blöcken auftauchen, kann sich das positiv auf die Wahrnehmung auswirken und somit schneller zum Ausbau der Markenbekanntheit respektive der Werbeerinnerung führen. Erfolg in Media beruht nicht zuletzt zu 20 % auf dem Wissen anderer, zu 30 % auf der Fähigkeit, zu überprüfen und aus den Fehlern zu lernen, und zu 50 % auf der Bereitschaft zu Innovation und zum Beschreiten neuer Wege.

> **Daran sollten Sie ab jetzt immer denken**
>
> Fordern Sie Ihre Agentur auf, Ihnen als Leistungsnachweis die einzelnen Belegungen aufzuzeigen. Bei Print ist dies relativ einfach durch die Belegexemplare, bei TV reicht es allerdings nicht aus, sich auf GRPs und Nettoreichweiten zu beschränken. Überprüfen Sie die Sender und Zeiten, die Programmumfelder, die Länge der Werbeblöcke und für den Fall, dass Ihnen Erst- und Letztplatzierungen als Share angeboten wurden, ob diese auch tatsächlich eingehalten wurden.
>
> Auch wenn Sie im Vorfeld nicht wissen, welche Konkurrenzspots in dem von Ihnen belegten Werbeblock ausgestrahlt werden, kann eine Ex-post-Analyse interessante Erkenntnisse bringen. Gerade bei männeraffinen Produkten in sportlichen Umfeldern ist es keine Seltenheit, dass in einem Werbeblock mehrere Wettbewerber aus einem Segment einer Branche geschaltet werden. Welcher Konsument ist dann noch in der Lage, die Marken richtig zu erinnern?
>
> Akzeptieren Sie weiterhin diese oder ähnliche Angebote oder lehnen Sie klugerweise ab und lassen Sie sich Alternativen vorschlagen. Die Entscheidung treffen Sie allein.

8.3 Kennziffern und ihre Aussagekraft – Wegweiser in eine ungewisse Zukunft?

8.3.1 Reportings – Reduce to the Max

In einer alten angloamerikanischen Managementweisheit wird den Kennzahlen eine wichtige Funktion attestiert: „What gets measured gets done". Oder ebenso passend: „You can't manage, what you can't measure". Ohne die Kontrolle vordefinierter Key Performance Indicators lassen sich die medialen Aktivitäten und eine Erfolgsmessung nicht bestimmen. Nicht alles, was gemessen und ausgewertet werden kann, liefert auch signifikante Ergebnisse.

Riesige Datenmengen, die nicht bearbeitet werden können, verkommen dann zu Zahlenfriedhöfen ohne substanziellen Mehrwert. Sie sind kontraproduktiv und verschleiern häufig den Blick auf das Wesentliche. Gerade im Bereich Media gibt es im Handwerkszeug der medialen Number Crunchers eine Vielzahl von KPIs, die für unterschiedliche Fragestellungen herangezogen werden. Die Relevanz und der daraus abgeleitete Erkenntnisgewinn hängen entscheidend von den konkreten Zielformulierungen ab. Wer diese bereits im Briefing unzulänglich und schwammig definiert, wird auch mit den aussagefähigsten und speziellsten KPIs weder verlässliche Erkenntnisse gewinnen noch den Stein der Weisen erhaschen.

Je universeller und globaler die Kennzahlen sind, desto weniger aussagefähig sind sie. Dies beschränkt sich nicht nur rein auf quantitative Parameter, sondern beinhaltet auch qualitative Ziele, die gemessen und dann ausgewiesen werden können. Nur dann lassen sich Erfolge der Media- und Marketingaktivitäten auch quantifizieren respektive beschreiben. Es ist ein elementarer Unterschied, ob man die Veränderung der Markenbekanntheit und Werbeerinnerung tracken oder Aussagen über die generierten Leads (Leadgenerierung) einer Kampagne machen möchte. Häufig werden Ziele formuliert, die jedoch nach Kampagnenende nicht überprüfbar sind, weil schlichtweg die Erfassung vergessen wurde und die Interpretation der Ergebnisse nicht oder nur bedingt möglich ist.

Entscheidend sind die Fragen: Was will man wissen und was muss man wissen? Es geht daher nicht darum, wenig und alles zu wissen, sondern vielmehr darum, von den wenigen, aber entscheidenden Dingen alles zu wissen, was zur Beurteilung und Bewertung einer Kampagne erforderlich ist. Aber Vorsicht: Nicht jede noch so genau gemessene Kennzahl liefert valide Informationen, und nicht selten induzieren Einzelbetrachtungen gravierende Fehlentscheidungen. Erst eine Globalbetrachtung und Berücksichtigung der Zusammenhänge und des Zusammenwirkens mehrerer Parameter ermöglichen eine umfassende Interpretation und daraus eine Ableitung von Optimierungsansätzen.

Der elementare Denkfehler liegt häufig darin, dass alles versucht wird zu erfassen und zu messen – ohne darüber nachzudenken, was man konkret an Informationen benötigt und wissen will. Erst danach macht es Sinn, sich darüber Gedanken zu machen, was wann und wie eigentlich gemessen werden soll. Wichtig dabei: Was gebrieft wurde, muss auch kontrolliert werden. Dazu ist ein valides, aussagefähiges Reporting unerlässlich. Ein Soll-Ist-Vergleich ist die minimalste Gegenüberstellung, aus der die wichtigsten Kennziffernvergleiche ersichtlich sind. Alle weiteren Analysen hängen davon ab, welche Aufgabenstellungen beauftragt wurden, was überprüft werden soll und wie tief man in die Details einsteigen möchte. Die Analysen sind nicht nur unterschiedlich, sondern auch vielfältig (bspw. Wettbewerbsanalysen, Budgetübersichten, Media- und Schaltpläne, Kampagnenperformance, Benchmarkvergleiche, Buying Efficency, Soll-Ist-Vergleiche, Kapitalisierungen als Ausweis eines geldwerten Vorteils, Erfolgshonorierungen, Einhaltung von Commitments, Ausweis Zielerreichungsgrad). Dabei sollten Analysen kontinuierlich erfolgen und nicht erst mehrere Wochen nach Kampagnenende. Zudem sollten Werbungtreibende jederzeit über die relevanten Informationen verfügen können.

Die Qualität und Aussagekraft werden entscheidend durch die Reduktion der Datenmenge und die richtige Interpretation der Zahlen erreicht. Es sollte stets bedacht werden, für wen das Reporting erstellt wird – komplexe Sachverhalte und Informationen sollten einfach, eindeutig und klar strukturiert dargestellt werden. Nur dann lassen sich die Daten, Zahlen und Aussagen richtig interpretieren. Die Agentur muss die Reportings zeitnah erstellen und diese auf die relevanten Key Facts aus der allgemeinen Daten- und

Sammelflut beschränken. Weniger ist häufig mehr. Daher lieber weniger Seiten mit einer Darstellung der teils komplexen medialen Zusammenhänge, die kommentiert sind und die Abläufe nachvollziehbar und transparent machen. „Reduce to the max" heißt die Devise.

> **Daran sollten Sie ab jetzt immer denken**
> Klasse statt Masse sollte die oberste Maxime sein, wenn es um Reportings und die Generierung von Erkenntnissen geht. Definieren Sie klar und eindeutig alles das, was Ihnen wichtig ist und was Sie zur Beurteilung Ihrer Kampagnen und eingesetzten Gelder benötigen. Standardcharts der Agentur können hilfreich sein – fordern Sie jedoch individualisierte Charts im Rahmen eines kontinuierlichen Reportings, die alle relevanten KPIs und Benchmarks enthalten. Eine klare Defintion der Ways of Working sorgt nicht nur für Transparenz, sondern auch für ein verbindliches, kontinuierliches Reporting. Nur dann können Sie die Daten richtig interpretieren und die daraus abgeleiteten Erkenntnisse zielkonform für zukünftige Budget- und Kampagnenoptimierungen einsetzen.

8.3.2 Die TV-Quote – Maßstab für Sein oder Nicht-Sein

Das Einzige, was für TV-Werbung wirklich zählt, ist die Einschaltquote. Denn sie entscheidet über Erfolg oder Nichterfolg einer Sendung oder eines Formats. Immer wieder mit Spannung erwartet, werden diese Daten in den Sendeanstalten bei den Programmmachern analysiert und ausgewertet. Aber Agenturen und Werbungtreibende haben ebenfalls an diesen Zahlen ein großes Interesse, denn die Quoten gelten explizit auch für die im Umfeld liegenden Werbeblocks, in denen die Unternehmen ihre Produkte und Marken platzieren. Dabei wird nicht nach der Stelle der Spotausstrahlung differenziert, sondern der Ausweis erfolgt als Werbeblockdurchschnitt. Ein Ausweis einer Spotreichweite wäre durchaus möglich. Allerdings würden dadurch die Datenvolumina drastisch steigen. Zudem werden Werbeblöcke von den Vermarktern immer ohne direkte Einflussnahme der Kunden auf die Spotreihenfolge im Block verkauft – es würde also ein Riesenaufwand entstehen. Die Folge von Reichweitenvariationen innerhalb der Werbeblöcke wären unterschiedliche Preise, die je nach Höhe der Quote und einem vordefinierten TKP bei der Abrechnung berücksichtigt werden müssten. Dieses Procedere würde sowohl Planung als auch Kontrollaufwand erheblich erhöhen. Daher haben sich alle Parteien auf die Konvention des Blockdurchschnitts geeinigt. Auf die Pros und Cons und teils massive Kritik an dem Messverfahren und seinen Ergebnissen wird an dieser Stelle bewusst verzichtet[5]. Fakt ist, dass diese Konvention von allen akzeptiert wird. Die Macht

---

[5]Claudius Seidl: „Die große Quotenlüge", in Frankfurter Allgemeine Feuilleton 16.02.2014.

der Einschaltquote darf nicht unterschätzt werden. Sie ist das Maß aller Dinge und entscheidet, ob Sendungen oder Formate weiter im Programm bleiben oder ausgetauscht werden. Dabei geht es nicht um Qualität[6] oder Anspruch, sondern einzig und allein um die absolute Höhe der erreichten Zuschauer (Zielgruppen). Die ausgewiesenen Zahlen sind daher Parameter zur Justierung und Bewertung von Sendungen und Werbeblöcken.

Wenn bei anspruchsvollen Sendungen wie zum Beispiel Dokumentationen oder Wirtschaftsreportagen niedrige Quoten erzielt werden, wird eine Umstrukturierung und Sendeplatzverschiebung die Folge sein. Dies ist kein Einzelphänomen der Privatanbieter, sondern inzwischen auch bei den öffentlich-rechtlichen Sendern ein festes Ritual. Gerade im Vorabendprogramm, wo Unternehmen bis 20 Uhr werblich präsent sein dürfen, sind in den letzten Jahren publikumswirksame Sendeformate im Vorabendprogramm installiert worden. Dies einzig und allein, um über reichweitenstarke Sendungen am Werbekuchen partizipieren zu können. Dies wird deutlich, wenn man sich die Vorabendschiene (Pre Prime Time) im ZDF anschaut: Dort wurden Action- und Krimiserien integriert, um reichweitenstarke Formate und darin Werbeblöcke anbieten zu können. Interessante Berichterstattungen, Dokumentationen etc. findet man zwar immer noch, allerdings häufig zu Sendezeiten (zum Beispiel ZDF-History), die von Berufstätigen aufgrund der späten Ausstrahlung nicht oder nur mehr selten genutzt werden können. Dafür bleibt dann noch zeitversetzt die Möglichkeit, diese in den Mediatheken abzurufen. Das ist insofern kontraproduktiv, weil die Ex-post-Nutzung nicht mehr in den Einschaltquoten berücksichtigt wird. Das Bestreben der Sender muss daher auf die Nutzung der effektiven Ausstrahlung gerichtet sein, damit die Quote stimmt. Inwieweit dies mit dem Kulturauftrag der Öffentlich-Rechtlichen zu vereinbaren ist, wird vielfach diskutiert und verdrängt. Über die „Strategien" der privaten Sender dagegen wird branchenintern häufig dezent hinweggesehen. Sie sind diejenigen, die nicht am Gebührenvolumen partizipieren und daher ausschließlich auf die Finanzierung über Werbeeinnahmen angewiesen sind – aber kann das wirklich die Rechtfertigung für minderwertige Formate sein?

Wenn die Quote stimmt, dann sind alle happy: die Medien, weil sie effiziente Quoten erzielt haben, die Agenturen, weil sie gute Platzierungen vorgenommen haben und der Werbungtreibende, weil sein Produkt eine breite Masse an Sehern (hoffentlich ein Großteil seiner Produktzielgruppe) kontaktiert hat. Leider wird dabei häufig übersehen, dass auch ein Imagetransfer von Programm auf die Marke erfolgen kann und sollte – wenn dann allerdings nur die Quote stimmt, die Marke werblich jedoch in billig produzierten Sendungen geschaltet wird, bleibt der gewünschte Effekt aus. Auch für den Werbungtreibenden steht die Quote in Kombination mit dem Preis als Effizienzmaßstab im Fokus. Wer dabei aber nur oberflächlich die Gesamtkontakte seiner Kampagne anschaut und/oder sich vom GRP-Ausweis der Agenturen blenden lässt, wird nicht erkennen, wo,

---

[6]Simon Feldmer/Max Fellmann zitieren Fred Kogel: „Die Qual der Zahl", in SZ-Magazin 20/2012: „Wenn ich nur der Masse folge, kriege ich immer das größte gemeinsame Vielfache, also zwangsläufig das Einfachste."

wann und im welchem Umfeld sein Spot ausgestrahlt wurde. Wenn dabei eine große Anzahl von kostengünstigen Randzeiten berücksichtigt wurde, erreicht man mit großer Wahrscheinlichkeit immer wieder die gleichen Personen und dies mit Mehrfachkontakten, die teuer sind und wirkungslos verpuffen.

Zudem ist ein weiterer bedenklicher Trend ersichtlich: Die Werbungtreibenden und Agenturen sind immer seltener dazu bereit, angemessene Preise trotz hoher Quoten und attraktiver Platzierungen zu bezahlen, und verhandeln die Preise in den Keller. Somit rechnen sich auch quotenstarke Blockbuster für Sender häufig nicht und können nur schwer refinanziert werden. Die Folge ist, dass diese eigentlich attraktiven Umfelder zukünftig weiter ausgedünnt werden. Daher setzen Sender lieber eine Konserve ein, die trotz mehrfacher Ausstrahlung am Ende des Tages immer noch eine gute Reichweite erzielt und durch Werbung Einnahmen garantiert. Für die Programmmacher der Zukunft ist dies sicherlich keine erfreuliche Aufgabe, da der Anspruch an Programme immer weiter zu sinken scheint – massenattraktive Programme beschränken sich dann meist auf Sportereignisse oder absolute Highlights als Erstausstrahlung in TV.

Die Zeit, als sich die ganze Familie gemeinschaftlich um den Fernseher versammelt hat und sich bei gedämpftem Licht mit Salzstangen und einem Getränk eine Sendung angesehen hat, gehört längst der Vergangenheit an. Eine selektive und individualisierte Nutzung prägt den Konsum von medialen Angeboten im Fernsehen, verstärkt durch zeit- und ortsungebundene Zugriffsmöglichkeit und Parallelnutzung über beispielsweise Tablets und Smartphones. Das zieht die bisher unbeantwortete Frage nach sich, ob dann reale Werbekontakte überhaupt noch möglich sind und ob die herangezogenen Quoten eigentlich eine sehr vage Scheingenauigkeit ausweisen. Pessimisten und Medienkritiker hatten schon vor der TV-Privatisierung auf die Gefahren einer Reizüberflutung durch die zunehmenden medialen Angebote verwiesen. Das viel diskutierte Thema Medienkonvergenz wird auch dadurch befeuert, dass die öffentlich-rechtlichen Sender auf der Suche nach erfolgreichen Konzepten das eine oder andere reichweitenstarke Konzept wie Gameshows oder Comedyformate der Privaten adaptiert haben. Die im Rundfunkstaatsvertrag verankerten Richtlinien bzgl. der Programmangebote zur Information, Bildung, Beratung, Kultur und Unterhaltung zur Sicherung der Meinungsvielfalt und Meinungsbildung bleiben scheinbar oft unberücksichtigt. Die Kernfragen, die sich sowohl privaten als auch öffentlich-rechtlichen Sendern immer wieder stellen, sind: Bieten wir lieber ein attraktives, eher flaches Format an, das die breite Masse anspricht und uns mehr Geld einbringt? Oder bieten wir als qualitativ hochwertig empfundene Sendungen mit geringem Zuschauerinteresse an und sterben in Schönheit?

Fazit: Eine neue Messtechnik muss her
Die Bedeutung der Einschaltquoten ist immens. Sie entscheiden über den Erfolg oder Misserfolg von Sendungen im Fernsehen. Jüngstes Beispiel ist „Wetten Dass" – mit dem Unterschreiten der 6-Mio.-Quote wurde die Sendung eingestellt. Vermehrt stellt sich die Frage, ob die Quotenerhebung in der bisherigen Form überhaupt noch valide

Daten[7] als Entscheidungsgrundlage liefern kann. Auch wenn bis dato keine Alternative vorliegt, darf die Zahlengläubigkeit nicht überschätzt werden. In Zeiten einer zunehmenden Digitalisierung und der Nutzung von TV-Angeboten auf Tablets und Smartphones muss die Erhebungsform grundlegend überdacht und neu strukturiert werden. Ansonsten verkommt die AGF-Fernsehforschung mit dem Ausweis ihrer Einschaltquoten zur Glaskugel. Wer nutzt und schaut eigentlich noch zur realen Ausstrahlungszeit? Gerade mobile, jüngere Zielgruppen sehen zwar weniger fern als ältere Zielgruppen, dennoch auch live und zeitversetzt. Die GfK und AGF versuchen über eine neue Messtechnik, das Problem der Online-TV-Nutzung in den Griff zu bekommen. Am Ende des Tages werden dann Nutzer der linearen TV-Programme und die der TV-Onlinenutzung fusioniert bzw. per Datenkonversion zusammengeführt. Fraglich bleibt dann allerdings, wie die neuen Quoten interpretiert werden und welche Auswirkungen diese dann haben werden. Bei höheren nachweisbaren Quoten wird es den TV-Sendern die Chance zu Preissteigerungen eröffnen.

> **Daran sollten Sie ab jetzt immer denken**
> Die Einschaltquoten sind extrem wichtig – dennoch sollten Sie diese nicht überbewerten. Auch wenn die Quote über „Sein oder Nicht-Sein" zu entscheiden scheint – sie verrät nur einen Teil der Wahrheit. Wer nur die Masse (Reichweite) als Maßstab nimmt, wird feststellen, dass sie über die Qualität gar nichts aussagt. Bedenken Sie, dass die Einschaltquote ein rein quantitativer Indikator ohne Qualitätsbezug ist. Sie ist als Währung in der Branche akzeptiert, bedarf sicherlich einiger Optimierungen und sollte durch die ständigen technischen Erweiterungen von der AGF angepasst werden.
>
> In Zeiten einer Verlagerung der Mediennutzung vom klassischen Fernsehen zu neuen Angeboten im Internet steht die Quote extrem unter Beobachtung. Auch Sie sollten mit Argusaugen die Entwicklung von Sendern und Angeboten beobachten – nur dann sind Sie davor geschützt, nicht von der Quotenkeule getroffen zu werden. Dies vor allem auch vor dem Hintergrund, dass die Quote als elementare Kennziffer zur Beurteilung der Kosteneffizienz herangezogen wird.

8.3.3 Marktanteile – Wie hoch ist die Aussagekraft?

Marktanteile – Vernebelung der realen Situation oder tatsächlicher Informationsgehalt? Die Medien dokumentieren innerhalb ihrer eigenen Gattung gerne ihre Marktposition durch die Angabe von Marktanteilsvergleichen – zumindest diejenigen, die auf nennenswerte Anteile verweisen können. Vom Grundsatz her eine einfache, transparente

---

[7]Helmut Thoma: „Einschaltquoten sind imaginäre Werte, die bleiben eine Schätzung", http://www.sz-online.de/nachrichten/kultur/fernsehquotensind-schaetzwerte-2573441.html, 15.05.2013, letzter Zugriff: 14.11.2017.

und logische Darstellungsform. Ein hoher Marktanteil suggeriert eine führende Rolle im direkten Wettbewerbsvergleich, sagt jedoch nur bedingt etwas über die Leistungsfähigkeit eines Mediums aus. Die Darstellung von Marktanteilen im Zeitverlauf kann trügerisch sein.

Nehmen wir ein konstruiertes Beispiel von insgesamt sieben Medien einer Gattung, deren Marktanteile basierend auf einer einheitlichen Währungsbasis (bspw. Reichweiten) dargestellt sind. Unter der Annahme gleicher Bedingungen für alle sieben Medien bricht die kumulierte Gesamtreichweite dieser Medien im Folgejahr um 50 % ein – von 26,0 Mio. auf nunmehr 13,0 Mio. – eigentlich eine fatale Entwicklung.

Bleibt das Preisniveau konstant, halbiert sich die Effizienz für die Werbekunden und die Preis-Leistungs-Relation verdoppelt sich. Konkret bedeutet dies: Bei gleichem budgetären Einsatz erhalten Werbekunden nur noch die Hälfte der ursprünglichen Leistung. Oder anders ausgedrückt: Um denselben Werbedruck zu halten, müssen sie das Doppelte an Geldern investieren. Der Marktanteil der jeweiligen Medien verändert sich aber nicht. Durch die Kennziffer Marktanteil wird also die eigentliche Performance des Mediums nicht deutlich (vgl. Abb. 8.8). In der Praxis wird leider tatsächlich gerne mit solchen Methoden gearbeitet.

Wenn sich Medien in einem schwächelnden Markt (50 % Rückgang) über Marktanteile vergleichend positionieren, kann man sich trotz geringerer Leistungswerte immer noch positiv darstellen, sofern man im Vergleich zum Wettbewerber unterproportional an Leistung verliert.

Daran sollten Sie ab jetzt immer denken

Sie sollten stets performanceorientiert einkaufen und sich nicht auf Marktanteilsvergleiche beschränken. Denken Sie stets daran, dass es sich bei Marktanteilen als Kennziffer um eine relative Größe handelt, bei der weitere Kennziffern zueinander

	Performance in Mio. 2016	Marktanteil in % 2016	Performance in Mio. 2017	Marktanteil in % 2017
Medium A	6,2	14,4	3,0	14,0
Medium B	3,8	8,8	2,5	11,6
Medium C	12,0	27,9	6,0	27,9
Medium D	9,4	21,9	4,1	19,1
Medium E	11,6	27,0	5,9	27,4
Gesamt	43,0	100,0	21,5	100,0

Abb. 8.8 Aussagekraft von Marktanteilsvergleichen. (Quelle: eigene Darstellung. Der Gesamtmarkt bestehend aus den fünf Medien (A–E) hat sich im Vergleich zu 2016 in 2017 halbiert. Wenn ein Medium – in diesem Beispiel das Medium E – ebenso um 50 % seiner Performance verliert, dann bleibt der Marktanteil konstant. Wird dieser jeweils als Indikator zur Bewertung herangezogen, scheint das Medium E immer noch die Marktführerschaft (27,9 %) zu halten, obwohl ein Leistungsdefizit in Höhe von fünfzig Prozent im Vergleich zu 2016 erfolgt ist)

ins Verhältnis gesetzt werden. Die daraus resultierenden Probleme haben wir bereits dargestellt. Passen Sie daher auf, wenn Sie im Zuge der Akquisition mit Marktanteilsvergleichen konfrontiert werden, damit Sie nicht irrtümlich einer Scheingröße unterliegen, die Ihnen ein Mehr verspricht und nur einen Bruchteil davon hält.

8.4 Agenturpitch – Geht es um Rabatte oder die Strategie?

Die Anzahl an Agenturscreenings und Pitches hat in den letzten Jahren stark zugenommen. Die eigentliche Funktion eines Agenturpitches hat sich gewandelt. Ursprünglich wurde aus einer Reihe von am Pitch teilnehmenden Agenturen diejenige mit der Betreuung des Kundenetats beauftragt, die auf Basis eines umfassenden Kunden-Briefings die Aufgabenstellungen und Zielvorgaben am besten umgesetzt hatte. In den letzten Jahren hat sich daraus fast eine Art sportlicher Aktionismus bei der werbungtreibenden Fraktion entwickelt. Wenn Pitches vom Kunden nicht honoriert werden müssen, entstehen keine zusätzlichen Kosten – also warum nicht? Dass der Kostenaufwand für die Agenturen nicht unerheblich ist, spielt für sie eine untergeordnete Rolle. Solange der Medienmarkt sich weiter so rasant atomisiert, wird das Ringen um die Kundenetats nicht abflauen.

Was sind die wahren Beweggründe für ein Agenturscreening? Ist es die latente Unzufriedenheit mit der bestehenden Agentur oder liegt es an einer suboptimalen Performance, grundlegenden Problemen in der Zusammenarbeit mit dem Team oder kapriziert sich die Antwort einzig und allein auf verstärkte Kosteneinsparungen durch ein reduziertes Agenturhonorar? Die Entscheidungen für die Etatvergabe erfolgen häufig an die Agentur, die die besten Konditionen aufruft, den niedrigsten Pay-Faktor garantiert oder auch das niedrigste Agenturhonorar aufruft. Der Rabattitisvirus hat damit auch schon bei den Pitches Einzug gehalten. Die Suche nach der für das Unternehmen besten Agentur gleicht der Suche nach dem heiligen Gral mit der Zielvorgabe, so effizient wie möglich zu entscheiden. Wer braucht da noch professionelle Mediaplanung, Kompetenz und ein engagiertes Team, wenn eigentlich das Ziel der Kostenminimierung als oberste Priorität im Raum steht? Aber: Kosten- und Margendruck sowie Absatzrückgänge sind keine Rechtfertigung dafür, alle anderen wichtigen Faktoren unberücksichtigt zu lassen. Gerade in turbulenten Zeiten, in denen sich die Mediennutzung gravierend verändert und die Zielgruppen immer schwieriger medial erreichbar sind, sollten Werbungtreibende großen Wert auf Qualität und Kompetenz in der strategischen Kommunikationsplanung legen. Wenn die Strategie nicht überzeugend ist, kann sie auch nicht durch eine (kostengünstige) operationalisierte Umsetzung kompensiert werden. Einsparungen am falschen Platz sind kontraproduktiv und teuer. Lassen Sie sich also nicht von Controllern lenken, denn dann können diese direkt Ihren Job übernehmen.

Nehmen Sie als Marketingverantwortliche das Pitchzepter in die Hand. Konsultieren Sie unter Umständen einen Pitchberater. Definieren Sie in Ihrem Briefing alle relevanten KPIs, Restriktionen und Anforderungsprofile an die vielleicht zukünftige Agentur.

Nur dann kann eine Agentur diese Aufgabenstellung in einem Pitch auch umsetzen. Verzichten Sie auf einen Fakepitch, sondern pitchen Sie nur, wenn Sie ernsthaft eine neue Agentur beauftragen wollen – das muss nicht heißen, dass die bestehende Agentur am Pitch nicht teilnehmen darf. Sie stellen die Weichen, fordern Sie Transparenz und eine Open Book Policy als Voraussetzungen für eine Pitchteilnahme. Diejenigen, die bereits an dieser Stelle zögern oder ablehnen, passen nicht in Ihr Portfolio. Denken Sie daran: Je umfassender und klarer Ihre Briefinginhalte, desto aussagefähiger wird dann das Ergebnis. Ein Pitchhonorar als Aufwandsentschädigung dokumentiert Wertschätzung und schafft Vertrauen in die Fairness. „Wenn sich die Neugier auf ernsthafte Dinge richtet, dann nennt man das Wissensdrang"[8] – daher sollten Erkenntnisse aus dem Pitch gewonnen werden, die zukünftig zur richtigen Agenturentscheidung führen und den Markenerfolg sicherstellen.

Daran sollten Sie ab jetzt immer denken

Führen Sie ein Agenturscreening mittels Pitch nur dann durch, wenn Sie mit der Leistung der Agentur unzufrieden sind. Einen Agenturpitch durchzuführen mit dem Ziel, die bestehende Agentur im Honorar zu drücken, ist keine zielführende und zukunftsträchtige Lösung. Die Höhe des Agenturhonorars ist sicherlich eine entscheidende Größe – allerdings müssen zahlreiche Parameter bei einer qualifizierten Beurteilung respektive Bewertung berücksichtigt werden.

Nicht vergessen: Erstellen Sie für sich ein Agenturbewertungsschema, das Ihnen in der Ex-post-Betrachtung auch entsprechende Differenzierungs- und Bewertungsmöglichkeiten offenhält.

Nehmen Sie sich Zeit, im Falle eines Pitches für ein intern qualifiziertes und mit dem Marketing abgestimmtes Briefing. Je besser Sie die Agenturen briefen, umso besser werden dann auch die finalen Pitchpräsentationen sein. Sollten Sie allerdings einen reinen Konditionenpitch durchführen wollen, werden Sie zwar am günstigsten einkaufen, aber Sie werden dann unter Umständen vergeblich auf strategische und innovative Impulse hoffen. Ihr Controller wird erfreut sein – Ihr Marketing sicherlich weniger.

8.5 Von Kick-backs und Veruntreuungen – Zu lockere Kontrollmechanismen?

Das Mediabusiness ist gekennzeichnet durch hohe Geldtransfers, teils intransparente Zahlungsströme und eine zum Teil lasche Kontrolle. Wofür wurden die Gelder investiert? Und was ist tatsächlich als realer Gegenwert/Performance generiert worden? Vertrauen

---

[8]Marie von Ebner-Eschenbach in Sigrid Engelbrecht: Entfalte, was in dir steckt: Verborgene Fähigkeiten entdecken und persönliche Stärken entwickeln, Ariston 2014.

ist gut – Kontrollen wären besser und bringen Sicherheit. Trotz vieler am Prozess der Planung bis hin zum Einkauf beteiligter Personen, sind bei den Medienverhandlungen nur wenige involviert, die für die administrativen Abwicklungen verantwortlich sind. Intransparente Vorgänge öffnen nicht selten Tür und Tor. Wehe dem, der hier Böses unterstellt. Sicherlich müssen Kunden ihren beauftragten Agenturen vertrauen, dies ist die Basis für eine erfolgreiche Zusammenarbeit. Das schließt jedoch ein Controlling nicht aus – nur dann gibt es Sicherheit und einen Erkenntnisgewinn, ob alle Investitionen in Media auch zielführend getätigt wurden. In der Vergangenheit sind immer wieder – wenn auch nur Einzelfälle – bekannt geworden, bei denen es zu ungerechtfertigten Bereicherungen einzelner Personen oder Agenturen gekommen ist. Die Verlockungen sind groß und die Möglichkeiten, sich durch Kick-backs zu bereichern, ebenfalls. Nur eine praktizierte und akzeptierte Transparenz, die alle Vorgänge bis hin zu den Verhandlungen und Abrechnungen offenlegt, könnte diesem Treiben ein Ende setzen. Eines ist jedoch erforderlich: Der Kunde selbst muss das Ruder in die Hand nehmen und Kurs aufnehmen. Wenn er dies versäumt, darf er sich nicht wundern, wenn der falsche Kurs gesegelt wird und ihm später der Wind direkt ins Gesicht bläst.

Das bisher praktizierte System ist anfällig, es hat ausgedient und ist renovierungsbedürftig. Wer noch einen Schritt weiter gehen möchte, plädiert für eine komplette Neustrukturierung. Transparenz steht dann an oberster Stelle, um für alle den gleichen Status zu haben. Der Kunde muss wissen, was mit seinen Geldern passiert. Sich nur sporadisch in längeren Zyklen auf externe Auditoren zu verlassen, ist sicherlich eine Lösung, allerdings nur die Speerspitze des eigentlichen Problems. „Auditing alleine hilft da nicht weiter. Manche Auditoren sind längst Teil des Systems geworden. Inzwischen braucht es Auditoren, die den Auditor auditieren."[9] Entweder sind manche Audits einfach zu lasch oder sie kratzen nur an der Oberfläche, ohne die wirklichen Unzulänglichkeiten aufzudecken. Die Gründe hierfür sind vielschichtig. Mangelnde Mediakompetenz und Nachlässigkeit des Überprüfenden bis hin zur engen Agenturbindung können eine professionelle Prozess- und Vertragsüberprüfung, die Analyse und Bewertung der Kommunikationsmaßnahmen und der Mediastrategie sowie der messbaren Ergebnisse und der Einkaufsperformance beeinträchtigen.

Die Summen, die im Mediabusiness bewegt werden, erfordern ein transparentes und nachvollziehbares Controlling. Nur dann ist es möglich, Fehler, Schwachstellen, mögliche Verschleierungstaktiken, Betrug und die denkbare Veruntreuung von Kundengeldern aufzudecken und zu eliminieren. Ein neues System muss her, lautet unsere zentrale Forderung. Kontrolle ist immens wichtig – sie zu unterlassen, wäre fahrlässig. Wenn ein Umdenkprozess auf Kundenseite erfolgt und sie den Agenturen für ihre qualifizierten Dienstleistungen wieder ein faires Honorar bezahlen und ihnen die Chancen einräumen, mit exzellenten Leistungen und Beratungsservices auch an Erfolgsprämien zu partizipieren, wäre schon ein wesentlicher Schritt getan.

---

[9]Thomas Koch: „Von Korruption im Media-Geschäft – Kehren wir den Schmutz noch einmal hervor. Es muss sein", in w&v 11.11.2014.

Daran sollten Sie ab jetzt immer denken

Fordern Sie nicht nur Transparenz und Aufklärung, sondern etablieren Sie intern ein nachvollziehbares Controlling. Vertrauen ist gut – Kontrolle jedoch besser. Nur dann und wirklich nur dann können Sie sicher sein, dass Sie die monetären Transfers im Griff haben, ohne dass Gelder zweckentfremdet Verwendung finden.

9 Und jetzt? Sie haben es in der Hand

Quelle: www.istockphotos.com/ThomasVogel

In diesem letzten Kapitel geht es darum, aktuelle Branchenentwicklungen und mögliche Zukunftsszenarien zu durchleuchten und Ihnen Empfehlungen zum Umgang damit an die Hand zu geben. Wir wollen aufzeigen, wie sich das Zusammenspiel zwischen Agentur, Kunde und Medium verändert, welche Auswirkungen technologische Entwicklungen haben und wie sich zukunftsträchtige sowie für alle Seiten nachhaltige und sinnvolle Steuerungsmechanismen gestalten lassen. Neue Herausforderungen und Anforderungen werden das gemeinsame Miteinander bestimmen – den einen trifft es mehr, den anderen etwas weniger. Unsere wichtigste Prognose vorab: Die Beratungsleistung wird wieder in den Vordergrund rücken, auch wenn diese in den letzten Jahren etwas stiefmütterlich behandelt wurde und an Bedeutung verloren hat.

9.1 Jahrelange Erfahrung wertschätzen

Was macht eigentlich gute Mediaexperten heute aus? Ist es wirklich die Mediakompetenz gepaart mit langjährigen Erfahrungen in der Branche oder einfach ein gutes Bauchgefühl? Durchsetzungsvermögen und eine gute Konstitution für die ganzen Veranstaltungen und Events der Vermarkter sind dabei sicherlich nützlich und hilfreich, reichen jedoch nicht aus. Vielmehr sollte einen guten Mediaexperten Folgendes auszeichnen: Erfahrung und Kompetenz im Mediabusiness, ein ausgeprägtes Zahlenverständnis, Marketingverständnis, Branchenkenntnis, Beherrschen der elementaren medialen Zusammenhänge, eine ausgeprägte Servicebereitschaft und Kundenverständnis, hohes Engagement, Beratungsstärke, Verhandlungsgeschick, Innovationsfreudigkeit sowie eine Antizipationsfähigkeit in Bezug auf Entwicklungen und Trends in Media und Kommunikation.

Es fällt auf, dass das Durchschnittsalter der Agenturmitarbeiter sukzessive sinkt. Routiniers, die schon viele Jahre im Geschäft sind und mit ihrer langjährigen Erfahrung als Coaches für junge, unerfahrene Mediaassistenten, Planer und Buyer fungieren können, werden zunehmend Mangelware. Es liegt der Verdacht nahe, dass diese, insbesondere in renditegetriebenen börsennotierten Agenturen, zunehmend durch junge und günstige Trainees ersetzt werden.

Welche Auswirkungen hat dieser Austausch auf die Qualität und Effizienz von Kampagnen, konkret für die Kunden und deren Marken? Oftmals sind die Auswirkungen den Agenturverantwortlichen nicht bewusst. Für viele Kunden reicht es schon aus, bunte Powerpointcharts (von jungen, eloquenten) Mediaexperten präsentiert zu bekommen, in denen Daten, Zahlen und Fakten den Anschein erwecken, Mediaplanung sei ganz simpel.

In den ersten Meetings mit den Werbekunden, geballt aber vor allem in Pitchsituationen, werden zwar auch mal Agentur-CEOs und -CFOs, jede Menge Geschäftsführer, vereinzelt auch Mediadirektoren und Seniorplaner gesichtet. Leider sind sie direkt nach dem Pitch oder spätestens nach der Vertragsunterschrift wie vom Erdboden verschwunden. Sie tauchen erst wieder auf, wenn zur Weihnachtsfeier geladen wird oder der Etat auf der Kippe steht. Zwischendrin werden die Aufgaben und vertraglich fixierten Serviceleistungen von jüngeren und günstigeren Mitarbeitern durchgeführt. Trainees und billigere Kräfte sind immer willkommen, um diese Tätigkeiten zu übernehmen. Allerdings: In Teilen hat die Verjüngung in den Agenturen im Einklang mit der wachsenden Bedeutung mancher digitaler Spezialdisziplinen durchaus ihre Berechtigung.

9.1 Jahrelange Erfahrung wertschätzen

„Irgendwo muss es tiefe, dunkle Medialöcher geben, in denen die alten Mediahasen und -häschen auf Nimmerwiedersehen verschwinden. Wahrscheinlich leben sie unentdeckt unter der Erde im Kanalsystem."[1] Diese Doppeldeutigkeit mit Kanälen passt wunderbar. Sie haben sich jahrelang und noch viel, viel länger mit (Media)Kanälen beschäftigt, kennen dort alle Details und Unwägbarkeiten.

Wie sehen also die Zukunftsperspektiven in den Agenturen aus? Wird weiter abgebaut oder ist es mit dem jugendlichen Irrsinn bald zu Ende? Wie wird sich das Anforderungsprofil in Media verändern? Bleibt alles beim Alten oder wird alles neu strukturiert und positioniert?

Unser Rat: Sollten Sie zum älteren Kaliber zählen – machen Sie sich unabdingbar durch Ihre strategischen Kompetenzen, Ihre Menschen- und Branchenkenntnis und Ihre langjährige Erfahrung im Bereich Media und Kommunikation. Dies ist Ihr Asset, zumal immer weniger handelnde Personen über eine qualifizierte Kommunikationsausbildung verfügen und als Quereinsteiger auch nicht unbedingt innerhalb der Agenturen ausgebildet werden.

Wenn man den Digitalisierungsenthusiasten zuhört, wird durch die Automatisierung von Prozessen zukünftig weniger Personal benötigt. Programmatic Advertising wird Algorithmen nutzen, die menschliche Intelligenz, Erfahrung und Logik ersetzen. Künstliche Intelligenz, ausgestattet mit hohem Rechenpotenzial, einer hohen Fähigkeit selbst zu lernen und sich durch Trial and Error selbst zu justieren und zu optimieren, verspricht große Vorteile. Aber kann ein Knopfdruck, nach dem der Rechner losrechnet und sekundenschnell die neue, optimierte Planung ausspuckt, die dann sofort gebucht und umgesetzt werden kann, wirklich gut sein? Diese neuen Möglichkeiten sollten weder schöngeredet werden, noch Panik verbreiten. Die Angst, durch die Technologisierung von Maschinen ersetzt zu werden, ist nicht neu[2]. Die sog. Dystopie beschreibt den zukunftspessimistischen Prozess, dass Maschinen ständig verbessert werden oder sich selbst verbessern, dadurch menschliche Tätigkeiten übernehmen und schlussendlich den Menschen ersetzen. Aber was ist für die Mediabranche der beste Weg, mit der Technologisierung umzugehen?

Wir glauben: Bewahren Sie einen kühlen Kopf und informieren Sie sich, aber verfallen Sie nicht in blinden Aktionismus. Die Euphorie um den Algorithmus kennt zwar

---

[1]Thomas Koch: „Ihr werdet einfach durch intelligente Roboter ersetzt.", in w&v 21.03.2016.
[2]Beispiele gab es in der Vergangenheit genug. Anfang des 19. Jhdt. wurden im Zuge der Industrialisierung in der Textilbranche die Webmaschinen eingeführt – dabei ersetzten zunehmend ungelernte Arbeitskräfte die Facharbeiter. Heute ist es die Technologisierung – Roboter ersetzen Menschen, künstliche Intelligenz übernimmt zunehmend Aufgaben, die bis dato von Menschen durchgeführt wurden. Diese Entwicklung abzulehnen wäre grundsätzlich falsch – diese bedenkenlos zu akzeptieren ebenfalls. Entscheidend wird sein, kritisch zu reflektieren und die Vorteile zu nutzen. Das bedeutet nicht, dass die Technik durch Algorithmen ab sofort alles ersetzt und der Mensch vereinzelt nur noch als Sklave der Maschinen/Computer fungiert.

aktuell auch im Mediabusiness keine Grenzen, wird aber schnell abflachen, wenn die Ergebnisse aus der Black Box nicht zu den versprochenen Mehrwerten führen. Denn wenn immer mehr Big-Data-Wust oben in den Mediaplanungstrichter reinfließt, alles kräftig durchgemengt und dann mit einer Prise Gewürz verfeinert wird, kann anstelle eines Feinschmeckermenüs auch ein Einheitsbrei herauskommen.

Ohne Kenntnis der Zutaten, Mengen und Dosierungen wird sich schwer nachvollziehen lassen, wo zukünftig Optimierungspotenzial besteht, um einen höheren ROI oder Wirkungsgrad zu erzielen. Intransparenz verhindert eine eindeutige Aussage zu den Stellschrauben der einzelnen Elemente. Und kann nicht mehr lange so hingenommen werden, denn erfolgreiche Mediaplanung kann einfach nicht auf standardisiertem Datenvermengen basieren.

Zukünftig werden Tätigkeiten durch technische Entwicklungen zunehmend erleichtert und unterstützt. Es wird jedoch nicht so weit kommen – auch wenn manchmal euphorisch von den Technikfreaks behauptet –, dass diese das Mediabusiness bestimmen und die menschliche Intelligenz ersetzen.

Programmatic Buying – Chance oder fauler Zauber?
Spannung verspricht insbesondere das Programmatic Buying, das möglicherweise bald Kunden in die Lage versetzen wird, über lizenzierte Tools und einen Algorithmus eigenständig und autark den Einkauf aller Medien vornehmen zu können. Dazu ist man am Anfang auf die Unterstützung eines externen Dritten angewiesen, was aber nicht zwingend eine Agentur sein muss. Zwischenzeitlich treten neue Anbieter wie Blackwood Seven (vgl. Abschn. 7.3) ins Marktgeschehen, die die Mediabudgets mit Programmatic Tools und neuen, innovativen Rechenprozessen optimieren und auf die Kanäle verteilen wollen. Diese Dienstleister stellen ihr Angebot als Alternative zur bekannten Agenturleistung dem Markt zur Verfügung und garantieren vollkommene Einkaufstransparenz.

Das Angebot soll nicht nur die Zusammenhänge aufzeigen, sondern Umsätze, Verkäufe und Marktanteilsentwicklungen abbilden. Gleichzeitig wird ein neuer Abrechnungsmodus angeboten, der sich an den Verkaufsergebnissen orientiert. Dies ist eine eindeutige Risikoverlagerung vom Kunden hin zum Anbieter, der damit den Erfolg seiner Kampagnenplanung hart messen lässt. Insgesamt also keine unattraktive Offerte an die werbungtreibenden Kunden.

Sollten diese Tools und Modelle von Erfolg gekrönt sein, wird diese technische Innovation auch bei den Agenturen eine Veränderung zahlreicher Prozesse und Positionen bewirken und die Tage der Einkaufsgesellschaften könnten in absehbarer Zeit gezählt sein. Noch ist jedoch nicht bewiesen, dass das Programmatic Buying in dieser Form langfristig zur Zufriedenheit der Kunden funktioniert und die Einkaufskompetenz der Agenturen übernehmen kann, ganz zu schweigen von strategischen Leistungen.

9.2 Immer wieder Transparenz fordern

Die Branche, insbesondere die Werbungtreibenden, wird hoffentlich bald und dauerhaft feststellen, dass Kreativität, Innovation, Flexibilität und Mut zu einer neuen Strategie mit logisch nüchtern agierenden Maschinen nur bedingt möglich sind. Mediaplanung und auch das Buying haben sich verändert, das Rabattgefeilsche und veränderte Marktmechanismen haben dazu wesentlich beigetragen. Dennoch ist Media keine Disziplin der Number Crunchers oder gar ein Spiel mit Zahlen, die willkürlich aneinandergereiht zu Mediaplänen führen. Es geht in der Mediaplanung umso viel mehr: um Marktkenntnis, um individuelle Beratung, um Soft Skills, um Networking, um strategisches Denken, um Konkurrenzabgrenzung, um das große Ganze eben, das sich ausschließlich mit Zahlen nicht bearbeiten lässt.

Deshalb an dieser Stelle unser Appell an alle Mediaplaner: Es ist noch nicht zu spät! Zeigen Sie Ihre Qualitäten, Kundenberatung und spezifizierte individuelle Lösungen sind gefragt. Zeigen Sie, was in Ihnen steckt und warum gesunder Menschenverstand wichtiger ist als reine Algorithmen. Strategen mit Strategien sind wichtig – entwickeln Sie diese und der Erfolg wird nicht auf sich warten lassen.

Analog dazu wünschen wir uns von den Werbungtreibenden: Nutzen Sie Ihre Chancen und vertrauen Sie nicht blindlings Erfolg versprechenden Pseudoalgorithmen! Letztere können hilfreich unterstützen, ersetzen aber noch lange keine strategische Beratung, in der oft jahrelange Erfahrung und Marktkenntnis steckt. Seien Sie trotzdem offen für alles Neue und blockieren Sie nicht, sondern versuchen Sie, die Möglichkeiten für sich zu prüfen und wenn sinnvoll auch einzusetzen. Vertrauen Sie nicht blindlings Ihrer Agentur, sondern briefen Sie mit Zielvorgaben, an denen diese sich messen lassen muss. Fordern und kontrollieren Sie. Und vergessen Sie dabei nicht eine faire Honorierung – nur dann kann für beide eine Win-win-Partnerschaft entstehen. Je weniger Know-how und Mediaexpertise im Unternehmen vorhanden sind, desto wichtiger ist ein vertrauensvoller Umgang miteinander.

Fordern Sie absolute Transparenz! Fordern Sie die Offenlegung aller gewährten Cash- und Naturalrabatte, aller erzielten Verhandlungserfolge und Vergütungen sowie aller weiteren Agentur-Bonifikationen (AVBs), die die Einkaufsholding auf Basis der konsolidierten Mediabudgets generiert hat. Fordern Sie den Share des Mediavolumens ein, den die Agentur mit Ihrem Geld von den Medien erhält.

Eine Erfolgsbeteiligung der Agentur ist für diese ein nicht zu unterschätzender Motivationsfaktor – warum die Agentur also nicht am Kampagnenerfolg partizipieren lassen? Dabei müssen vorab Ziele gesetzt werden, die hinterher überprüfbar sein müssen – nur wenn dies machbar ist, kann ein Zielerreichungsgrad ermittelt werden. Bei einer Staffelung kann dann der jeweilige Zusatzhonorarbetrag bestimmt werden.

9.3 Controller in ihre Schranken verweisen

Als Werbungtreibende sollten Sie stets überprüfen, ob die Agentur wirklich Ihre Kampagneneffizienz zu optimieren versucht oder nicht vielmehr das eigene Income. Akzeptieren Sie keine als Superkonditionen angepriesenen Werbeangebote ohne kritische Reflexion. Nicht alles, was als Schnäppchen oder Special Offer angeboten wird, entpuppt sich auch als Superdeal. Häufig nutzt ein solches nur der Agentur – mit verschleierten Tradingvolumina oder Restplatzkontingenten wird gerne eine hohe Rabattierung ausgewiesen, was dafür allerdings an Einbußen in der Platzierungsqualität (und damit Kampagneneffektivität!) erfolgt, bleibt meist unerwähnt und im Verborgenen. Wägen Sie ab, was wirklich als Vorteil zustande kommt, und vor allem, welche Restriktionen (bei TV z. B. Schieberechte, Einschränkungen bei den Zeitzonen, Umshiftung von Budgetanteilen auf Sender der Sendergruppe) dafür von Ihnen in Kauf genommen werden müssen. Wenn die vermeintlichen Werbeschnäppchen schon im Vorfeld kritisch betrachtet würden, würde davon nur ein Bruchteil wirklich umgesetzt werden.

Unser Appell an Sie: Auch wenn sich die Controller in den Unternehmen immer stärker in den Media-Abwicklungsprozess einmischen, verweisen Sie sie in ihren Kompetenzbereich, in dem es natürlich um Einsparungen gehen muss. Aber: Mit den entscheidenden Performanceindikatoren im Mediabusiness kennen Controller sich nicht aus.

Man kann ihnen das Einmischen noch nicht einmal verübeln, denn sie müssen durch ihre Controllerfunktion auf die Kosten schauen. Leider nur unterstützen sie damit das Treiben der Agenturen, wirken nicht als Regulativ, sondern schaden mit ihrer Denk- und Arbeitsweise der Marke und dem Unternehmen. Wenn der Controller immer stärker in den Mediaprozess eingreift, wird sich zwangsläufig die Frage stellen, wozu eigentlich noch ein Mediaverantwortlicher im Unternehmen erforderlich ist. Verhandlungen führt der Controller, und die Umsetzung der Planungsaufgaben, sofern diese überhaupt noch erforderlich sind, übernehmen dann die entsprechenden Soft- und Hardwares. Eine nicht zu unterschätzende Gefahr sowohl für Planer als auch Buyer.

Mittlerweile gibt es aber auch immer mehr Werbungtreibende, die über eine Inhouselösung im Mediaeinkauf nachdenken oder bereits Teile des Einkaufs selbst übernommen haben und direkt mit den Medien/Vermarktern verhandeln. Controlling hin oder her: Diese Unternehmen sind in puncto Unabhängigkeit von den Agenturen schon einen Schritt weiter. Eine Entwicklung, die den Mediaagenturen verständlicherweise stark missfällt, da dadurch ihr Geschäftsmodell zu bröckeln beginnt. Welche Vorgehensweise wird sich durchsetzen? Wir können Ihnen nur raten: Wägen Sie ab, beleuchten Sie alle Möglichkeiten von allen Seiten. Aber lassen Sie sich Ihre Einkaufsentscheidungen niemals vom Controlling diktieren.

9.4 Partnerschaftlich agieren und die Medien nicht vergessen

Nicht nur Transparenz zu fordern ist das Ziel, sondern auch, diese wiederholt und ganz konkret von den Agenturen einzufordern und ihnen klarzumachen, dass absolute Transparenz die zentrale Voraussetzung für ein faires und partnerschaftliches Agieren darstellt. Es ist von höchster Wichtigkeit, die Geldströme und Zahlungen transparent zu machen und vom Kunden beauftragten kompetenten Dritten (Wirtschaftsprüfern, Steuerberatern und auch Auditoren) Einblick in die Vertragswerke zu ermöglichen. Wer nichts zu verbergen hat, wird dem immer sofort zustimmen. Diejenigen, die am Rande der Legalität arbeiten, werden dies sicherlich nicht ohne Nachdruck akzeptieren. Die Alternative, den Einkauf über Holdings durch eine Art Antikorruptionsgesetz analog zum französischen „Loi Sapin" einzuschränken oder gänzlich zu unterbinden, erfordert jedoch staatliche Eingriffe in das System. Eine solche Intervention ist sicherlich möglich, bedarf zur Umsetzung jedoch mehrerer Jahre. Die Forderungen, das Trading zu unterbinden, sind bisher gescheitert. Solange so viele an diesem Geschäft partizipieren, wird es schwierig werden, hier kurzfristig Einhalt zu gebieten oder gar an die Agenturen zu appellieren, das Tradingvolumen nicht weiter ausufern zu lassen.

Wenn aber die Agenturen ihre Aufgaben und Ziele wieder back to the roots ausrichten – d. h. Strategie und Planung frei von Eigeninteressen und stets den Erfolg für den Kunden priorisieren, müssen sie auch entsprechend honoriert werden. Hier sind nun die Kunden gefragt, denn ein faires Honorierungsmodell muss gefunden werden, das den Agenturen ermöglicht, sich ohne Kick-backs und sonstige Rückvergütungen im Markt behaupten zu können. Nur so kann gewährleistet werden, dass Engagement und strategisches Know-how entsprechend honoriert werden. Dadurch ist gesichert, dass sich Kampagnen erfolgreich im Sinne von hoher Effizienz und Effektivität als Markenerfolg niederschlagen und die Kunden auch das bekommen, was sie verdienen: valide, erfolgreiche Mediapläne und -umsetzungen sowie eine transparente Offenlegung aller gewährten Rabatte und sonstigen Vergütungen. Wie dieser „Gewinn" dann am Ende aufgeteilt bzw. weitergegeben wird (als Erfolgsbeteiligung der Agenturen oder als Bonus für die Übererfüllung der Zielvorgaben durch die Agenturen), muss dann individuell und bilateral zwischen dem Kunden und seiner Agentur ausgehandelt und vertraglich fixiert werden. Auf diese Weise hätte man für beide Seiten viel gewonnen.

Ein faires Miteinander von Agentur und Kunde darf aber die Medien nicht außen vor lassen. Eine faire Agenturbezahlung muss auch zwingend eine performanceorientierte und gerechte Honorierung der Medienangebote bedeuten – für uns der einzige Weg zurück in die Normalität.

9.5 Neutrale Berater fragen

Da die Mediaplanung mit all ihren Facetten ein komplexes und intransparentes Metier für viele Marketeers ohne Agenturerfahrung darstellt, fehlt es ihnen häufig an Knowhow und Erfahrung, um die Arbeit der Mediaagenturen zu bewerten. In solchen Fällen bieten Media-Auditoren eine wertvolle Unterstützung. Die Auditoren werden von Unternehmen engagiert, um die Performance der Mediaagenturen zu überprüfen, zu kontrollieren und um zu bestätigen, dass alles mit rechten Dingen vollzogen wurde. Wenn ein Werbungtreibender wissen möchte, wie und wo seine millionenschweren Mediaetats investiert wurden, was dafür an Kampagnenleistung generiert wurde und wie viel und wofür er Honorar bezahlt hat, dann sollte er über ein Auditing durch einen externen, neutralen Berater nachdenken, der mit allen Facetten, Tricks und dem Geschäftsgebaren der Mediaszene vertraut ist. Durch den Auditor lässt sich überprüfen, ob die der Agentur (treuhänderisch) anvertrauten Gelder auch zielgerecht, verantwortungsbewusst, effizient und effektiv eingesetzt wurden. Dabei geht es nicht nur, wie fälschlicherweise häufig angenommen, um ein Financial Audit mit den Schwerpunkten Performance, Rabatte, Konditionen und alle Formen von Zahlungsströmen. Daraus ist nicht zwingend ersichtlich, was de facto geschaltet wurde und welche medialen Zusammenhänge ausschlaggebend für das Kampagnenergebnis waren. Es geht vielmehr um einen Einstieg in die Niederungen des medialen Geschäfts (Kampagnendetails wie Strategie, Budget, eingesetzte Werbeträger, Zielgruppe(n)aussteuerung, Belegungen, Zeiten und Zeiträume, Leistungswerte, Wettbewerbsverhalten,…), der die Feinheiten und Gründe offenlegt, warum an manchen Stellen alles und an anderen Stellen einiges nicht funktioniert hat. Die Beurteilung und eine umfassende Transparenz sind nur dann möglich, wenn beides berücksichtigt wird. Daher reicht es nicht aus, wenn ein Auditor zwar finanztechnisch kompetent ist, jedoch das Mediageschäft und die Strukturen nicht hinreichend kennt.

Die Euphorie auf Kundenseite, dadurch eine vollständige Transparenz und Sicherheit zu erhalten, ist daher nicht immer gegeben. Das klassische Mediacontrolling ist out, das Audit dagegen angesagt und gefragt. Wer aber ist nun der richtige Partner? Sind es Steuerberater oder gar die vereidigten Wirtschaftsprüfer, die immer wieder als zulässige Auditoren in den Medienverträgen aufgeführt sind? Wenn diese Experten allerdings über wenig Mediaerfahrung verfügen und niemals selbst in der Branche gearbeitet haben, werden sie von den Agenturen nicht ernst genommen. Dann ist es für sie ein Kinderspiel, nur ganz gezielte, ausgewählte Informationen offenzulegen. Anschließend folgt für den Prüfer und seinen Kunden ein zeitintensives und frustrierendes Puzzlespiel. Die beauftragten Auditoren müssen zwingend über exzellentes, umfassendes (Insider-)Wissen hinsichtlich Planung und Einkauf verfügen und mit allen Marktgegebenheiten und Kanälen vertraut sein, um die Hintergründe, Zusammenhänge und immer wieder neue Modellvarianten analysieren und bewerten zu können.

Bevor Sie einen Auditor beauftragen: Holen Sie umfassende Informationen über mögliche Partner ein und verlassen Sie sich auf Empfehlungen von Vertrauten. Gehen Sie sicher, dass der Auditor umfassende Mediaerfahrung mitbringt (am besten selber jahrelang in einer Agentur gearbeitet hat), dass er objektiv und neutral agieren kann und dass er durchsetzungsstark ist. Denn Agenturen sind in der Regel wenig davon begeistert, wenn ihnen jemand auf die Finger schaut oder gar haut.

Nach Abschluss eines guten Audits sollte sich der Werbungtreibende immer auf der sicheren Seite wähnen – entweder wird der Agentur ein sauberes, transparentes Arbeiten bescheinigt oder es werden Fehler und Unzulänglichkeiten aufgedeckt, die zukünftig zu unterlassen sind. Optimierungspotenzial gibt es meist in Hülle und Fülle.

9.6 Fair und angemessen honorieren

Marketeers sind schlecht beraten, wenn Mediarabatte als oberstes Ziel auf ihrer Agenda stehen. Sie sollten die drei „Rs" (Rabatt, Rückvergütung und Resteinventar) aus ihrem Wortschatz streichen und mehr darüber nachdenken, was ihre Marken fördert, bekannt und attraktiv macht sowie zusätzlich den Verkauf aktiviert. Zudem sollten Budgetverantwortliche die Agenturen immer als ebenbürtige Kooperationspartner behandeln und deren Dienstleistungen fair honorieren. Wer das nicht tut, wird feststellen, dass die Wertschöpfungskette gefährdet ist, wenn im Zusammenwirken von Agentur, Kunde und Medien einzig und allein die Rabatte und Kick-backs zählen. Einsparungen beim Agenturhonorar bringen den Werbungtreibenden nur vordergründig Vorteile – die Nachteile sind jedoch immens. Denn wenn die Agentur nicht mit einem fixen Honorar angemessen vergütet wird, wird auch diese wiederum versuchen, möglichst viele Eigeninteressen in das Vergütungsmodell einfließen zulassen.

Die Kampagnenqualität kann dann nur außen vor bleiben und transparentes Agieren wird immer schwieriger. Leider haben nur wenige Marketeers darüber nachgedacht, welche Wirkung einseitig ausgerichtetes Verhalten auf Unternehmen und Marke haben kann.

Unsere Bitte: Vergüten Sie Ihre Agentur ordentlich! Zum Beispiel über Erfolgsbeteiligungen. Sie wird es Ihnen mit fairen Konditionen danken, und Ihre Kampagnenqualiät (Effektivität) wird stark davon profitieren.

9.7 Klare Briefings und Ziele kommunizieren

Kundenerwartungen müssen durch klar definierte Anforderungsprofile festgelegt und der Agentur auch bekannt sein. Sind die Spielregeln im Vorfeld nicht klar definiert, ist Konfliktpotenzial vorprogrammiert. Je nach Kunde, Situation und Beauftragung können die Anforderungen jedoch erheblich voneinander abweichen. Die Umsetzung der Anforderungen und das Erreichen der Ziele müssen jederzeit messbar sein, um den Zielerreichungsgrad feststellen zu können. Welche Maßstäbe für den Erfolg herangezogen werden, ist ebenfalls unterschiedlich.

Wenn das Kernziel der Werbemaßnahmen beim Kunden A die Steigerung der Markenbekanntheit lautet, will der Kunde B beispielsweise Leadgenerierung, die Erhöhung der Conversionrate oder des Traffics priorisieren. In der Praxis wird jedoch häufig primär auf den reinen Abverkauf gezielt und das Thema der Effektivität vernachlässigt. Kurzfristige Impulse, die die spontane Kaufbereitschaft fördern, verpuffen oftmals relativ schnell. Mittel- und langfristig können die induzierten Werbeimpulse dann wenig bewirken.

Wie sieht die neue Rollenverteilung aus? Die wichtigste Aufgabe der Kunden ist ein dezidiertes, vollständiges Briefing, das alle relevanten Punkte enthält. Immer wieder zeigt sich, dass die Agenturen von ihren Auftraggebern statt eines umfassenden Briefings lediglich Informationsbrocken und lückenhaft ausgefüllte Briefingunterlagen erhalten. Diese Informationspolitik könnte sich aber zu einem späteren Zeitpunkt rächen. Eine professionell agierende Agentur wird wiederholt nachhaken, um alle relevanten Fragen zu klären. Und nicht als reiner Lieferant von (günstiger) Medialeistung fungieren. Nicht immer ist ein wenig zufriedenstellender ROI das Ergebnis einer schlechten Agenturleistung, sondern auf das mangelhafte Zusammenwirken von Kunde und Agentur zurückzuführen.

Von den Agenturen wird erwartet, dass sie innovativ denken und strategisch an die Aufgabenstellungen der Kunden herangehen. Sie müssen Entwicklungen antizipieren und diese Überlegungen in ihren Empfehlungen und späteren Planumsetzungen darstellen. Das kann am besten gelingen, wenn sie in die Prozesse bei ihren Kunden mit eingebunden werden. Für die Agenturen sind Offenheit und ein detailliertes Briefing mit allen relevanten Informationen extrem wichtig und der erste Schritt zu einer partnerschaftlichen, erfolgreichen Zusammenarbeit. Nur so können Synergieeffekte genutzt werden, die sich positiv auswirken. Und noch einmal sei betont: Kunden müssen die Agenturen für die von ihnen erbrachten Leistungen auch fair honorieren.

Wenn Agenturen in der Zusammenarbeit ihre Eigeninteressen priorisieren, ist die reale Marktsituation nicht immer von Harmonie, Vertrauen und gemeinschaftlichen Zielsetzungen geprägt. Das kann sogar so weit gehen, dass die Kunden ihre Agentur verklagen und auf die Offenlegung der Zahlungsmodalitäten pochen. Die Kunden-Agentur-Beziehung ist damit beendet, ein Pitch wird erfolgen und das Spiel beginnt von Neuem. Dies bringt jedoch zunächst für beide Seiten einen erheblichen Mehraufwand und Kosten. Und nicht immer führt ein Pitch zu einer Verbesserung – häufig ändern sich lediglich die Ansprechpartner und das Ergebnis wird nur marginal besser.

Wir meinen: Solche extremen Entwicklungen können verhindert werden, indem Werbungtreibende von vornherein ganz klare Briefings und Zielvorgaben definieren sowie wiederholt auf Transparenz bestehen und diese im Prozess immer wieder einfordern. Nur so können Win-win-Situationen entstehen.

9.8 Strategische Beratung über alles

Immer wieder wird die fortschreitende Digitalisierung beschuldigt, das Mediabusiness durcheinandergewürfelt zu haben. Alle drei Seiten des Mediadreiecks kämpfen mit neuen Kanälen, Digital Natives, unübersichtlichen Werbemöglichkeiten, kreativen Geschäftsmodellen, und am Ende weiß keiner mehr so ganz genau, wie es um die Wirkung von Werbekampagnen bestellt ist. Geschweige denn, ob die Kampagnenstrategie die richtige war. Wo früher wenige („klassische") Medien die breite Masse erreicht haben, werden heute immer kleinere, spezifischere Zielgruppen durch eine Vielzahl von Medien und Kanälen erreicht. Alle drei Parteien gehen unterschiedlich gut oder schlecht mit diesen Herausforderungen um.

Plötzliche Verlinkungs- und Feedbackmöglichkeiten seitens der Konsumenten bringen zudem noch eine ganz neue Herausforderung ins Spiel: Markenführung ist nicht mehr allein ein Hoheitsgebiet der Unternehmen. Immer bedeutender wird außerdem die (crossmediale) Customer Journey, um Einblicke in die Kundenbedürfnisstrukturen zu gewinnen und auf deren Basis kundenorientierte Marketingstrategien zu entwickeln.

Wir könnten hier eine lange Liste mit aktuellen Buzzwords anführen, die alle irgendeinen Weg beschreiben, um die Konsumenten besser, effektiver, punktgenauer zu erreichen. Der Dschungel der Begrifflichkeiten und neuen Ansätze, die alle für den eigenen Bedarf erklärt und analysiert werden müssten, ist schier nicht mehr überschaubar.

Wir meinen: Werbungtreibende Unternehmen brauchen Spezialisten, die mit ihnen den Dschungel durchforsten und sie beraten. Das kann eine einzige Mediaagentur sein oder es können mehrere kleine Spezialagenturen involviert werden. Aber legen Sie Wert auf den wichtigsten Punkt: Sie benötigen vor allem strategische Beratung. Gute Einkaufskonditionen mit allem, was daran hängt, dürfen niemals im Vordergrund stehen.

Epilog

Liebe Budgetverantwortliche,

wir freuen uns, dass Sie es bis hierher geschafft haben.

Der fachliche Teil, unser Kernanspruch, war nicht immer leichte Kost. Auch der kaum versteckte Vorwurf, dass Marketingprofis, also werbungtreibende Unternehmer und ihre Medienpartner, fahrlässig gehandelt haben, indem beide Marktteilnehmer in weiten Teilen den von vielen Auguren erkannten Mangel an Transparenz im Mediageschäft zuließen, mag Irritationen ausgelöst haben.

Aber gut, lieber Leser, dass Sie bis hierher durchgehalten haben. Wir Autoren wollten Ihre Aufmerksamkeit auf ein Thema konzentrieren, das bislang zwar häufig auch von Branchenmedien kritisiert wurde, aber schnell wieder dem Tagesgeschäft zum Opfer fiel. Und genau hier setzt unsere wiederholte Mahnung an: Sie sind als Budgetverantwortliche für die Allokation, also die Zuordnung von stets knappen Ressourcen auf angebotene Verwendungsmöglichkeiten, zuständig. Das heißt, dass Sie sich ab sofort mit dem Thema Media und Mediaagenturen kritischer beschäftigen sowie klärende und auch unbequeme Fragen stellen sollten.

Sie müssen dabei nicht Expertenwissen übertreffen wollen, aber Sie sollten schon stets wissen, wie und mit welchem Hintergrund Ihre Gelder verteilt werden. Tina Beuchler, OWM-Vorsitzende, äußerte einmal wegweisend: „Test, learn, adapt, repeat."[1] Dem ist nichts mehr hinzuzufügen.

Es geht in diesem Buch aber nicht nur um Transparenz. Es geht auch um Qualität – nicht allein im Prozess bei den Mandatsbeauftragungen ausgewählter Mediaagenturen, sondern auch um die Qualität der Medien sowohl für ihre Nutzer (Leser, Seher, Hörer) als auch für ihre Werbekunden.

Dieses Buch ist nicht umsonst Ihnen gewidmet. Denn nur Sie können das Perpetuum mobile im Mediageschäft sein. Weil Sie als werbungtreibende Kunden die finanziellen Mittel und damit ganz einfach das Sagen haben. Weil Sie aber auch Verantwortung nicht nur für Ihr Unternehmen und Ihre Marken tragen, sondern weil Sie ebenso den größten

---

[1] Tina Beuchler auf den Digital Marketing Days 29/30.06.2016 in Berlin.

Einfluss auf die weitere Entwicklung im Medien- und Mediageschäft haben können. Daher hoffen wir, dass Sie sich nach der Lektüre dieses Buches Ihrer Verantwortung stellen.

Wir, die Autoren, haben extreme Auswüchse beschrieben. Vielleicht den einen oder anderen Leser unangenehm überrascht. Ja, wir wollten Ihre Aufmerksamkeit, lieber Leser. Denn nur Sie können dem Lauf der Dinge eine neue Richtung geben, eine, die Transparenz, Berechenbarkeit und Haltung für alle Seiten wieder lohnend macht.

Und deshalb noch einmal: Werbung ist und bleibt Teil der Realwirtschaft. Wie gesagt, sie taugt nicht für abgeleitete, handelbare, geradezu derivateverdächtige Produkte einer Kick-back-Wirtschaft, die Renditen erwirtschaftet, ohne im eigentlichen Sinne eine Leistung zu erbringen, eher im Gegenteil. Es geht um Geld, um viel Geld. Die Betreuung von Budgets muss daher dem eigentlichen Zweck dienen und darf nicht selbst zum Business werden. Aufseiten der Kunden braucht es qualifizierte Mitarbeiter, die in der Lage sind und den Mut haben, einen Cocktail der gewünschten Wirkung selbst zu mixen. Natürlich ist es bequemer, aber nur vermeintlich sicherer, die Verantwortung outzusourcen.

Es ist Zeit für Aufklärung und Austausch von Wissen.

Sachverzeichnis

A
Added Value, 37
Ad-Server, 31
AE (Annoncen Expedition), 52
AE-Modell, 51
AE-Provision, 51
Affinität, 49
Agency Volume Bonification, 29, 54
Agentur, 16, 31
Agenturangebot, 30
Agenturbewertung, 58
Agenturbeziehung, 85
Agenturbriefing, 65
Agenturbusiness, 31
Agenturdeal, 47
Agentureigeninteresse, 142
Agenturhonorar, 39, 46, 161
Agenturleistung, 23
Agenturmarge, 63
Agenturprovision, 51
Agenturrendite, vi
Agenturrückvergütung, 42
Agenturscreening, 24, 161
Agenturvertrag, 63
Agenturzusammenschlüsse, 28
AGF (Arbeitsgemeinschaft Fernsehforschung), 112
AGF-Reformierung, 95
AGMA (Arbeitsgemeinschaft Mediaanalyse), vi
Algorithmus, 37, 92
ANA (Association of National Advertisers), 44
Anforderungsprofil, 24, 35
Annoncen Expedition, 52
Antizipation, 37
Arbeitsgemeinschaft Fernsehforschung, 112
Arbeitsgemeinschaft Mediaanalyse, v
Association of National Advertisers, 44
Audit, 163
Auditor, 30, 43, 172
Aufgabenspektrum, 35
Authentizität, 116
AVB (Agency Volume Bonification), 29, 42, 54

B
Belegungsstrategie, 140
Benchmark, 21
Beratungsleistung, 91, 92
Beratungsqualität, 56
Beteiligungsmodell, 75, 79
Big Data, 12, 31, 126
Black Box, 90, 101
Blackwood Seven, 129
Blockbuster, 85
Bonusanteil, 53
Bonusvergütung, 58
Briefing, 24, 140, 174
Broker, 71
Bruttoerlös, 32
Brutto-Mediabudget, 147
Brutto-Netto-Schere, 32, 68
Brutto-Werbeaufwendung, 131
Bündelungsrabatt, 54
Business Angels, 74
Buying Efficency, 59, 147

C
Cashrabatt, 148
Castingshow, 118

Channel-Hopping, 133
Claims, 109
Code of Conduct, 66, 70, 90
Commitments, 143
Compliance, 93
Connector App, 113
Content, 111
Controller, 21, 67, 170
Controlling, 67, 163
crossmedialer Ansatz, 121
crossmediales Konzept, 111, 121
crossmediales Selling, 120
Customer Journey, 49

D
Data Science, 38
Data Scientist, 127
Datenqualität, 127
Datenquantität, 127
Datensicherheit, 31
Deal or No Deal, 139
Digital Natives, 112
Digital OOH, 37
Digitalisierung, 30, 31, 35, 109, 120
Direktbuchung, 27
Direktkundengeschäftsbeziehung, 138
Direktvermarktung, 27, 72
Discountwerbung, 104
Disruption, 48
Diversifizierung, 35, 37, 49
Dumpingangebot, 72
Durchschnittskontakt, 140

E
E-Commerce, 77
Effektivität, 13, 26, 124
Effizienz, 13, 26, 32, 124
Effizienzindex, 60
Effizienzindikator, 24
Effizienzkriterien, 26
Effizienzsteigerung, 129
Effizienzvorteile, 48
Eigeninteressen, 21, 24, 29, 46
Einkaufsgesellschaft, 40
Einkaufsholding, 25, 27, 29
Einkaufskonditionen, 42, 53, 153
Einkaufsmacht, 27, 29
Einkaufspool, 25

Einkaufssystem, 30
Einschaltquote, 114, 117, 156
Engagement, 37
Entscheidungskompetenz, 29
Erfolgsbeteiligung, 62
Erfolgshonorar, 26, 57
Erlösform, 21
Erlösmodell, 64
Erlösstrukturen, 110
Evolutionstheorie, 120
Extinktionstheorie, 120

F
Financial Audit, 43
Finanzierungslücke, 74
Finanzierungsmodell, 52
Fragmentation, 30, 49
Freekontingent, 57
FTE-Modell (Full-Time-Equivalent-Modell), 54
Full Time Equivalent, 54

G
geldwerter Vorteil, 61, 62
GRP (Gross Rating Point), 34, 141

H
Holding, 28, 34, 42
Honorierung, 169
Honorierungsform, 52, 65

I
Incentive, 148
Incomemaximierung, 48
Information Overload, 117
Inhouse-Lösung, 26–28
Inkubator, 74
Internet, 120
Intervention des Gesetzgebers, 94
Intransparenz, 20, 35
Investor, 30

K
Kampagneneffektivität, 28, 56, 146, 170
Kampagneneffizienz, 146

Kampagnenergebnis, 61
Kampagnenperformance, 21, 28, 124
Kampagnenwirkung, 57
Kampagnenziel, 34, 53, 140
Kanalrentabilität, 33
Kapitaldecke, 74
Kartellrecht, 48
Kennzahlen, 155
Key Performer Indicator, 21, 132
Kick-back, 20, 22, 44, 66, 70, 163
Klickraten, 30
KN (Kunden-Netto-Volumen), 52
Know-how-Transfer, 79
Kommunikationsstrategie, 34
Kompensationsausgleich, 55
Konditionenpolitik, 36
Konsolidierung, 45
Konsumentenverhalten, 30
Konsumverhalten, 103
Kontaktintensität, 141
Kontaktklassenverteilung, 34
Kontrolle, 30
Konvergenz, 37, 115
Konzentrationstendenz, 45
Kosten-Controlling, 28
Kostendegression, 45
Kostendruck, 30
KPI (Key Performer Indicator), 21, 132
Kreation, 140
Kunden-Agentur-Beziehung, 53
Kundenbriefing, 35
Kunden-Netto-Volumen, 52

L
Lead, 25
Leistungsnachweis, 154
Leistungsspektrum, 51
Leistungsvergleich, 143
Leistungsversprechen, 56
lineares Fernsehen, 108
Loi Sapin, 94

M
M4E (Media for Equity), 75, 77
M4R (Media for Revenue), 75
M4R-Modell, 76
MA (Mediaanalyse), v

Machtkonzentration, 48
Marken, 104
Markenidentität, 104
Markenverständnis, 118
Marketing Intelligence, 38
Marktanteil, 159
Marktforschung, 36
Marktmacht, 45
Media, 16, 25, 28, 30, 31, 86, 140
Media for Equity, 75, 77
Media for Revenue, 75
Mediaagentur, 15, 35
Mediaagenturen, 23, 24, 34, 47, 49, 84, 86
Mediaanalyse, 101
Media-Audit, 43
Media-Auditoren, 28
Mediabudget, 42
Mediabusiness, 36
Mediadebatte, 96
Mediadreieck, 16, 175
Mediaeinkauf, 30, 35
Mediaexperten, 166
Mediaexpertise, 26
Mediagelder, 21
Media-Know-how, 25, 93
Mediakompetenz, 30
mediale Fallstricke, 135
Mediaplan, 27
Mediaplanung, 28, 36, 46
Mediaspezialist, 28
Medienkonvergenz, 111, 112, 120, 158
Mediennutzung, 30
Mediennutzungsverhalten, 112
Medien-Trader, 16
Meinungsvielfalt, 48
Me-too-Angebote, 132
Mittlerprovision, 52
Mobile Display, 37
Modelling, 38, 39

N
Naturalrabatte, 148
Naturalvolumina, 148
NDA (Non Discloser Agreement), 28
Nettoreichweite, 34, 140
Non Discloser Agreement, 28

O

Offenlegungspflicht, 64
ökonomische Zwänge, 132
Oligopol, 41
OMG (Organisation der Mediaagenturen im Gesamtverband der Kommunikationsagenturen), 96
Online-Video, 37
Onlinewerbung, 30
Open Book Policy, 162
Operationalisierung, 137
Optimierung, 28, 29
Optimierungspotenzial, 37
Organisation der Mediaagenturen im Gesamtverband der Kommunikationsagenturen, 96
Organisation der Werbungtreibenden im Markenverband, 19, 46, 66, 95
Outsourcing, 29
OWM (Organisation der Werbungtreibenden im Markenverband), 19, 46, 66, 95

P

Package, 45
Pauschalhonorar, 53
Pay Walls, 133
Pay-Faktor, 34, 56, 143
Pay-Faktor-Garantie, 147
Pay-Rate, 147
Performance, 12, 37, 41
Performancemarketing, 49
personifizierte Content-Angebote, 111
Pitch, 19, 40, 56, 161
Planung, 29
Poolbenchmarking, 39
Preiserosion, 45
Preisspirale, 81
Preissteigerung, 131
Printverlage, 100
Profitmargen, 48
Prognose, 106
Programmatic Advertising, 167
Programmatic Buying, 31, 37, 168
Programmformat, 115
Programmumfeld, 152
Programmvielfalt, 85
Proof of Concept, 75
Provision, 20

Q

Qualitätsanspruch, 114
Qualitätsjournalismus, 101
Qualitätsmedien, 119, 133
qualitätsorientierter Journalismus, 85
quantitative Indikatoren, 127
Quotengläubigkeit, 113

R

Rabatt, 23
Rabattitis, 67
Rabattitisvirus, 29
Rabattitiswahn, 13
Rabattnachbelastung, 139
Rabattvorteile, 24, 65
Rabattwahnsinn, 149
Real Time Bidding, 37, 49
Rechtsprechung, 66
RECMA (Research Company Evaluating the Media Agency Industry), 41
Refinanzierung, 45, 85
relevante Mediawährung, 112
Rendite, 24
Renditedruck, 34, 41
Renditevorgaben, 93
Rentabilität, 12
Reporting, 136
Restplatzinventar, 17
Restplatzkontingent, 33
Retainer, 53
Retrobewegung, 128
Return on Investment, 12, 36
Rezipient, 118
Risikokapitalbeteiligung, 77
ROI (Return on Investment), 12, 36
ROI-Vorgaben, 130
Rollenverständnis, 56
Rollenverteilung, 30, 174
Rückvergütung, 46, 63

S

Sapin-Gesetz, 20
Savings, 28
Scope of Work, 53
Scripted Reality, 115
Second Screen, 116
Second-best-Deal, 134

Sachverzeichnis

Second-best-Lösung, 30
Sendershare, 140
Shareholder, 48
Sliding Scale Commission, 52
Smart-TV, 37
Social Media, 111
Soll-Ist-Vergleich, 31
Sonderwerbeformen, 57
Spendings, 131
Start-up, 74, 80
Start-up-Hype, 78
Strategie, 29
strategische Beratung, 46
Streaming-Angebot, 86
Streamingdienst, 114
SWOT-Analyse, 73

T
Targeting, 30
Tausend-Kontakt-Preis, 59
Technisierung, 31
Technologisierung, 167
TKP, 124
TKP-Vergleich, 147
Trading, 17, 55, 64, 72, 149
Tradingangebot, 34, 150, 152
Tradingdesk, 30, 92
Tradingmodell, 47
Tradingmodellvarianten, 55
Transparenz, 13, 20, 29, 40, 90, 171
Transparenzforderung, 13, 90
Transparenzproblem, 25
Transparenzvereinbarung, 19
Trend, 37
Treuhändermodell, 33
Treuhänderpflicht, 66

U
User-generated Content, 121

V
Venture-Kapital-Geber, 74
Vergütungsform, 58

Vergütungsstandard, 81
Verhandlungsdruck, 46
Verhandlungsstrategie, 28
verkürzte Mittlerprovision, 52
Vermarkter, 86, 94
Verschwiegenheitserklärung, 28
Vertrag, 91
Video-on-Demand-Angebot, 86
Viewability Rates, 30
Volumenbündelung, 28, 91

W
Wasted Money, 147
Wear-out-Effekt, 139
Werbedruck, 34, 140
Werbeinventar, 24, 36
Werbekonzept, 113
Werbungtreibende, 15, 33, 41
werbungtreibende Unternehmen, 87
Wertschöpfungskette, 45
Wettbewerbsdruck, 72
Wettbewerbsvergleich, 131
Win-win, 18
wirksame Reichweite, 34
Wirkung, 34
Wirtschaftsdreieck, 1, 101
Wirtschaftsprüfungsgesellschaft, 43
Wirtschaftsstufe, 24, 55, 66

Z
Zahlenverständnis, 137
ZAW (Zentralverband der deutschen Werbewirtschaft), 33
Zeitschriften, 102
Zeitschriftenverlage, 100
Zeitzonenmix, 140
Zentralverband der deutschen Werbewirtschaft, 33
Zielgruppenansprache, 22
Zielvorgabe, 35

MIX
Papier aus verantwortungsvollen Quellen
Paper from responsible sources
FSC® C105338

If you have any concerns about our products,
you can contact us on
ProductSafety@springernature.com

In case Publisher is established outside the EU,
the EU authorized representative is:
**Springer Nature Customer Service Center GmbH
Europaplatz 3, 69115 Heidelberg, Germany**

Printed by Libri Plureos GmbH
in Hamburg, Germany